AI赋能HR

AI 10倍提升HR工作效率的方法与实践

田政 谷燕燕 唐琨

著

AI

EMPOWERING

HR

机械工业出版社

CHINA MACHINE PRESS

图书在版编目（CIP）数据

AI 赋能 HR：AI 10 倍提升 HR 工作效率的方法与实践 /
田政，谷燕燕，唐琨著 . -- 北京：机械工业出版社，
2024.12（2025.4 重印）. -- ISBN 978-7-111-76921-7

Ⅰ. F272.92-39

中国国家版本馆 CIP 数据核字第 2024MD0769 号

机械工业出版社（北京市百万庄大街 22 号　邮政编码 100037）
策划编辑：杨福川　　　　　　　　责任编辑：杨福川　李　艺
责任校对：王小童　杨　霞　景　飞　责任印制：张　博
北京联兴盛业印刷股份有限公司印刷
2025 年 4 月第 1 版第 3 次印刷
170mm×230mm · 19.5 印张 · 358 千字
标准书号：ISBN 978-7-111-76921-7
定价：99.00 元

电话服务　　　　　　　　网络服务
客服电话：010-88361066　机 工 官 网：www.cmpbook.com
　　　　　010-88379833　机 工 官 博：weibo.com/cmp1952
　　　　　010-68326294　金 书 网：www.golden-book.com
封底无防伪标均为盗版　机工教育服务网：www.cmpedu.com

陈国海先生（广东外语外贸大学商学院教授，广东省人力资源研究会常务副会长）

人力资源管理正受到新一轮技术革命的驱动，人工智能是其中的核心驱动力。本书对 AI 在 HR 领域的应用做了系统性、前瞻性的探索，深入探讨了 AI 如何塑造未来 HR 格局，尤其适合关注数字化转型的管理者和学术研究者阅读。本书详细分析了 AI 如何赋能并优化招聘管理、绩效管理、薪酬管理、人才管理等各个环节，为企业构建更具竞争力的人力资源管理体系提供了可操作的路径。

陈筱芳女士（广东外语外贸大学商学院人力资源管理教授，硕士研究生导师）

本书以深入浅出的写作风格，成功地将复杂的 AI 技术转化为易于理解和应用的知识，不仅对 AI 技术应用于实业界的 HR 领域有很好的指导作用，也非常有助于高校人力资源管理专业的研究生与本科生加深对 AI 技术的认知，提高将来在实际 HR 工作中应用 AI 技术的能力。本书通过大量的实战案例，展示了 AI 技术如何提升 HR 的工作效率和决策质量，为高校教学和研究提供了丰富的素材，是一部不可多得的优秀辅助教材。

朱军红先生（上海钢联集团董事长）

本书为大宗商品及数据服务行业的人力资源管理带来了全新的视角。上海钢联集团作为全球领先的大宗商品及相关产业数据服务商，依托数据驱动的业务模式，对人力资源管理提出了更高的要求。本书深入探讨了 AI 技术如何在复杂数据环境中提升招聘、绩效评估和人才管理的效率，特别是在通过数据分析优化决策方面，提供了具有高度参考价值的案例和实践方法。对于想要在高速发展的数字化时代保持竞争力的企业管理者来说，本书无疑是一份重要的参考指南。

王沁冰先生（保利物业集团人力资源中心助理总经理）

物业管理，作为传统劳动密集型行业，近年来面临着如何进行模式转型和高质量发展的挑战，人是这个行业的第一资源，如何优化人力资源流程、提高员工效率一直是我们关注的重点。这本书从实战角度出发，展示了通过 AI 大幅提升 HR 的各项工作效率的方法，帮助企业实现人力资源管理的数字化升级。书中的案例和解决方案对大型服务企业尤其有指导意义，特别是 AI 技术在提升员工管理和客户服务质量方面的应用，极具参考价值。

郭俊伟先生（小鹏汽车前 HR 副总／营销渠道副总及大区总经理，现任某 AI 企业运营总经理／营销 HR 总经理）

本书通过理论与实际相结合，展现了 AI 如何彻底改变 HR 管理。我曾经在汽车企业管理多个业务模块，深知 AI 技术在企业管理中的巨大作用，尤其是 HR+财务＋经营三大功能的战略潜力，可以帮企业在成本控制、未来架构的及时调整以及领先人才战略的制定等环节实现创新跨越。本书对 AI 在人力资源领域的应用，尤其是在智能招聘（如科学识别和精准定位、与业务紧密贴合的绩效评价体系构建，以及核心人才培养）中的实践，给出了具有创新性和实际操作价值的见解，非常适合从 0 到 1 快速发展或者从 1 到 10 实现规模化的新式管理企业或者创新行业的管理者阅读。

王晶女士（壳牌大中华区前人力资源副总裁，北京晶加管理咨询有限公司创始人）

本书的可贵之处在于，作者没有在书中堆砌各种技术术语，而是使用人人可懂的朴素语言，清晰明了地介绍了相关技术和各种应用可能，以帮助读者打开 AI 赋能 HR 的思考之门。书中大量基于 HR 专业场景的实例可以很好地帮助读者消除对人工智能这种未来科技的"恐惧"，激发读者自主学习、探索的信心与兴趣。

马成功先生（京东大学原执行校长，第一合乐 CEO）

终于有一本面向 HR 的 AI 书啦！我一直坚信 AI 不仅仅是技术，更是新的工作思维、新的工作方式，HR 要成为 AI 应用的先行者，推动甚至引领公司全员进行 AI 变革。本书为 HR 专业人士提供了 AI 应用的实战指南，强烈推荐！

在这个数字化浪潮汹涌的时代，AI 正以前所未有的速度重塑着各行各业的生态，用超强的运算速度和学习速度重新定义了"效率"，我们所处的人力资源领域也不例外。

本书的出版恰逢其时。它为人力资源从业者和相关人士提供了一份全面、实用的指南，从 AI 工具的选型到具体的工作流程，从日常管理到战略规划……本书不仅用生动的案例讲解了如何选对 AI 智能工具以助力招聘、培训、绩效和薪酬管理等人力资源模块的日常工作，还提供了实用的提示词编写方法和管理技巧，这些都是我们在日常工作中可以直接应用的宝贵经验。

本书的 3 位作者都是我们伯乐会的老朋友。田总在人力资源管理与业务赋能方面的多年积累，让书中的案例场景更贴近企业的真实需求，为本书塑造了"实用性""易落地"的"骨"。谷老师和唐老师都是与伯乐会关系紧密的事业伙伴，我们在 HR 品牌打造、AI 赋能提效等许多领域的创新思路和业务拓展想法都不谋而合。在伯乐会提供的平台上，谷老师和唐老师开启了事业转型的新篇章，她们取得的成绩让伯乐会的更多客户看到了在 HR 个人 IP 打造、AI 赋能业务等方面的可能性，也让本书的内容更加充实而富有价值。

作为伯乐会的首席执行官，我有幸见证并参与了 AI 时代的行业变革与重塑，深感责任重大。我们过往的成功建立在汇聚国内外资深专家的基础上，通过共创与赋能，持续推动企业转型与管理升级。今天我们站在 AI 时代塑造的一个全新起点上，面临着前所未有的挑战。我坚信，通过阅读本书，你将能够更好地理解 AI 技术如何塑造未来的人力资源管理，并在有效运用 AI 工具的基础上重新塑造自己的"不可替代性"，从而更好地助力你的企业在激烈的市场竞争中脱颖而出，实现长远发展。

愿这本书成为你职业生涯中的一盏明灯，让你前行的道路走得更快、更顺畅。

代晓丽，伯乐会创始人、CEO

AI 赋能 HR：引领人力资源管理的未来

在人力资源管理的演进历程中，每一次科技生产力跃迁都会引发管理变革。今天，我们正站在一个由 AI 引领的变革门槛上，曙光涌现，未来已来，每一个人力资源管理从业者都应当积极拥抱这场划时代的 AI 浪潮。田政、谷燕燕、唐琨三位资深 HR 专家就是这场革命的先行者，他们结合丰富经验和前瞻探索撰写了本书，为我们揭示了 AI 在人力资源领域的广泛应用和深远影响，开启了 AI 时代人力资源管理的进阶之门。

我是一个 HR 出身的创业者，这些年一直致力于探索技术与人力资源专业服务的深度融合。我有一个越来越深的感受：AI 会推动人力资源领域展开一次全方位的革命。

首先，AI 是一种先进的生产力工具。AI 将 10 倍速提升 HR 工作效率，极大地解放 HR 花在烦琐工作上的时间和精力，优化、提升工作质量和效率。谁率先掌握先进的生产力工具，谁就将在未来工作中领先一步。

其次，AI 将全面改变现有的 HR 工作方式。人力资源管理工作有相当一部分属于知识工作，而这正是 AI 擅长的领域。随着大模型、深度学习等 AI 技术的快速发展，新时代的知识工作模式被重新定义，AI 工具已经成为 HR 工作必不可少的一部分。

最后，AI 也在重塑人力资源管理的思维模式。在 AI 赋能下，跨越时代的专业效率、前所未有的雇员体验、数据驱动的智能决策，让 HR 思维上升到更为全局的战略和创新层面。新时代的 HR，只有主动运用 AI 思维，打开新的格局和视野，将 AI 全面应用到各种工作场景，才能真正实现人力资源管理的战略目标，促进企业核心竞争力的持续发展。

本书正是在这样的背景下诞生的，它不仅为我们提供了一个全新的视角，更为我们提供了一套完整而实用的方法，并贯穿了 AI 的前沿创新思维。可以说，本书的出版恰逢其时，其优点有三：

第一，前瞻性。本书系统性地介绍了当下前沿的 AI 理念、流行的 AI 工具和方法，全面涵盖了 AIGC 知识、提示词工程、大模型部署、AI 风险管理，便于 HR 从业者系统地学习与掌握 AI 工具和方法。

更为重要的是，当前 AI 发展的最大难点是如何落地。本书讨论了 AIGC 在招聘、培训、绩效、薪酬、员工管理以及企业文化建设中的应用，展示了人力资源管理的每一个环节都可以通过 AI 技术得到优化。例如，在招聘环节，AI 可以帮助我们分析大量的简历，快速筛选出最合适的候选人；在培训环节，AI 可以根据员工的学习习惯和进度，提供个性化的学习计划和资源；在绩效管理中，AI 可以帮助我们更准确地评估员工的表现，提供更有针对性的反馈和建议。可以说，这些探索勾勒出了 AI 时代 HR 工作方式的全景，极具前瞻意义！

第二，实战性。本书没有过多地停留在技术原理上，而是把重点放在落地实战上，极大地突出了本书的实战价值。

本书作者在人力资源领域具有丰富的经验，他们结合实际工作场景，详细讲解了 AI 在人力资源管理中的应用，提供了国内主流 AI 工具的实践示例，并且几乎是手把手地教学，原汁原味。

在人力资源管理的漫长历史中，我们经历了从手工记录到电子表格，再到 AI 驱动的决策支持系统，每一次进化都极大地提高了工作效率，同时也给人力资源专业人士带来了新的挑战和机遇。书中的案例分析和实践指南，为我们提供了如何在不同规模和不同类型的企业中利用 AI 技术的宝贵经验。无论初创企业还是大型跨国公司，都可以从本书中找到适合自己的 AI 应用方案。

第三，创新性。书中有大量的原创分析和应用思考，不仅启发思维，还填补了 AI 在人力资源管理场景中应用的空白。

书中对于"提示词工程"的深入分析，尤其值得称道。在人力资源管理实务中，精确的沟通和高效的数据处理能力至关重要。作者分享的策略和技巧，不仅能够帮助 HR 从业者更有效地与 AI 工具互动，也为人力资源领域的专业人士提供了一种全新的工作方法，使他们能够以更加智能和高效的方式应对复杂的人力资源挑战。

本书还特别强调了 AI 技术在提升员工体验方面的潜力。在当今竞争激烈的人才市场中，员工体验已经成为企业吸引和保留人才的关键因素。AI 可以通过分析员工的反馈和行为数据，帮助企业更好地理解员工的需求和期望，从而设计出更符合员工需求的福利计划、工作环境和职业发展路径。

此外，本书还提到了 AI 在人力资源战略规划中的应用。人力资源战略规划是确保企业人力资源与企业整体战略相匹配的重要过程。AI 可以帮助人力资源管理者分析市场趋势、预测人才需求、评估培训效果，从而制定出更科学、更有效的人力资源战略。

本书不仅为我们提供了 AI 在人力资源管理中的应用的深刻见解，更为我们提供了实现数字化转型和提升企业竞争力的实用工具。推荐所有在人力资源管理领域寻求创新和突破的专业人士阅读本书。无论你是企业 HR 管理者还是实务专家，无论你是 AI 产品技术研发从业者还是对 AI 技术应用充满热情的学者，本书都将为你提供独到的见解和实用的工具。

让我们一起迎接 AI 赋能的更加智能、高效和人性化的人力资源管理新时代，推动企业的人力资源数字化转型和 AI 智能化提升！

余清泉，众合云科（51 社保）创始人兼 CEO

为何写作本书

我们生活在一个前所未有的时代，人工智能（AI）正逐步渗透到我们工作和生活的每个角落。在我作为一名人力资源（HR）专业人士之初，AI的概念还属于科幻小说的范畴。然而，随着技术的飞速发展，AI已不再是憧憬的未来，而是当下实践的现实。其中，ChatGPT作为领先的自然语言处理工具，不仅在消费者市场引起了巨大反响，在人力资源领域也为我们开辟了新的天地。

本书的写作初衷，源自我们对AI和HR结合的深入思考和近年来的实践总结。ChatGPT及其他同类AI工具，正重新定义着人力资源管理的许多方面，包括招聘、员工培训、绩效管理、员工服务等。通过自动化和优化HR流程，AI正在将人力资源专业人士从烦琐的事务性工作中解放出来，让他们能将更多的精力投入到战略性工作与决策中，进而推动组织迈向新的高度。

经过深入了解，你会发现AI并不是一个将人类劳动力边缘化的自动化工具，相反，它为HR专业人士提供了卓越的伙伴服务功能，可以协助他们解决复杂问题，提高工作效率和效能。当我们将AI应用于人力资源领域时，发现它能够极大地提升员工体验，简化流程，并帮助企业建立一个更具包容性和创新力的工作环境。

随着各类AI工具的快速兴起和迅猛发展，AI技术在商业领域的应用日益广泛。进入生成式人工智能（AIGC）时代后，以ChatGPT为代表的各类AI工具的实际应用，给企业内部的人力资源管理工作带来了显著变化，近一年我们在跟同行探讨专业问题时，发现大家越来越关注人力资源从业人员的出路以及AI在人力资源管理中的尝试和实践的话题，而AI助力人力资源管理工作效率的快速提升也是企业关注的一个重要课题。但是目前市面上专门介绍AI在人力资源领域应用的图书还很少，因此本书的三位作者希望结合自己多年的人力资源管理经验及在人力资源领域应用 AI 的实践经验，系统地总结人力资源工作中应用 AI 的方法论，于是便有了本书。

本书旨在为 HR 从业者、人力资源管理专业的高校教师和学生、企业决策者、计划转型从事人力资源管理工作的职场人士以及对 AI 在人力资源管理中的应用感兴趣的人士，提供深入且实用的见解和指导。我们搜集了包括案例研究、最佳实践以及策略建议在内的宝贵内容，以期读者在阅读本书后，能够更加自信地将 AI 工具用于人力资源的日常工作。

在阅读本书的过程中，建议读者保持开放的心态，积极探索和尝试新的工具和方法。AI 的变革之路并非一帆风顺，但正是由于有挑战，最终将迎来创新和成长。非常感谢读者选择本书，我们期待与读者一起探索 ChatGPT、Kimi 和文心一言等 AI 工具赋能下的人力资源新世界。

本书主要内容

本书共 12 章，内容涉及 AIGC 基础知识，提示词工程，AI 在招聘管理、培训与人才管理、绩效管理、薪酬与福利管理、员工管理、企业文化建设中的应用，大模型在企业中的部署与实践，以及人力资源应用 AI 的风险与预防措施等多个方面。我们结合自身的 HR 管理经验和 AI 实践经验，以丰富的案例和清晰的步骤，细致地讲解了如何利用 AI 工具提高工作效率，优化管理流程，提升人才管理水平。

例如，在招聘管理方面，我们详细介绍了如何使用 AI 工具进行精准的招聘需求分析、职位描述、面试问题设计以及候选人筛选，帮助企业搭建高效的智能化招聘体系。在培训与人才管理方面，我们探讨了 AI 工具在培训需求调查、培训计划制订、课程开发、培训执行和效果评估等方面的应用，以便为企业设计出更具吸引力和实用性的培训项目。在绩效管理方面，我们展示了 AI 工具在考勤管理、绩效考核指标设计、绩效评估、反馈管理以及效果评价等环节的应用，帮助企业建立更加科学、高效的绩效管理体系。

除此之外，本书还重点关注了大模型在企业中的部署和应用，针对小微企业和大中型企业分别提供了不同的解决方案。本书还深入分析了人力资源应用 AI 可能面临的数据安全、知识产权、职业道德、商业伦理、法律合规以及社会责任等方面的风险，并提供了详细的风险预防措施和案例，帮助企业更好地理解和管理这些风险。

本书内容特色

本书内容丰富，案例生动，理论与实践紧密结合。它不仅能帮助 HR 从业者迅速掌握 AI 工具的使用方法，还能帮助企业更好地利用 AI 技术，提高人力资源管理效率，实现数字化转型升级。

通过阅读本书，读者将了解以下内容：

1）AI 工具的使用方法：详尽的步骤指导，帮助 HR 从业者轻松上手，快速地将 AI 技术应用于实际工作中。

2）AI 技术在 HR 领域的应用案例：丰富的案例分析，展示 AI 技术在招聘管理、培训与人才管理、绩效管理和薪酬与福利管理等各个环节的实际应用效果。

3）AI 知识与实践的结合：深入的理论探讨与实际操作相辅相成，确保读者不仅知其然，更知其所以然。

4）数字化转型升级的策略：帮助企业制定有效的数字化转型战略，实现管理流程的智能化、信息化。

5）前沿技术的发展趋势：紧跟 AI 技术的发展潮流，有助于读者了解最新的技术应用，保持行业竞争力。

本书不仅是一份实用的操作指南，更是一份具有前瞻性的 HR 战略参考。它将引领企业在 AIGC 时代不断进步，从而在激烈的市场竞争中脱颖而出，实现长远发展。

本书读者对象

本书可以作为人力资源从业人员的参考书、培训教材或工作指南，也可以作为人力资源管理相关专业的本科生、研究生、MBA/EMBA 在读学生和教师的教材或参考资料。从更广泛的意义上来说，本书也可以作为企业决策者、部门管理人员或对人力资源领域感兴趣的相关人士应用 AI 工具的参考指南。

AI 工具的选型

当前市面上有众多 AI 工具可供选择，例如文心一言、通义千问、Kimi 智能助手、讯飞星火、抖音豆包、智谱 AI 等，每款工具都有其独特的优势和侧重点。基于人力资源管理工作的实际需求，我们通常选择 ChatGPT、Kimi 和文心一言这几类 AI 工具，它们能够显著提升人力资源管理工作的效率和效果。

1）ChatGPT：作为一个强大的自然语言处理工具，ChatGPT 在语言理解和生成方面表现出色。它能够帮助 HR 从业者快速生成各类文案，包括招聘启事、员工通知、相关培训材料等。此外，ChatGPT 还能进行初步的面试筛选，通过模拟面试问题帮助 HR 评估候选人的语言表达能力和逻辑思维能力。

2）Kimi：Kimi 专注于情感分析和语义理解，这使得它在员工情绪管理和内部沟通中的表现尤为突出。HR 可以利用 Kimi 分析员工的反馈和意见，了解员工的真实想法和情绪波动，从而制定更有效的员工关怀和激励措施。同时，Kimi 能在处理员工冲突时提供有价值的情感建议，促进团队和谐。

3）文心一言：文心一言在文本生成和翻译方面具有强大的功能，尤其适用于跨国企业和多语言环境。人力资源从业者可以利用文心一言生成多语言版本的公司政策、培训资料和公告，确保全球员工都能准确理解。此外，文心一言的翻译能力能帮助 HR 克服国际招聘中的语言障碍，提升跨文化的沟通效率。

致谢

在本书的创作过程中，得到了很多人的帮助和支持，是他们让本书能够顺利地呈现在读者面前。

感谢所有参与访谈、分享案例以及提供反馈的 HR 专业人士和企业管理者，他们的经验和观点极大地丰富了本书的内容，使本书更具实用性和参考价值。

感谢家人，正是有了他们的鼓励和陪伴，我们才能专注于创作，克服写作中的困难和挑战。

同时，非常感谢朋友们，他们提供的建设性意见对本书的完成起到了重要作用，他们的专业见解和实践经验为本书增添了许多宝贵内容。

此外，还要感谢每一位翻开本书的读者，是读者的热情和对知识的渴望激励着我们将知识和经验分享给大家。希望本书能够为读者提供参考，从而在人工智能和人力资源领域的融合中，开阔视野并开辟新的实践路径。

再次感谢大家的鼎力相助，让我们在 AIGC 时代共同创造更加美好的未来。

Contents 目　　录

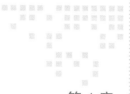

第 1 章 *Chapter 1*

从人力资源视角看 AIGC

人工智能（AI）和生成式人工智能（AIGC）技术正在以前所未有的速度改变着我们的工作和生活方式。特别是在人力资源管理领域，这些技术的应用正在引发一场深刻的变革。本章将介绍 AIGC 技术的基本概念，探讨其在人力资源管理中的应用前景，并分析其对人力资源从业者技能要求带来的转变。

1.1 从 ChatGPT 开始全面了解 AIGC

1.1.1 全面了解 ChatGPT 和 AIGC

ChatGPT 是 OpenAI 基于 GPT（Generative Pre-trained Transformer，生成式预训练 Transformer 模型）架构开发的一种大型语言模型（LLM，简称大模型）。ChatGPT 的核心功能在于生成自然语言文本，广泛应用于对话、问答、文本生成等多种场景。ChatGPT 的训练数据涵盖了互联网上的大量文本，包括人力资源相关的政策文件、最佳实践、案例研究等，为人力资源决策提供了丰富的信息来源。

1. G（Generative）：生成式

在计算机科学和人工智能领域中，它通常用于描述一类模型或算法，表示能够生成新的数据或样本。在 GPT 的上下文中，这意味着模型可以模仿人类的写作风格和语言习惯，生成连贯、有意义的文本。

在整个人力资源工作流程中，ChatGPT 能够为所有需要文本输出的环节提供支持。

例如，当你向 ChatGPT 输入"请帮我撰写一份招聘有 5 年电商行业经验的市场营销经理的岗位说明书"时，ChatGPT 将迅速生成一份包含岗位职责和任职资格的招聘广告草稿。

2. P（Pre-trained）：预训练

什么是预训练？从小到大，我们学习了大量知识，才能胜任当前的职位，这本身就是一种预训练的过程。对于 AI 工具来说也是一样的，在它正式面世之前，它背后的算法工程师已经投入了大量的信息内容让它学习，等被训练到能胜任这份工作后才开放给我们使用。

这样做的优势在于，在预训练阶段，它已经学习了全球几乎所有的专业知识，因此能够胜任各种角色，为我们提供智力支持。

例如，在 ChatGPT 中输入"为新入职的零基础软件开发人员定制 6 小时的 Python 教程，目标是教会他们用 Python 做数据分析"，ChatGPT 会快速生成一份详细的课程大纲。

但由于 ChatGPT 采用的是基于预训练的模式，如果缺少特定信息的输入，它将无法了解相关内容。例如，在 ChatGPT 中输入"帮我输出某公司的工作汇报"，它可能会一本正经地"胡说八道"，因为它不知道某公司具体属于哪个行业，公司的核心工作内容是什么。这时候需要我们告诉它关于公司的一些信息，以便它更好地输出我们想要的内容。

3. T（Transformer）：一种基于注意力机制的神经网络模型

什么叫作注意力机制（Attention Mechanism）呢？它模拟的就是人类的思维方式，因此即使是特别复杂的内容，ChatGPT 也能够理解，并生成对应的内容。

例如，在 ChatGPT 中输入"请帮我输出一份绩效管理方案"和"请帮我输出一份适合 30 人的刚成立的电商公司的绩效管理方案"，得到的内容是不一样的。你输入的信息越详细，ChatGPT 对你的意图的理解就越精准，输出的内容也就越贴近你的需求。

通过上述示例，我们可以看到 ChatGPT 在人力资源管理中的多样化应用。合理利用 ChatGPT，不仅可以提高工作效率，优化管理流程，还可以为员工提供更加个性化和高效的服务体验。

4. AIGC 工具概览

ChatGPT 是众多 AIGC 工具中的一种，截至 2024 年 6 月 1 日，AIGC 工具已成为技术创新的前沿，广泛应用于文本、图像、音频、视频等多个领域，极大地丰富了内容创作的多样性，提高了内容生成的效率。

- ❏ 文本生成：AIGC 工具能够自动撰写文章、报告、广告等文本内容。
- ❏ 图像处理：智能图像编辑工具可以进行图像识别、编辑和创作。
- ❏ 音频编辑：AIGC 工具可以提供语音合成、音乐创作等功能。
- ❏ 视频生成：自动化视频制作工具能够根据脚本快速地生成视频内容。
- ❏ PPT 制作：AIGC 工具能够辅助快速制作演示文稿，提升视觉呈现效果。
- ❏ 数据处理：智能数据分析工具能够自动整理和分析数据，生成报告。

AIGC 工具的发展为人力资源管理带来了前所未有的机遇。随着技术的不断进步，未来 AIGC 工具将在人力资源领域扮演更加重要的角色，推动人力资源管理向更高效、更智能的方向发展。

接下来，我们会介绍国内外一些典型的 AIGC 工具，帮助大家更好地理解和利用 AIGC 工具来提升工作效率。

1.1.2　国外主流 AIGC 工具介绍

国外主流的 AIGC 工具覆盖了多个领域，如 AI 绘画、视频生成、文本写作等。以下是在各领域表现突出的一些工具。

1. ChatGPT

作为 AI 文本生成领域的明星产品，ChatGPT 的成就有目共睹。GPT-4 开启了多模态交互的新篇章，它通过结合文本和图像输入，输出前所未有的丰富内容，从创意文本生成到图片创作，甚至超长篇幅文档的处理，应用潜力无限。

2. Claude 3

Claude 3 以其在处理超长文本方面的卓越能力脱颖而出，它能够精练长达 15 万字的文档，提供具有深度且精辟的总结。尽管在多模态交互上尚处于起步阶段，但 Claude 3 在纯文本领域的专业性和理解力无人能及，成为研究、报告撰写及大型项目策划的理想助手。

3. Gemini

由谷歌推出的 Gemini 完美融合了文本生成与视觉内容处理能力。Gemini 的核心竞争力在于它与谷歌生态系统的无缝集成，尤其是在移动优先的战略下，为用户提供了流畅的跨平台创作体验。

4. DALL-E 3

DALL-E 3 是 OpenAI 推出的最新一代图像生成模型。用户只需要输入简单的文本提示，无论是抽象概念还是具体物品，DALL-E 3 都能创作出与之匹配的画面。这项技术不仅适用于艺术创作，也为企业和个人提供了快速制作插图、产品设计草图或社交媒体内容的新途径。它与 ChatGPT 的集成更让创意过程变得无缝，不需要切换平台即可实现从想法到视觉化的一站式服务。

5. Midjourney

Midjourney 是一个集社交与图像生成于一体的平台，在 Discord 社区中，只要用户提交文本提示，即可得到多张基于该描述的图像。Midjourney 的独特之处在于互动性和社区参与感，它支持用户与其他创作者交流想法。虽然主要服务是付费订阅制，但它提供的多样化风格和高质量的图像生成能力，使得投入物有所值。

6. Stable Diffusion

对于寻求更高定制化和控制权的用户，Stable Diffusion 提供了一个开源的选择。用户不仅可以在云平台上使用，还可以在本地计算机上部署和运行，这为对隐私和数据安全有严格要求的项目提供了理想的解决方案。

7. Runway

利用 AI 技术，Runway 能够自动创建和编辑视频内容，可以直接根据文字输出视频，可以将静态图片变为动态视频，也可以快速生成吸引眼球的内容，如产品演示、教育视频等，适用于广告、影视制作、社交媒体内容创作、教育、电商等多个领域。

8. D-ID

D-ID 可以将静态照片转化为动态的数字人。它允许用户通过一张或多张照片来创建一个动态的数字化身，这个化身可以做出各种表情和说话动作，而不需要原始人物的真实表演或生物识别数据。这样既能保护个人隐私，又能为内容创作、虚拟会议、数字娱乐等行业带来创新。

总的来说，这些工具各有特色，我们可以根据具体的工作需求和偏好选择适合的工具。它们的应用不仅能提高工作效率，还能增强内容的创意性和专业性。随着 AIGC 技术的不断发展，未来将有更多创新工具出现，带来更多可能性。

然而，用户也应当留意地域限制、隐私保护及账号验证等实际问题。

同时，鉴于 AI 技术的发展日新月异，建议用户持续关注最新的工具与功能更新，以充分利用前沿技术的无限潜能。

1.1.3 国内主流 AIGC 工具介绍

随着 AI 技术的飞速发展，国内涌现出众多优秀的 AIGC 工具，它们在文本创作、图像设计、视频制作等多个领域展现出卓越的能力。以下是国内表现突出的 AIGC 工具。

1. 文心一言

百度推出的文心一言，具备文学创作、商业文案创作、数理逻辑推算、中文理解、多模态生成等能力。它在搜索问答、内容创作等领域具有广泛的应用潜力。依托百度强大的数据库，文心一言在资讯搜集、公文写作等方面的表现尤为出色，特别适合帮助人力资源从业者撰写各类公文和搜集公开资讯。

2. 通义千问

阿里云推出的通义千问，作为一个多模态大模型，致力于成为人们的工作、学习、生活助手。它能够进行多轮对话、文案创作、逻辑推理、绘画、信息收集等，并支持多语言，为用户提供智能化服务。通义千问与通义听悟、钉钉等平台的整合，使得语音记录、视频转文字及二次加工变得轻而易举。

3. Kimi 智能助手

北京月之暗面科技有限公司推出的 Kimi 智能助手，提供了长文总结和生成、互联网搜索、数据处理等功能，能够快速地理解和回应用户的问题。Kimi 智能助手还提供了智能体和添加常用语的功能，方便用户定向任务使用和快速调取常用提示词。目前，Kimi 智能助手主要专注于文本领域。

4. 豆包

字节跳动公司开发的豆包，支持个性化互动、文案创作与优化、文档阅读与深度分析、智能体创建等。豆包能够根据用户的交流风格和偏好调整回答方式。得益于字节跳动的背景，豆包在搜索视频方面的表现尤为突出，能够快速地提供抖音等平台的视频教程。

5. 智谱清言

智谱 AI 开发的智谱清言，通过 GLM-4 模型，能够自主理解用户意图，自动分析指令并结合上下文调用合适的工具，完成复杂任务。简而言之，GLM-4 能够实现一个指令下的多工具自动调用。

6. 天工 AI

天工 AI 由昆仑万维自研，其"天工 3.0"采用了 MoE（Mixture of Expert，

混合专家）架构，是全球最大规模的开源 MoE 大模型。天工 AI 不仅能够满足搜索、文案创作、知识问答、代码编程、绘画、智能体创建等多种需求，还能进行 PPT 制作和音乐创作。

7. 讯飞星火

科大讯飞发布的讯飞星火，具备文本生成、语言理解、知识问答、逻辑推理、数学、代码、多模交互等七大核心能力。经过多个版本的迭代，讯飞星火在多种场景和应用中表现出色。

8. WPS AI

金山办公发布的 WPS AI，具备大语言模型能力，为用户提供智能文档写作、阅读理解和问答、智能人机交互的能力。作为 WPS 办公套件的重要组成部分，WPS AI 与 WPS 的其他产品无缝衔接，让用户在文档处理、PPT 制作、数据处理等方面获得更智能的体验。

9. 腾讯智影

腾讯智影是一款云端智能视频创作工具，通过 PC 浏览器即可访问。结合强大的 AI 创作能力，腾讯智影提供视频剪辑、素材库、文本配音、数字人播报、字幕识别、文章转视频、智能去水印、智能横屏转竖屏等功能，助力用户进行视频化表达。

10. Coze 扣子

字节跳动推出的 Coze 扣子，是新一代 AI 大模型智能体开发平台。它整合了插件、长短期记忆、工作流、卡片等丰富的能力，让用户可以快速地搭建自己的 Chatbot，并发布到多个渠道。平台提供丰富的插件和知识库功能，可创建各种类型的聊天机器人，而不需要编程经验。

总而言之，目前国内的 AIGC 技术发展迅速，各个细分领域均有对应的工具，这里仅选取了一些典型代表进行介绍。这些工具的发展和应用，展现了我国在人工智能技术方面的创新和进步。在人力资源管理领域，AIGC 工具的应用正逐渐成为提升工作效率、优化人才管理流程的重要手段。

1.2 AIGC 在人力资源中的创新应用

随着人工智能技术的飞速发展，AIGC 在各个领域的应用日益广泛。特别是在人力资源领域，AIGC 技术的应用正逐渐改变着个体和组织的工作方式，为企业和员工带来前所未有的机遇。本节将从个体和组织两个角度，探讨 AIGC 在人力资源中的应用场景及影响。

1.2.1　AIGC 对个体赋能：提升职场竞争力

AIGC 工具如 ChatGPT 等，可以帮助我们更快速、更高效地完成工作，并不断提升职场竞争力。

1. 工作效率提升：将精力聚焦于更有价值的工作

AIGC 工具可以胜任很多工作，如文件整理、PPT 制作等日常任务。例如，把一份 10 页的 Word 文件提供给 PPT 类 AI 工具，可以秒得一份 30 页的高品质 PPT。再如，给 ChatGPT 提供一个 20 个字的会议通知指令，它能迅速生成千字的会议通知。

韩萍是一名人力资源顾问，她需要定期撰写各企业的管理分析报告。在过去，这项工作需要她花费大量时间来收集数据、整理图表和撰写报告。然而，自从她开始使用 AIGC 工具后，整个过程变得简单、高效。AIGC 工具可以帮她自动收集和整理数据并输出分析报告。

2. 专业能力提升：借助 AI 获取更专业的知识

因为 AIGC 工具还支持联网功能，所以我们在工作中需要的各种专业知识都可以借助它来快速获取。

菲菲是一位培训管理者，需要协助业务部门做很多课程开发工作。过去她需要查阅各种资料来进行信息的搜集，然后梳理课程大纲，耗时耗力。现在借助 AI，只需要一句话，AI 就能快速地整理出课程大纲和相关素材。

3. 多元技能拓展：释放创造力和职业潜力

借助 AI，即使没有绘画基础，也能通过一个简单的指令输出想要的场景图；同样，也可以通过一个指令，让 AI 自动帮你完成视频剪辑工作。

黄华是一位招聘专员，没受过绘画和视频的专业训练，每次做招聘海报都需要和新媒体部门协商等排期或者花钱请外部供应商。但现在借助 AI，她能够快速地输出专业的招聘海报和招聘宣传视频。

AIGC 的兴起不仅提升了个体的工作效率和专业能力，还促进了个体的多元技能的发展。随着技术的不断进步，个体需要不断学习和适应，以充分利用 AIGC 技术带来的机遇，实现自身在职场中的持续成长和发展。

1.2.2　AIGC 对组织赋能：实现高效、敏捷的人力资源管理

个体工作模式的变化，必然带来组织的变革。如何将人工智能和人力资源结合起来是企业要面临的新机遇，也是新挑战。目前很多企业都在寻求利用 AIGC 来合理降本增效的方法。

1. 降低成本：人机结合，降低成本

很多企业开始引入 AIGC 来降低用人成本，比如打造虚拟数字员工，协助提供客户服务，协助进行答疑等。某电商公司引入 AI 技术，优化商品拍摄流程，先由 AI 出图，必要的时候再拍摄，大大降低了企业的运营成本。某游戏公司利用文生图技术，减少了原画和翻译外包业务的需求，提高了效率，降低了成本。

2. 增加人效：专业输出，增加人效

在传统的绩效管理中，员工的评估通常基于管理者的主观判断，这可能存在偏见和不公平。在 AIGC 时代，利用数据分析和机器学习技术能够更客观地评估员工的绩效。

例如，某零售企业利用 AIGC 来分析员工的工作表现，减少主观判断，让绩效更公开透明，为管理者提供了更准确的评估依据。该企业还利用 AI 来帮助员工进行个人化绩效辅导，帮助员工提升能力，提高效率。

总的来说，AIGC 技术在人力资源领域的应用，对个体和组织都带来了巨大的变革。对个体而言，AIGC 技术可以提高工作效率，提升专业能力，增加多元技能。对组织而言，AIGC 技术可以降低成本，提高效率，助力企业拓展业务，提升核心竞争力。然而，AIGC 技术在人力资源领域的应用仍面临数据安全、隐私保护、人才培养等挑战。企业和员工都应积极应对这些挑战，充分利用 AIGC 技术为自身的发展带来更多机遇。

1.3　AIGC 在人力资源中的价值与挑战

在数字化时代，AIGC 不仅作为一项新兴技术，更是一种全新的生产力，它正在重新定义人力资源的角色和价值。

1.3.1　AIGC 的 5 个特性

- ❏ 自主创造性：AIGC 能够独立生成文本、图像、音频等，这与人类依赖个人经验的创作方式形成鲜明对比。
- ❏ 无限制的生产能力：AIGC 能够全天候工作，不受时间和体力限制，与人

类工作形成对比。

❑ 多样性和适应性：AIGC 能够迅速适应不同任务，生成多样化内容，而人类在适应新任务和新领域时通常需要较长的学习和调整过程。

❑ 自我优化和学习：AIGC 通过机器学习不断自我改进，而人类的学习和适应需要更多外部资源和时间。

❑ 规模化和个性化：AIGC 能够大规模生成内容并根据不同用户的需求快速地生成个性化内容，这是人类在创作和生产中难以实现的。

1.3.2　AIGC 带来的价值

1. 解放人类的生产力，创造更多价值

❑ AIGC 能够自动处理大量重复性、规则性的任务，比如数据录入、文件处理、客户服务等，将人类员工从烦琐的工作中解放出来，让他们专注于更需要创造力、判断力和情感智慧的任务。

❑ AIGC 可以不间断地工作，不受时间和地域的限制，极大地提高了工作效率和产出。

2. 人机协同：优势互补，实现 1+1 > 2 的效果

❑ AIGC 擅长处理数据分析、逻辑推理等理性任务，而人类更擅长处理情感沟通、创造性思维等感性任务，两者优势互补，可以形成更高效的合作模式。

❑ 人机协同可以激发人类的创造力和潜力，有助于产生更多创新性的想法和解决方案。

3. 组织进化：更加灵活、高效和平等的组织形态

❑ AIGC 可以打破传统组织的层级结构，实现更加扁平化、去中心化的管理模式，提高信息传递和决策效率。

❑ AIGC 可以为所有员工提供平等的机会和资源，无论其职位高低，都可以利用 AIGC 提升工作效率和创造价值。

1.3.3　AIGC 带来的挑战

AIGC 的引入也带来了一系列的挑战。

1. 基础岗位的替代风险

随着 AIGC 技术的应用，部分基础性、重复性工作岗位可能面临被自动化工

具替代的风险，例如，传统的数据录入、文件分类、初级客户服务等岗位。这使人力资源部门不得不重新评估并规划员工的技能培训和发展路径，以适应新的工作需求。

2. 组织关系变得更加复杂

AIGC 的引入将改变组织内部的工作流程和协作模式。人机协同工作将成为常态，这要求人力资源管理者不仅要管理人与人之间的关系，还要学会如何管理和优化人机之间的互动。此外，随着 AIGC 技术的不断发展，组织内部的决策过程、责任分配，以及绩效评估体系都将面临重大调整。

3. 算法偏见

AIGC 技术虽然能够提供高效的数据处理和决策支持，但算法本身可能存在偏见，这在人力资源管理中尤为关键。如果 AIGC 在招聘过程中使用的算法存在性别、年龄或种族偏见，那么它可能会无意中放大这些偏见，导致不公平的招聘结果。因此，人力资源部门需要确保 AIGC 的应用是公正和透明的，在必要时还需要进行人工干预和监督。

4. 技能升级与再培训

随着 AIGC 技术的发展，员工需要不断学习新技能以适应新的工作环境。人力资源部门需要制订有效的培训计划，帮助员工提升数据分析、机器学习、编程等相关技能，以确保他们能够在 AIGC 时代保持竞争力。

5. 领导力和文化建设

在 AIGC 时代，领导力的展现方式也将发生变化。领导者需要展现出对新技术的理解和适应能力，同时还需要引导团队对技术变革持积极态度。此外，组织文化也需要适应技术变革，鼓励创新思维和终身学习。

6. 伦理和法律问题

AIGC 技术的应用还涉及一系列伦理和法律问题，如数据隐私、知识产权及机器决策的责任归属等。人力资源部门需要与法律顾问紧密合作，确保组织在使用 AIGC 技术时遵守相关法律法规，同时建立起相应的伦理准则。

面对这些挑战，人力资源部门需要采取积极措施，通过战略规划、技能培训、文化建设等多方面的努力，协助组织实现技术与业务的深度融合，构建一个创新、高效的工作环境，确保组织顺利进阶到以 AIGC 技术为代表的新时代，并在新时代保持持续的竞争优势。

1.4　人力资源从业者的 AI 能力模型

AI 在人力资源领域的应用越来越广泛，人力资源从业者需要具备一定的 AI 能力来适应这一趋势。如图 1-1 所示是人力资源从业者的 AI 能力模型，其中包括一些关键的技能和知识领域。

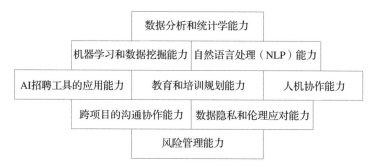

图 1-1　人力资源从业者的 AI 能力模型

- ❑ 数据分析和统计学能力：人力资源从业者需要了解如何收集、分析和解释数据，以便做出数据驱动的决策。他们应该掌握统计学基础，能够运用数据分析工具如 Excel、Python 等来处理人力资源的大量数据。
- ❑ 机器学习和数据挖掘能力：了解机器学习和数据挖掘的基本原理，有助于人力资源专业人员创建预测模型、分析人才和自动化招聘流程。
- ❑ 自然语言处理（NLP）能力：NLP 是处理和理解文本数据的技术，人力资源从业者可以使用 NLP 来分析招聘广告、简历和员工反馈，以提取有用的信息。
- ❑ AI 招聘工具的应用能力：熟练使用 AI 招聘工具，如应聘者跟踪系统（ATS）、智能筛选和推荐系统，可以提高招聘效率和质量。
- ❑ 教育和培训规划能力：掌握快速发展的 AI 技术和工具，不断提升 AI 相关技能。
- ❑ 人机协作能力：理解如何将 AI 与人力资源工作相结合，以提高工作效率和员工满意度。
- ❑ 跨项目的沟通协作能力：能够与技术团队合作，共同开发和实施 AI 解决方案，以满足人力资源的需求。能够有效沟通 AI 技术的好处，以便组织内的其他人理解和支持 AI 在人力资源中的应用。
- ❑ 数据隐私和伦理应对能力：了解数据隐私法规和伦理问题，确保在处理员工和应聘者数据时遵循法规和最佳实践。

❑ 风险管理能力：了解与 AI 相关的潜在风险，如数据泄露或不当使用，以采取适当的措施来降低风险。

按照 AI 能力模型来提高自己的 AI 能力，人力资源专业人员将更好地满足当今企业数字化转型的要求，同时能更好地将这些能力应用在 AI 技术带来的变革之中。通过应用这些技能，人力资源从业者可以进一步强化角色定位，将自己从事务性工作操作者升级为企业战略性伙伴，帮助企业提供更好的员工体验，推动企业不断发展。

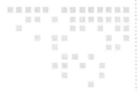

第 2 章 Chapter 2

人力资源必会的提示词工程

"提示词工程"（Prompt Engineering）就像一把打开 AI 宝库的钥匙，通过向 AI 模型输入一段精心设计的文字（即提示词，Prompt），我们就能引导 AI 完成各种任务，例如写文案、翻译、分析数据等。本章重点为大家讲解什么是提示词，编写提示词的 4 种方法和人力资源必备的提示词的管理方法。

2.1 提示词概述

想要 AI 成为你得力的工作伙伴，首先要学会如何和它"沟通"，而其中的关键，就是提示词。

提示词是指在与人工智能助手、聊天机器人或任何需要用户输入才能生成响应的系统交互时，由用户提供的初始文本或指令。目前主流的大模型，例如 ChatGPT、文心一言、Kimi 等，都是基于深度学习技术，通过海量数据的训练，学习和掌握语言的规律和模式的。

2.1.1 了解提示词

当我们输入一段提示词时，大模型会根据自身的训练数据和算法，对提示词进行分析和理解，并生成与之相关的文本、代码或其他形式的输出。提示词工程，简单来说就是如何与 AI 高效沟通的艺术。大模型就像一个拥有无限知识储备但缺乏方向感的"实习生"，需要清晰的指令才能理解你的意图并输出让你满意的结果。

1. 提示词的定义

提示词工程是通过设计清晰、明确、具体的指令，引导大模型理解你的需求，并在其知识库中找到最合适的路径，最终生成你想要的结果。

一个精心设计的提示词可以有效地引导大模型的注意力，使其关注我们想要解决的问题，并调用相关的知识和信息进行处理。而模糊、宽泛或错误的提示词，则可能导致大模型"迷失方向"，无法准确理解我们的意图，最终生成不符合预期结果的输出。

例如，让 AI 输出人力资源经理岗位说明书时，当输入的提示词不同时，AI 输出的结果也很不一样。

👥 提示词示例 1：

帮我写一个人力资源经理的岗位说明书。

💬 文心一言的输出：

岗位说明书

岗位名称：人力资源经理

直属上级：总经理

岗位职责：

1. 全面负责公司的人力资源管理与开发工作，制定本公司人力资源管理的方针、政策和制度。

2. 组织制定公司人力资源发展的长期计划、中期计划和年度计划，并监督各项计划的实施。

3. 组织制定员工招聘、聘任、调动、考核、晋升、奖惩政策。

4. 搭建并完善公司培训体系，开发培训课题，编制培训教材，编写培训教案；监督、指导各部门的教育培训工作，并负责评估培训效果。

5. 制定薪酬福利政策、绩效考核政策及其他激励政策，并负责对各项管理规章制度的执行情况进行督导。

6. 根据公司发展的要求，制定人力资源战略，设计并完善公司人力资源结构，并根据公司发展的实际情况对人力资源计划进行动态调整。

7. 及时处理公司管理过程中的重大人力资源问题，综合分析人力资源数据，为公司发展提供合理化建议。

8. 塑造、维护、发展和传播企业文化，组织公司员工进行团队建设活动。

任职要求：

1. 本科及以上学历，人力资源、心理学等相关专业优先。

2. 五年以上人力资源管理相关工作经验，三年以上人力资源部经理工作经验。

3. 对现代企业人力资源管理模式有系统的了解和实践经验积累，对人力资源管理各个职能模块均有较深入的认识，能够指导各个职能模块的工作。

4. 熟悉国家、地区及企业关于合同管理、薪酬制度、用人机制、保险福利待遇、培训等方面的法律法规及政策。

5. 具有战略、策略化思维，有能力建立、整合不同的工作团队，具备解决复杂问题的能力，并具备很强的计划性和实施执行的能力。

6. 具备很强的激励、沟通、协调、团队领导能力，责任心、事业心强，具备良好的管理能力和决策能力。

7. 具备良好的人际交往能力、组织协调能力、沟通能力以及解决复杂问题的能力。

工作关系：

1. 内部关系：与各部门经理／主管保持密切沟通，确保人力资源政策与公司业务需求相匹配。

2. 外部关系：与招聘机构、培训机构等保持良好合作关系，及时获取行业动态和最佳实践。

工作环境与条件：

1. 主要在公司办公室内工作，偶尔需要出差参加行业会议或培训。

2. 需要使用电脑、电话等办公设备，以及专业的人力资源管理软件。

职业发展路径：

1. 可晋升为更高层级的人力资源管理岗位，如人力资源总监。

2. 通过不断学习和实践，可以发展为人力资源管理专家或咨询顾问。

考核标准：

1. 招聘计划的完成情况。

2. 员工培训计划的实施效果。

3. 薪酬福利政策的满意度和激励效果。

4. 团队建设和企业文化塑造的成果。

5. 人力资源管理工作的整体效率和效果。

提示词示例 2：

请帮我写一个刚成立 3 年的 100 人的电商公司的人力资源经理的招聘岗位说明书，这个人需要能帮公司搭建绩效管理体系。

💬 文心一言的输出：

招聘岗位说明书

岗位名称：人力资源经理

公司背景：

我们是一家刚成立 3 年的电商公司，拥有约 100 名员工。随着公司的迅速发展，现急需招聘一位有能力的人力资源经理，帮助公司搭建并优化绩效管理体系，提升员工效率与公司整体业绩。

岗位职责：

1. 根据公司战略，搭建并持续优化公司的绩效管理体系，确保体系与公司目标相一致。

2. 设计并实施绩效考核标准、流程和工具，确保考核的公正性、客观性和有效性。

3. 定期组织绩效考核，对考核结果进行深入分析，为管理层提供决策支持。

4. 协调各部门，确保绩效管理政策得以顺利实施，并及时解决实施过程中出现的问题。

5. 定期收集员工对绩效管理体系的反馈，不断完善和优化体系。

6. 完成领导交办的其他人力资源相关工作。

任职要求：

1. 本科及以上学历，人力资源、企业管理等相关专业优先。

2. 五年以上相关工作经验，有电商行业经验者优先。

3. 对绩效管理体系有深入的理解和丰富的实操经验，有能力从零开始搭建绩效管理体系。

4. 熟悉各种绩效考核方法和工具，能够根据公司业务需求和员工特点进行灵活应用。

5. 具备良好的沟通协调能力、团队合作精神和解决问题的能力。

6. 对数据敏感，能够运用数据分析工具进行绩效考核结果的分析和解读。

期望能力：

1. 具备较强的学习能力和适应能力，能够迅速融入公司文化并理解公司业务。

2. 有创新思维和前瞻性，能够预见并解决绩效管理体系中可能出现的问题。

3. 具备领导力，能够带领团队共同完成绩效管理工作。

职业发展：

1. 在成功搭建并优化公司绩效管理体系后，有望晋升为人力资源总监或其他更高层级的管理岗位。

2.通过不断学习和实践，可以发展为人力资源管理领域的专家。

我们期待你的加入，共同推动公司人力资源管理工作的开展，为公司创造更大的价值！如果你具备上述能力和经验，并热衷于电商行业，请不要犹豫，立即加入我们吧！

通过上述案例，我们发现错误或者不够清晰的提示词往往会导致 AI 无法准确理解我们的意图，从而生成不准确、不完整甚至毫无意义的结果。如果 AI 输出结果没办法直接应用，那么大概率是因为我们给它的提示词存在一定的问题。

2. 有效提示词的 4 个特点

- ❑ 清晰明确：清晰地表达你的需求和目标，避免使用模糊或容易产生歧义的词语。
- ❑ 具体详细：提供充足的信息，例如背景、目标、预期结果等，让 AI 工具能够充分理解你的意图。
- ❑ 结构完整：使用完整的句子和段落，并根据逻辑进行组织，方便 AI 工具理解和处理。
- ❑ 包含约束条件：根据需要，可以添加一些约束条件，例如输出的格式、长度、风格等，以获得更符合预期的结果。

3. 使用有效提示词的 3 个好处

- ❑ 提升效率：通过清晰明确的指令，AI 可以快速理解我们的需求，并高效地完成任务，节省大量时间和精力。
- ❑ 提高质量：精心设计的提示词可以引导 AI 生成更准确、更完整、更符合预期的结果，提升工作质量。
- ❑ 激发创意：通过尝试不同的提示词和组合，可以激发 AI 生成更多创意性的内容，为我们提供新的思路和灵感。

提示词工程作为一项新兴技术，正在深刻地改变着各行各业，人力资源领域也不例外。学习和掌握提示词工程的基本原理和应用技巧，对于每一位人力资源从业者来说都至关重要。

2.1.2　提示词的局限性

许多人在使用大模型时经常遇到以下问题：模型输出的风格和结构与预期不符；模型无法理解提示词的含义；模型分析结果不准确；即使优化了提示词，效果依然不理想；任务过于复杂，模型无法顺利完成等。这些问题的根源在于我们尚未充分了解 AIGC 的能力边界，也不清楚如何正确地使用提示词与其进行有效沟通。

1. 提示词的局限性：AI 并非万能

鉴于 ChatGPT 等语言模型的运作机制，AI 在解析和响应提示词时存在以下主要局限性。

（1）理解能力的局限性

❑ 有限的上下文记忆：ChatGPT 等 AI 工具不持续记忆对话历史，每次新建聊天均视为独立事件。

❑ 对模糊指令的处理能力有限：AI 对清晰、具体的指令的理解程度更高。过于模糊的指令可能会导致 AI 无法理解意图，从而给出不符合预期的结果。

例如，相比于简单的"帮我写一份招聘文案"，更清晰的指令是"请帮我写一份针对［目标人群］的［岗位名称］招聘文案，要突出［公司文化／岗位优势／福利待遇］"。

（2）生成能力的局限性

逻辑推理与创新思维的限制：AI 虽擅长模拟语言，但主要基于数据模式识别，不具备深度逻辑推理或创新思维。

例如，我们让 AI 预测公司未来一年的员工流动率，它也许可以根据历史数据和行业趋势给出一个数字，但这个数字缺乏对公司内部政策变化、员工满意度波动等因素的综合考量，因此参考价值有限。

AI 的输入和输出都有一定的长度限制。过长的提示词可能会被截断，导致 AI 无法完整理解指令；过长的输出要求也会让 AI 无法完成任务。

例如，我们要求 AI 撰写一份长达几十页的员工离职报告，它很可能会因为要输出的内容过长而无法处理。

（3）数据依赖的局限性

训练数据的偏差与错误：不同知识库受训练数据影响，可能包含偏见或错误信息。

例如，我们想用 AI 分析应该优先招聘哪些部门的员工。如果在我们提供的数据中，过去某部门（例如技术部门）的员工离职率一直比较低，那么 AI 可能会建议优先招聘该部门的员工。但实际上，技术部门的离职率低，可能是因为该部门的薪酬福利比较好。

由于 AI 模型的知识库和训练数据有限，提示词可能无法涵盖所有情况，从而导致输出结果不够全面，或者无法输出我们想要的结果。

例如，如果我们想了解最新的关于雇佣关系的法律法规，并询问 AI 相关问题，它可能无法给出完整准确的信息，因为它训练数据的时间节点可能早于最新的法律法规的颁布时间。

2. 破解之道：六大策略，让 AI 真正读懂你的心

为克服上述局限并最大化 AI 的潜能，建议采取以下策略：

（1）明确上下文

在与 AI 交流时，确保提供足够的背景信息，明确上下文，以便 AI 能够更准确地理解你的意图。

例如：我们正在和 AI 讨论制订一份新的员工培训计划，可以先提供一些背景信息，如这是什么类型的公司，需要什么方面的培训计划，想要解决什么问题。

（2）具体指令

给出清晰、具体的指令，避免模糊不清的表达，以便 AI 更容易理解并给出符合预期的输出。

例如："请帮我写一份招聘高级市场经理的启事，要求至少 5 年以上相关工作经验，熟悉市场营销数字化转型，具备优秀的团队管理能力，工作地点在上海，字数为 500 字。"

（3）引导思考

在提问时，可以提供一些思路或框架，引导 AI 进行更深入的思考和分析。

例如，让 AI 制定员工激励方案，不要简单地输入"如何激励员工？"，可以优化为："请基于马斯洛需求层次论分析如何激励员工。"

（4）分段处理

对于复杂的任务，可以将其拆分成几个小任务，逐一处理，以提高 AI 处理的准确性。

例如，我们需要 AI 撰写一份完整的员工手册，可以先将其分解成"公司简介""员工福利""绩效考核""培训发展"等多个章节，分别让 AI 撰写，最后再进行整合。

（5）避免偏见

由于 AI 的输出可能受到训练数据的影响，存在偏见或错误信息，因此在使用 AI 时要保持警惕。

要避免仅仅依赖单一数据源，尽可能收集多维度的数据，并结合自己的从业经验和判断，以得到更客观、准确的结果。

（6）多方验证

不要完全依赖 AI 的输出，应将其与其他可靠来源进行比对验证，确保信息的准确性。

尽管 AI 工具具有局限性，但通过深入理解其工作原理、掌握有效的交互技巧，并运用批判性思维，我们能更高效地利用这一强大的工具，拓展其应用价值。

2.2 人力资源必备的 4 种提示词编写方法

2.2.1 角色扮演法

在与 AI 沟通的过程中，仅仅抛出一个问题是不够的，就好比你对一个实习生说"帮我写一份报告"，却没有告诉他你需要什么类型的报告，需要涵盖哪些内容，这样往往导致最终的结果不尽如人意。角色扮演法就是为了解决这个问题而诞生的。

1. 什么是角色扮演法

角色扮演法是指在提示词中为 AI 设置一个特定的角色身份，并赋予它相应的知识背景、专业技能和语言风格，使其像该角色一样思考和行动，从而生成更符合用户预期的结果。

通过为 AI 设定不同的角色，可以让它更好地理解你的意图，并从不同的角度思考问题，从而提供更全面、更专业的解决方案。

2. 为什么角色扮演法有效

角色扮演法之所以在提示词工程中如此有效，是因为它充分利用了 AI 的优势，同时有效地弥补了 AI 的不足。

（1）模拟情境理解

AI 大模型虽然拥有海量数据，但缺乏对真实世界的理解，无法像人类一样根据上下文和常识进行推理。角色扮演法为 AI 创造了一个虚拟的情境，使其能够"代入"角色，站在用户的立场，更好地理解用户的需求和目标，并生成更符合情境的结果。

（2）激活特定知识领域

每个角色都拥有特定的知识和技能。例如，HR 专家熟悉人力资源管理的各个方面，包括招聘、培训、薪酬、绩效等；面试官擅长识别候选人的优势和劣势，并进行有效的评估。通过设定角色，可以激活 AI 在相关领域的知识储备，使其更精准地调用相关信息，并生成更专业、更深入的回答。

（3）引导语言风格和语气

不同的角色通常具有不同的语言风格和语气。例如，HR 专家的语言风格通常比较专业、严谨；而职业规划师的语言风格则可能更倾向于鼓励、引导。通过设定角色，可以引导 AI 使用更符合角色身份的语言风格进行表达，使生成的内容更具个性化和感染力。

3. 示范案例

【案例：招聘新媒体运营的招聘文案设计】

（1）不使用角色扮演法

提示词示例：

帮我写一份新媒体运营的招聘文案。

Kimi 的输出：

当然可以，以下是一份新媒体运营岗位的招聘文案示例：

加入我们，成为新媒体运营的领航者！

［公司名称］是一家充满活力的创新型企业，专注于［具体行业或服务］。随着业务的不断扩展，我们正在寻找一位充满激情和创意的新媒体运营专家，加入我们这个不断壮大的团队。

职位：新媒体运营专员

工作地点：［具体城市或远程工作选项］

岗位职责：

❑ 负责公司社交媒体账号的日常管理与内容更新，包括但不限于微博、微信公众号、抖音等平台。

❑ 制定并执行新媒体营销策略，通过创意内容吸引目标受众，提升品牌影响力。

❑ 分析新媒体数据，根据数据反馈优化内容策略，提高用户参与度和转化率。

❑ 跟踪新媒体趋势，及时调整运营策略，确保内容的时效性和吸引力。

❑ 与团队协作，策划并执行线上活动，增强用户互动和品牌忠诚度。

任职要求：

❑ 热爱新媒体，对社交媒体运营有深刻理解。

❑ 具备良好的文案撰写能力和创意思维，能够独立策划并执行内容。

❑ 熟悉新媒体工具和数据分析方法，能够根据数据制定有效决策。

❑ 具备良好的沟通能力和团队协作精神。

❑ 有相关工作经验者优先。

我们提供：

❑ 有竞争力的薪酬和福利。

❑ 灵活的工作时间和开放的工作环境。

❑ 个人成长和职业发展的机会。

❑ 与一群充满激情和创意的同事共事。

如何申请：

请将你的简历和过往作品发送至［招聘邮箱］。邮件主题请注明"应聘新媒体运营专员 - 你的姓名"。

［公司名称］期待你的加入，一起创造无限可能！

请根据你的公司的具体情况调整上述文案中的［公司名称］［具体行业或服务］［具体城市或远程工作选项］和［招聘邮箱］等信息。希望这份文案能够帮助你吸引到合适的人才！

（2）使用角色扮演法

👤≡ 提示词示例：

我希望你扮演一位经验丰富的 HR 专家，帮我为"新媒体运营"岗位写一份800 字左右的职位描述，要突出我们公司扁平化的管理风格和岗位的挑战与发展空间，吸引更多有创造力的年轻人。

💬 Kimi 的输出：

职位名称：新媒体运营专员

公司简介：

我们是一家专注于创新和创意的新媒体公司，致力于通过数字平台与用户建立深度连接。我们相信，扁平化的管理结构能够激发团队成员的创造力和主动性，为员工提供无限的发展空间。

职位概述：

作为新媒体运营专员，你将负责策划和执行公司的新媒体战略，通过创新的内容和互动方式，提升品牌知名度和用户参与度。我们正在寻找充满激情、富有创造力的人才，加入我们的团队，共同推动公司的发展。

主要职责：

1. 制订和实施新媒体内容计划，包括但不限于博客、视频和图文内容。

2. 管理并优化公司的新媒体账号，确保内容的质量和一致性。

3. 利用数据分析工具，监控新媒体渠道的表现，根据数据反馈调整策略。

4. 策划并执行线上营销活动，提升用户参与度和品牌影响力。

5. 与内容创作者、设计师和市场营销团队紧密合作，共同打造吸引人的新媒体内容。

我们期望你具备：

❑ 对新媒体运营有深刻理解，熟悉各种社交媒体平台和数字营销工具。

❑ 出色的创意思维和内容创作能力，能够独立策划并执行新媒体项目。

❑ 强大的数据分析能力，能够通过数据驱动决策，优化运营策略。

❑ 优秀的沟通和协调能力，能够在团队中发挥积极作用。

❑ 适应快节奏的工作环境，能够在压力下保持创造力和效率。

你将获得：

❑ 扁平化的管理风格，你的意见和建议将直接影响公司决策。

❑ 与一群充满激情和创造力的同事共事，共同创造卓越的新媒体内容。

❑ 广阔的职业发展空间，你的成长和进步将得到公司的全力支持。

❑ 定期的职业培训和团队建设活动，帮助你不断提升专业技能。

加入我们，你将成为新媒体运营的先锋，与我们一起探索数字世界的无限可能。我们期待你的加入，共同书写新媒体运营的新篇章！

这份职位描述旨在展示公司对新媒体运营岗位的重视，以及对员工个人成长和创意的尊重。希望这份描述能够帮助你吸引到有才华、有热情的新媒体运营人才。

通过这个案例我们看到，使用角色扮演法后，AI 输出的结果更贴合公司要求，能够在工作中发挥更大的参考价值。

4. 用好角色扮演法的关键

（1）明确目标，精准匹配

在设定角色之前，首先要明确我们的目标是什么，如想让 AI 扮演什么样的角色来帮助你，是想让它像专家一样提供专业建议，还是像助手一样完成特定任务？不同的目标需要匹配不同的角色，只有这样才能最大限度地发挥 AI 的优势。

（2）提供背景，帮助入戏

为了帮助 AI 更好地进入角色，我们需要在提示词中提供足够的背景信息，例如，角色的目标：让这个角色做什么？角色面临的情境：这个角色处于什么样的场景或背景下？

假设我们希望 AI 协助设计一份针对销售团队的"客户沟通技巧"培训方案，如果不使用角色扮演法，只向 AI 输入提示词"帮我设计一份关于客户沟通技巧的培训方案。"，那么 AI 将无法得知目标群体、培训目标等关键信息，输出结果可能缺乏针对性和实用性。

如果使用角色扮演法，让 AI 扮演资深培训师，向 AI 输入提示词：

假设你是一位拥有 10 年经验的资深培训师，擅长设计和实施关于沟通技巧的企业培训课程。现在，我需要你帮助我为公司的销售团队设计一份"客户沟通技巧"培训方案。这个团队主要负责 ToB 业务，成员大多比较年轻，沟通经验相对不足，在与客户沟通时，经常遇到无法有效传递信息、引导客户需求、促成交易等问题。我希望通过这次培训，帮助他们提升以下方面的能力：清晰表达，准确传递信息；积极倾听，挖掘客户需求；有效说服，引导客户决策；应对争议，促成交易。请根据以上信息，为我设计一份详细的培训方案，包括培训目标、目标群体、培训时间和时长、培训形式、课程大纲、培训师的选择、培训评估方法。

那么，AI 将以"资深培训师"的角色，结合我们提供的背景信息和具体需求，输出一份详细、专业的培训方案。

在使用角色扮演法的过程中，如果 AI 的表现不佳，可能是因为角色设定不够准确，或者引导不到位，此时需要及时调整提示词，直到 AI 能够很好地扮演你设定的角色。

当你能够熟练地运用角色扮演法时，你会发现 AI 将不再是一台冰冷的机器，而是一个拥有不同专业技能的团队，可以帮助你解决各种复杂的问题。

在人力资源领域，角色扮演法几乎可以应用于所有需要与 AI 沟通的场景，在后续的实操部分，我们会有更多的案例讲解。

2.2.2　任务分解法

AI 的功能很强大，但想要获得高质量的输出，仅靠"角色扮演法"是不够的。本节就来介绍一个提示词进阶技巧——"任务分解法"，让你可以更高效地用好 AI。

1. 什么是任务分解法

在提示词工程中，"任务分解法"是一种将复杂任务分解为多个简单子任务，并引导 AI 逐步完成的方法。这种方法类似于将一个大型项目分解成多个易于管理的小任务，从而降低任务的复杂度，提高 AI 处理信息的效率和准确性。

2. 为什么任务分解法有效

任务分解法之所以在提示词工程中非常有效，主要是因为它具有以下优势：

1）降低 AI 处理信息的负担：AI 虽然能够处理大量信息，但在面对过于复杂的任务时，也容易出现信息过载，导致输出结果不准确或不完整。任务分解法将复杂任务分解成多个简单子任务，可以有效地减轻 AI 的处理负担，使其能够集中精力处理每个子任务，从而提高输出结果的质量。

2）引导 AI 按照逻辑顺序思考：AI 本身并不具备人类的逻辑思维能力，因此我们需要依靠清晰的指令来引导其思考。任务分解法通过将复杂任务分解成多个步骤，并明确每个步骤的目标，可以引导 AI 按照逻辑顺序来进行思考和推理，从而生成更符合逻辑、更易于理解的结果。

3）提高输出结果的可控性：在处理复杂任务时，仅仅给出一个笼统的指令，很难控制 AI 的输出结果。任务分解法可以将复杂任务分解成多个可控的子任务，并针对每个子任务设置具体的评价指标，从而提高对最终输出结果的可控性。

3. 示范案例

假设我们需要 AI 协助完成一份关于"人工智能在人力资源领域的应用现状及趋势"的市场调研报告。如果直接告诉它这个目标，AI 可能会输出一堆零散的信息。但如果用"任务分解法"，就能获得更有深度、更有条理的报告内容。

【案例：撰写一份关于"人工智能在人力资源领域的应用现状及趋势"的市场调研报告】

（1）不使用任务分解法

提示词示例：

帮我撰写一份关于"人工智能在人力资源领域的应用现状及趋势"的市场调研报告。

Kimi 的输出：

要撰写一份关于"人工智能在人力资源领域的应用现状及趋势"的市场调研报告，需要对当前市场进行深入分析，并预测未来的发展方向。以下是一份概要性的报告草案，你可以根据需要进一步扩展和深化内容。

市场调研报告

标题：人工智能在人力资源领域的应用现状及趋势

摘要：

随着人工智能技术的快速发展，人力资源（HR）领域正经历着前所未有的变革。本报告旨在探讨人工智能在人力资源管理中的应用现状，并预测未来的发展趋势。

1. 引言
- ❏ 人工智能的定义和重要性
- ❏ 人力资源领域面临的挑战
- ❏ 人工智能在解决这些挑战中的潜力

2. 人工智能技术概述
- ❏ 机器学习
- ❏ 自然语言处理
- ❏ 计算机视觉
- ❏ 预测分析

3. 人工智能在人力资源领域的应用现状
- ❏ 招聘与选拔：自动化简历筛选、候选人评估
- ❏ 员工培训与发展：个性化学习路径、技能识别
- ❏ 绩效管理：数据分析驱动的绩效评估
- ❏ 员工关系管理：情感分析、员工满意度调查
- ❏ 薪酬福利管理：市场趋势分析、自动化福利分配

4. 人工智能技术的优势与挑战
- ❏ 提高效率：自动化流程、减少人为错误
- ❏ 增强决策：基于数据的洞察和预测
- ❏ 个性化体验：定制化服务和沟通
- ❏ 面临的挑战：数据隐私、伦理问题、技术接受度

5. 市场案例分析
- ❏ 成功案例：知名企业如何利用人工智能优化人力资源管理
- ❏ 失败案例：技术实施中的常见问题和解决方案

6. 未来趋势与预测
- ❏ 人工智能与人力资源的进一步整合
- ❏ 人工智能在预测员工流失、提高员工参与度方面的应用
- ❏ 人工智能在全球化人力资源管理中的角色

7. 结论
- ❏ 人工智能在人力资源领域的应用前景
- ❏ 对人力资源专业人士的建议

8. 参考文献

请注意，这只是一个大纲，你需要根据实际的市场数据、案例研究和专家意见来填充每个部分的内容。此外，报告应该包含图表、图形和其他视觉元素，以

帮助读者更好地理解数据和趋势。在撰写报告时，确保使用可靠的数据来源，并考虑到不同行业和地区的特定情况。

动手实操：请你亲自动手将上面的提示词输入 Kimi。你会发现，当提示词过于简单时，AI 输出的内容只是一个框架。

（2）使用任务分解法

一般，撰写调研报告的核心步骤有：收集相关资料、分析市场现状、预测未来趋势、撰写报告。

我们可以让 AI 按照这 4 个步骤分步工作，以 Kimi 为例：

步骤 1：收集相关资料

☰ 提示词示例：

请帮我全网收集关于人工智能在人力资源领域的应用现状及趋势的相关资料。

💬 Kimi 的输出：

人工智能在人力资源领域的应用现状及趋势的市场调研报告

摘要：

随着人工智能（AI）技术的快速发展，人力资源管理领域正经历着前所未有的变革。本报告旨在探讨人工智能在人力资源管理中的应用现状，并预测未来的发展趋势。通过分析当前市场的应用案例和理论研究，结合专家观点，本报告将为企业提供战略性建议，以帮助企业更好地利用 AI 技术来优化人力资源管理。

1. 引言

人工智能技术在人力资源领域的应用已经成为推动企业智能化发展的关键。数据挖掘、生物识别等技术的发展为人力资源管理带来了新的挑战和机遇。本报告将从招聘与选拔、员工培训与发展、绩效管理、员工关系管理、薪酬福利管理等方面探讨 AI 技术在人力资源领域的应用现状及未来趋势。

2. 人工智能技术概述

人工智能技术包括机器学习、自然语言处理、计算机视觉和预测分析等。这些技术在人力资源管理中的应用，不仅提高了工作效率，还增强了决策的科学性和准确性。

3. 人工智能在人力资源领域的应用现状

❑ 招聘与选拔：AI 技术在招聘过程中的应用包括自动化简历筛选、候选人评估等。例如，IBM 的 Watson Candidate Assistant 通过自然语言处理技术解读并回答求职者的问题，提高了求职者与职位的匹配度。

❑ 员工培训与发展：AI 技术通过个性化学习路径和技能识别，帮助员工提升技能。例如，IBM 的 Your Learning 平台通过 AI 技术提供个性化学习建议，加速员工技能提升。

❑ 绩效管理：AI 技术在绩效管理中的应用包括数据分析驱动的绩效评估。例如，IBM 利用人工智能技术进行敬业度分析，帮助企业提高员工的工作主观能动性。

❑ 员工关系管理：AI 技术通过情感分析和员工满意度调查，帮助企业更好地管理员工关系。

❑ 薪酬福利管理：AI 技术在薪酬福利管理中的应用包括市场趋势分析和自动化福利分配。

4. 人工智能技术的优势与挑战

❑ 优势：AI 技术在人力资源管理中的优势包括提高管理效率、提供无偏评估下的针对性服务等。例如，IBM 的 Watson Recruitment 通过 AI 技术预测填补职位空缺所需的时间，提高招聘效率。

❑ 挑战：AI 技术在人力资源管理中也面临着员工安全感缺失、劳动关系变革等问题。此外，AI 系统的偏见问题也是一个重要的挑战，需要通过适当的培训和监控来减少招聘中的人类偏见。

5. 市场案例分析

❑ 成功案例：IBM 通过 Watson Candidate Assistant 和 Watson Recruitment 等 AI 解决方案，显著提高了招聘效率和员工满意度。

❑ 失败案例：一些企业在应用 AI 技术时，由于缺乏对员工需求的深入了解和数据隐私保护措施，导致项目失败。

6. 未来趋势与预测

❑ 进一步整合：人工智能与人力资源的进一步整合将推动管理与技术的变革。企业需要积极拥抱技术变革，并为新技术的人才能力结构升级做好准备。

❑ 预测员工流失：AI 技术在预测员工流失和提高员工参与度方面的应用将进一步发展。

❑ 全球化人力资源管理：AI 技术在全球化人力资源管理中的角色将越来越重要，以帮助企业更好地理解和应对不同地区的市场需求。

7. 结论

人工智能在人力资源领域的应用前景广阔，但企业在实施过程中需要考虑技术、伦理和社会等多方面的因素。通过合理利用 AI 技术，企业可以提高人力资源管理的效率和效果，实现可持续发展。

8. 参考文献

（1）德勤企业人工智能应用现状分析（第五版）

（2）人工智能技术驱动下的人力资源管理：理论研究与实践应用

（3）《清华管理评论》：智能时代的人力资源管理"智效合一"转型

（4）人力资源中的人工智能：应对机遇和挑战

（5）人工智能等五大新趋势重新定义 2024 年人力资源管理

（6）人工智能在人力资源领域的应用案例 - IBM

步骤 2：分析市场现状

提示词示例：

请基于以上资料分析人工智能在人力资源领域的应用现状。

Kimi 的输出：

基于提供的资料，人工智能（AI）在人力资源领域的应用现状可以概括为以下几个方面：

1. 招聘与选拔

- ❑ AI 技术被广泛应用于自动化简历筛选和候选人评估，以提高招聘流程的效率和准确性。

- ❑ 例如，IBM 的 Watson Candidate Assistant 通过自然语言处理技术，能够解读并回答求职者的问题，提供个性化的求职体验。

2. 员工培训与发展

- ❑ AI 技术通过个性化学习路径和技能识别，帮助员工提升和发展技能，以适应快速变化的工作环境。

- ❑ IBM 的 Your Learning 平台利用 AI 技术提供个性化学习建议，加速员工技能提升。

3. 绩效管理

- ❑ AI 技术在绩效管理中的应用包括数据分析驱动的绩效评估，帮助企业更客观地评估员工的工作表现。

- ❑ IBM 利用 AI 技术进行敬业度分析，快速分析大量员工反馈，为管理层提供决策支持。

4. 员工关系管理

- ❑ AI 技术通过情感分析和员工满意度调查，帮助企业更好地理解和管理员工关系，提高员工满意度和忠诚度。

5. 薪酬福利管理

- ❑ AI 技术在薪酬福利管理中的应用，如市场趋势分析和自动化福利分配，帮助企业更合理地制定薪酬政策。

6. 优势与挑战

❑ AI 技术在人力资源管理中的优势包括提高效率、无偏评估、个性化服务等。

❑ 面临的挑战包括员工对 AI 的接受度、数据隐私保护、AI 系统的偏见问题等。

7. 市场案例分析

❑ 成功案例如 IBM 的 AI 应用，显著提高了招聘效率和员工满意度。

❑ 失败案例通常缺乏对员工需求的深入了解和数据隐私保护措施。

8. 未来趋势与预测

❑ 人工智能与人力资源的进一步整合，推动管理与技术的变革。

❑ AI 技术在预测员工流失和提高员工参与度方面的应用将进一步发展。

❑ AI 技术在全球化人力资源管理中的角色将越来越重要。

综上所述，人工智能在人力资源领域的应用正逐渐深入，不仅提高了工作效率和决策质量，还为企业带来了新的挑战和机遇。随着技术的不断发展和完善，预计 AI 在人力资源领域的应用将更加广泛和深入。

步骤 3：预测未来趋势

提示词示例：

请基于以上资料分析人工智能在人力资源领域的未来趋势。

Kimi 的输出：

基于提供的资料，人工智能（AI）在人力资源领域的未来趋势可以概括为以下几个方面：

1. 进一步整合与自动化

❑ AI 技术将更深入地整合到人力资源管理的各个环节，从招聘、员工培训、绩效管理到薪酬福利管理等。进一步提高自动化流程的效率，减少人为错误。

2. 个性化与定制化服务

❑ AI 技术将使人力资源管理更加个性化和定制化。通过分析员工的个人需求和偏好，企业可以提供更加精准的培训、发展和福利计划。

3. 数据分析与决策支持

❑ AI 技术在数据分析和决策支持方面的作用将更加突出。通过分析和处理大量人力资源数据，AI 可以帮助企业做出更明智的决策，优化人力资源管理策略。

4. 预测性分析

❑ AI 技术在预测员工流失、招聘需求和绩效评估等方面的应用将进一步发展。企业可以利用 AI 预测员工的离职倾向，提前采取措施进行干预。

5. 员工体验优化

❑ AI 技术将被用来提升员工的整体体验。通过智能助手和聊天机器人，企业可以提供 24×7 的员工支持，及时响应员工的需求，解决员工的问题。

6. 全球化人力资源管理

❑ AI 技术在全球化人力资源管理中的角色将越来越重要。企业可以利用 AI 更好地理解和适应不同地区的市场需求和文化差异，优化全球人才管理。

7. 伦理与合规性

❑ 随着 AI 技术在人力资源领域的广泛应用，伦理和合规性问题将越来越受到重视。企业需要确保 AI 系统的决策过程透明、公正，避免偏见和歧视。

8. 技能升级与人才培养

❑ AI 技术的发展将推动员工技能的升级和转型。企业需要培养员工的数字技能和适应新技术的能力，以适应不断变化的工作环境。

9. 多元化与包容性

❑ AI 技术将帮助企业在招聘和员工管理中实现多元化和更大的包容性。通过消除招聘过程中的无意识偏见，企业可以吸引和保留更多样化的人才。

10. 持续创新与技术进步

❑ AI 技术的持续创新将推动人力资源管理的不断进步。企业需要不断探索和应用新的 AI 技术，以保持竞争优势。

综上所述，人工智能在人力资源领域的未来趋势将是不断演进和创新的。企业需要积极拥抱这些变化，利用 AI 技术来优化人力资源管理，提升员工体验和企业竞争力。

步骤 4：撰写报告

🧑 提示词示例：

请基于以上所有内容，输出一份关于"人工智能在人力资源领域的应用现状及趋势"的市场调研报告。

💬 Kimi 的输出：

人工智能在人力资源领域的应用现状及趋势的市场调研报告

摘要：

随着人工智能（AI）技术的快速发展，人力资源管理领域正经历着前所未有的变革。本报告旨在探讨人工智能在人力资源管理中的应用现状，并预测未来的发展趋势。通过分析当前市场的应用案例和理论研究，结合专家观点，本报告将为企业提供战略性建议，以帮助企业更好地利用 AI 技术来优化人力资源管理。

1. 引言

人工智能技术在人力资源领域的应用已经成为推动企业智能化发展的关键。数据挖掘、生物识别等技术的发展为人力资源管理带来了新的挑战和机遇。本报告将从招聘与选拔、员工培训与发展、绩效管理、员工关系管理、薪酬福利管理等方面探讨 AI 技术在人力资源领域的应用现状及未来趋势。

2. 人工智能技术概述

人工智能技术包括机器学习、自然语言处理、计算机视觉和预测分析等。这些技术在人力资源管理中的应用，不仅提高了工作效率，还增强了决策的科学性和准确性。

3. 人工智能在人力资源领域的应用现状

❑ 招聘与选拔：AI 技术在招聘过程中的应用包括自动化简历筛选、候选人评估等。例如，IBM 的 Watson Candidate Assistant 通过自然语言处理技术解读并回答求职者的问题，提高了求职者与职位的匹配度。

❑ 员工培训与发展：AI 技术通过个性化学习路径和技能识别，帮助员工提升技能。例如，IBM 的 Your Learning 平台利用 AI 技术提供个性化学习建议，加速员工技能提升。

❑ 绩效管理：AI 技术在绩效管理中的应用包括数据分析驱动的绩效评估，帮助企业更客观地评估员工的工作表现。例如，IBM 利用 AI 技术进行敬业度分析，快速分析大量员工反馈，为管理层提供决策支持。

❑ 员工关系管理：AI 技术通过情感分析和员工满意度调查，帮助企业更好地理解和管理员工关系，提高员工满意度和忠诚度。

❑ 薪酬福利管理：AI 技术在薪酬福利管理中的应用，如市场趋势分析和自动化福利分配，帮助企业更合理地制定薪酬政策。

4. 人工智能技术的优势与挑战

❑ 优势：AI 技术在人力资源管理中的优势包括提高效率、无偏评估、个性化服务等。例如，IBM 的 Watson Recruitment 通过 AI 技术预测填补职位空缺所需的时间，提高招聘效率。

❑ 挑战：AI 技术在人力资源管理中也面临着员工安全感缺失、劳动关系变革等问题。此外，AI 系统的偏见问题也是一个重要的挑战，需要通过适当的培训和监控来减少招聘中的人类偏见。

5. 市场案例分析

❑ **成功案例**：IBM 通过 Watson Candidate Assistant 和 Watson Recruitment
等 AI 解决方案，显著提高了招聘效率和员工满意度。

❑ **失败案例**：一些企业在应用 AI 技术时，由于缺乏对员工需求的深入了解
和数据隐私保护措施，导致项目失败。

6. 未来趋势与预测

❑ **进一步整合与自动化**：AI 技术将更深入地整合到人力资源管理的各个环
节，从招聘到员工培训、绩效管理、薪酬福利管理等。自动化流程将进
一步提高效率，减少人为错误。

❑ **个性化与定制化服务**：AI 技术将使人力资源管理更加个性化和定制化。
通过分析员工的个人需求和偏好，企业可以提供更加精准的培训、发展
和福利计划。

❑ **数据分析与决策支持**：AI 技术在数据分析和决策支持方面的作用将更加
突出。通过处理和分析大量人力资源数据，AI 可以帮助企业做出更明智
的决策，优化人力资源管理策略。

❑ **预测性分析**：AI 技术在预测员工流失、招聘需求和绩效评估等方面的应
用将进一步发展。企业可以利用 AI 预测员工的离职倾向，提前采取措施
进行干预。

❑ **员工体验优化**：AI 技术将被用来提升员工的整体体验。通过智能助手和
聊天机器人，企业可以提供 24×7 的员工支持，及时响应员工的需求，
解决员工的问题。

❑ **全球化人力资源管理**：AI 技术在全球化人力资源管理中的角色将越来越
重要。企业可以利用 AI 更好地理解和适应不同地区的市场需求和文化差
异，优化全球人才管理。

❑ **伦理与合规性**：随着 AI 技术在人力资源领域的广泛应用，伦理和合规性
问题将越来越受到重视。企业需要确保 AI 系统的决策过程透明、公正，
避免偏见和歧视。

❑ **技能升级与人才培养**：AI 技术的发展将推动员工技能的升级和转型。企
业需要培养员工的数字技能和适应新技术的能力，以适应不断变化的工
作环境。

❑ **多元化与包容性**：AI 技术将帮助企业在招聘和员工管理中实现多元化和
更大的包容性。通过消除招聘过程中的无意识偏见，企业可以吸引和保
留更多样化的人才。

❑ 持续创新与技术进步：AI 技术的持续创新将推动人力资源管理的不断进步。企业需要不断探索和应用新的 AI 技术，以保持竞争优势。

7. 结论

人工智能在人力资源领域的应用前景广阔，但企业在实施过程中需要考虑技术、伦理和社会等多方面的因素。通过合理利用 AI 技术，企业可以提高人力资源管理的效率和效果，实现可持续发展。

8. 参考文献

（1）德勤企业人工智能应用现状分析（第五版）

（2）人工智能技术驱动下的人力资源管理：理论研究与实践应用

（3）《清华管理评论》：智能时代的人力资源管理"智效合一"转型

（4）人力资源中的人工智能：应对机遇和挑战

（5）人工智能等五大新趋势重新定义 2024 年人力资源管理

（6）人工智能在人力资源领域的应用案例 - IBM

通过本报告，我们希望为企业提供关于人工智能在人力资源领域应用的全面视角，帮助企业更好地利用 AI 技术，优化人力资源管理，提升企业竞争力。

注意：如果是超过 5000 字的长篇报告，可以将每个模块分解得更细，让 Kimi 分别输出，内容会更加详尽！

通过上面的案例演示，我们可以发现将复杂任务分解成一系列简单的子任务，可以帮助 AI 更好地理解我们的意图，并按照我们的思路逐步完成任务，最终得到更准确、更完整的内容。

在人力资源领域，任务分解法可以应用于各种需要多步骤推理或处理大量信息的场景。

例如，让 AI 协助设计培训方案：将"设计培训方案"任务分解为"分析培训需求""制定培训目标""设计课程内容""选择评估方法"等子任务。

再如，让 AI 协助制定绩效考核指标：将"制定指标"任务分解为"分析岗位职责""确定关键绩效指标""设定指标权重"等子任务。

更多的人力资源实操场景任务分解和提示词示范，我们会在后面章节一一介绍。

2.2.3 示例学习法

很多时候我们发现即使用了角色扮演法和任务分解法依然得不到想要的内容，这时就需要使用示例学习法，赋予 AI 更强的理解力和模仿能力，使其能够更好地理解我们的需求，并生成更符合预期的结果。

1. 什么是示例学习法

在提示词工程中，示例学习法也称为"少样本学习"，是指在提示词中提供少量相关示例，帮助 AI 理解我们的意图和期望的输出格式，从而生成更准确、更符合要求的结果。想象一下，你正在教新来的实习生写招聘文案，与其泛泛地告诉他"写得吸引人一点"，不如直接给他看几份优秀的文案，并告诉他"我希望你写出像这样的文案"。这就是示例学习法的精髓！

2. 为什么示例学习法有效

为什么示例学习法比直接告诉 AI 大模型我们要什么更有效呢？

（1）减少歧义，明确意图

语言本身具有模糊性，示例可以消除歧义，让 AI 大模型更准确地理解我们的意图。

（2）提供参考，规范输出

示例相当于提供了一个"参考答案"，可以引导 AI 大模型按照我们的期望格式和风格输出结果。

（3）提高学习效率，降低成本

相比于需要大量标注数据的训练方式，示例学习法只需要少量样本，就能显著提升 AI 大模型的学习效率。

3. 示范案例

在绩效管理过程中，撰写客观、具体、差异化的绩效评语对于 HR 来说是一项重要的工作。如何利用 AI 大模型高效地完成这项工作呢？让我们以"生成产品经理季度绩效评语"为例，来体验一下示例学习法的妙用。

【案例：生成产品经理季度绩效评语】

（1）不使用示例学习法

根据前面学习的提示词编写方法，我们可以尝试编写如下提示词：

你是一位资深的绩效专家，请为产品经理小张生成一份季度绩效评语。要求：

1. 评语要客观、具体，避免使用空泛的形容词，例如优秀、良好等。

2. 针对不同的绩效表现，要给出有针对性的评价和建议。

3. 评语的语气要专业、严谨，但也要体现出对员工的关心和鼓励。

以下信息是产品经理小张在本季度的绩效表现，请你根据这些信息，为他生成一份绩效评语：

KPI 1：新产品功能采纳率—未达到预期目标

KPI 2：产品用户满意度—表现出色，超过预期目标

其他重要信息：

小张在本季度积极参与了公司 3 个项目的开发工作，并主动承担了 10 个模块的设计和开发任务。他与团队成员的沟通协作良好，能够及时解决项目中遇到的问题。但在新产品的市场调研阶段，对用户需求的把握不够准确，导致产品部分功能的市场反响不佳。

💬 ChatGPT 的输出：

产品经理小张季度绩效评语

小张在本季度展现了多方面的工作能力和团队合作精神。以下是对他的本季度绩效的客观评价和具体建议：

1. 新产品功能采纳率

小张在新产品功能的推广和采纳率上未能达到预期目标。虽然他积极参与了项目的设计和开发，但在市场调研阶段对用户需求的把握不够精准，导致部分功能未能获得理想的市场反响。建议小张在未来的项目中加强对用户需求的深入调研和分析，以确保产品功能更好地满足市场和用户的实际需求。

2. 产品用户满意度

小张在产品用户满意度方面表现出色，超过了预期目标。他在设计和开发任务中，与团队成员的良好沟通和协作能力，使得项目能够及时解决问题并高效推进。建议他继续保持与团队的密切合作，通过用户反馈和数据分析，持续优化产品功能和用户体验，进一步提升用户满意度。

总体而言，小张在本季度展现了较高的工作热情和责任感。通过加强对市场需求的深入理解和与团队的密切合作，他将能够更好地推动新产品的成功上市，并进一步提升其在产品管理领域的专业水平。

从以上的输出结果来看，由于缺乏具体的示例参考，我们得到的评语可能不够精准，难以符合预期风格。

（2）使用示例学习法

为了让 AI 更好地理解我们的评语风格和标准，我们需要提供一些高质量的示例。

结合准备好的示例，编写完整的提示词：

你是一位资深的绩效专家，请为产品经理小张生成一份针对产品经理的季度绩效评语。

要求：

1. 评语要客观、具体，并针对不同绩效水平提供差异化的评价。

2. 参考以下示例，了解不同绩效表现的标准并模仿示例中的语言风格和表达方式。

示例 1：

绩效表现：优秀

KPI 1：新产品上线时间 – 提前 2 周完成

KPI 2：产品用户增长 – 上线 3 个月内实现 10 万用户增长，远超预期

评语："小张在 B 项目中展现出极强的项目管理能力和执行力，成功带领团队提前 2 周完成新产品 C 的上线，并在上线后 3 个月内实现了 10 万用户增长，远超预期目标。他注重细节、积极主动、勇于承担责任，是团队中的核心骨干。"

示例 2：

绩效表现：良好

KPI 1：产品用户活跃度 – 提升明显，但未达预期

KPI 2：用户投诉率 – 保持在较低水平

评语："小张在本季度积极推进 C 产品的用户运营工作，通过一系列的活动和功能迭代，提升了用户活跃度，用户留存率提升了 20%，但仍未达到预期目标。同时，他也能及时处理用户反馈，有效控制了用户投诉率。建议在下个季度重点关注用户核心需求，制定更有针对性的运营策略。"

示例 3：

绩效表现：需要改进

KPI 1：产品需求理解能力 – 需加强

KPI 2：项目进度管理 – 需提升

评语："小张在 C 项目的需求沟通阶段，对客户需求的理解不够深入，导致产品开发方向出现偏差，最终影响了项目进度。建议加强与客户的沟通交流，提升需求分析和判断能力，避免类似问题再次发生。同时，也需要加强项目进度管理，确保项目按计划推进。"

以下信息是产品经理小张在本季度的绩效表现，请你根据这些信息，为他生成季度绩效评语：

KPI 1：新产品功能采纳率 – 未达到预期目标

KPI 2：产品用户满意度 – 表现出色，超过预期目标

其他重要信息：

小张在本季度积极参与了公司 3 个项目的开发工作，并主动承担了 10 个模

块的设计和开发任务。他与团队成员的沟通协作良好，能够及时解决项目中遇到的问题。但在新产品的市场调研阶段，对用户需求的把握不够准确，导致产品部分功能的市场反响不佳。

输入优化后的提示词后，ChatGPT 的输出：

根据小张本季度的绩效表现，以下是一份针对产品经理的季度绩效评语：

"小张在本季度展现了卓越的项目参与和团队协作能力，积极参与了公司三个项目的开发，并承担了多个模块的设计与开发任务，显示了他的工作积极性和责任心。他与团队成员的沟通协作良好，能够有效地解决项目中的问题。

然而，小张在新产品市场调研阶段的表现需要改进，由于对用户需求的理解不够准确，导致部分产品功能的市场反响未达预期目标。尽管如此，他在产品的用户满意度方面表现出色，超出了预期目标，显示了他在产品质量和用户体验方面的突出能力。

建议小张在未来的工作中继续加强对市场需求的深入分析和对用户反馈的及时调整，以确保产品能够更好地满足市场需求并提升功能采纳率。"

这份评语既客观具体地反映了小张的绩效表现，又针对不同绩效水平给予了差异化的评价和建议，符合要求。

通过示例学习法，我们只需要提供少量高质量的示例，就能让 AI 快速地学习我们的评语风格和标准，并生成更符合我们要求的绩效评语，大大提高了我们的工作效率和质量。

在使用示例学习法时，不要假设 AI 知道我们为什么要提供这些示例，要用清晰的语言告诉它，例如："请参考以下示例……""我希望你按照以下示例的风格……"等。

清晰准确地将我们的意图传达给 AI，让它像我们的"影子"一样，学习我们的思维方式和工作风格，最终让 AI 成为我们工作中的得力助手。

2.2.4 思维框架法

即使采用了角色扮演法、任务分解法和示例学习法，我们还是会发现 AI 在面对复杂问题时往往显得力不从心。如何让 AI 真正成为我们的得力助手？答案是：思维框架法。想象一下：我们给 AI 戴上了一顶"思考帽"，让它不再只是机械地堆砌信息，而是能够像专家一样，有条理、有逻辑地分析和解决问题。这就是思维框架法的魔力。

1. 什么是思维框架法

思维框架法是一种引导 AI 像人类专家一样思考和解决问题的提示词技巧。

简单来说，就是在提示词中明确给出解决问题的框架。例如，在分析问题时，使用 5W1H 分析法可以确保 AI 考虑到所有关键要素（时间、地点、人物、事件、原因、方式），从而避免遗漏重要信息。

2. 为什么思维框架法有效

直接向 AI 提问，就像让一个没有地图的人在陌生城市寻找目的地，结果往往是迷失方向。而思维框架法为 AI 提供了清晰的路线图，使其能够：

- ❑ 提升逻辑性和结构化：按照预设的逻辑逐步分析问题，避免输出结果杂乱无章。
- ❑ 降低信息遗漏的风险：引导 AI 进行更全面的思考，避免因信息缺失而导致分析片面。
- ❑ 提高输出结果的可解释性：生成更易理解、更具逻辑性的答案，便于应用到实际工作中。

3. 示范案例

在人力资源管理中，经常有员工对未来感到迷茫，不知道自己应该朝哪个方向发展，想寻求帮助，那么，我们应该如何帮助他制定一份职业发展规划呢？下面一起看看 AI 能否给我们支持。

【案例：帮助员工制定职业发展规划，实现个人价值】

（1）不使用思维框架法

我们可以向 AI 输入如下提示词：

你是一位资深的生涯规划师，我是一位 HR，我的一位下属的工作表现一直不错，但他最近跟我说他对未来感到迷茫，不知道自己应该朝哪个方向发展，想寻求我的帮助，我应该如何帮助他制定一份职业发展规划？

💬 文心一言的输出：

作为一名 HR，你可以按照以下步骤帮助你的下属制定职业发展规划：

第一步：深入沟通，了解需求与期望

1. 安排一次深度的职业发展辅导谈话，确保环境安静、私密。

2. 倾听下属的困惑、期望和目标，了解他对当前工作的满意度、自身的兴趣点、长期职业愿景等。

3. 明确下属的职业价值观和工作动机，这有助于为后续的规划提供方向。

第二步：进行技能与兴趣评估

1. 与下属一起梳理他的核心技能、专业知识和工作经验，明确他的优势领域。

2. 探讨下属的兴趣爱好，寻找可能与其职业发展相结合的点。

3. 使用职业兴趣测试或技能评估工具，帮助下属更清晰地认识自己。

第三步：设定职业目标与里程碑

1. 根据下属的技能、兴趣和期望，共同设定短期（1~2 年）和长期（3~5 年）的职业目标。

2. 确立达成这些目标所需的里程碑，确保目标是具体的、可衡量的。

3. 讨论可能遇到的挑战和障碍，并提前规划应对策略。

第四步：制订行动计划

1. 明确下属需要提升或学习的技能和知识，制订相应的学习计划。

2. 根据职业目标，确定下属需要参与的项目或工作任务，以积累经验。

3. 设定一个时间表，定期检查进度，确保下属能够按计划推进。

第五步：提供持续的支持与反馈

1. 作为 HR，要定期与下属进行职业发展谈话，了解他的工作进展和遇到的困难。

2. 提供必要的资源和支持，如培训、导师制度等，帮助下属实现职业发展目标。

3. 鼓励下属主动寻求反馈，及时调整行动计划。

第六步：评估与调整

1. 设置固定的评估周期，如下属每季度或每半年的工作表现和职业发展进度。

2. 根据评估结果，与下属一起调整职业发展规划，确保规划与实际发展情况相符。

3. 保持灵活性，允许下属根据外部环境的变化和个人成长的需要，适时调整职业目标。

在整个过程中，重要的是保持与下属的开放沟通，鼓励他主动思考和参与规划过程。同时，作为 HR，你也要根据公司的发展战略和市场需求，为下属提供有针对性的建议和指导。通过这样的规划和支持，你的下属将能够更清晰地看到自己的职业发展路径，从而更有动力地向规划方向前进。

虽然 AI 给出了上述答案，但是，我们发现 AI 偏向于提供一些通用的建议，缺乏针对性。没有深入挖掘员工的核心需求和潜在问题，难以制定出真正有效的职业发展规划。

（2）使用思维框架法

在生涯规划中有一个思维框架叫"职业锚"理论。我们可以让 AI 使用这个框架来协助我们制定职业发展规划。

向 AI 输入如下提示词：

你是一位资深的生涯规划师，我是一位 HR，我的一位下属的工作表现一直不错，但他最近跟我说他对未来感到迷茫，不知道自己应该朝哪个方向发展，想寻求我的帮助，请你基于"职业锚"理论，帮我分析一下，我应该如何帮助他制定一份职业发展规划？

这时候 AI 会在职业锚理论的框架下给出具体的操作步骤和方法，如下所示。

💬 文心一言的输出：

基于职业锚理论，你可以帮助你的下属制定职业发展规划。职业锚是指个体在职业选择中坚持的核心技能或价值观，即无论如何都不会在职业选择中放弃的至关重要的东西。以下是如何结合职业锚理论来帮助你的下属的步骤和方法：

第一步：确定职业锚

与下属进行深入的对话，引导他思考并发现自己职业中的核心价值、技能或工作类型。职业锚可能包括技术职能型、管理职能型、自主/独立型、安全/稳定型、创业创新型、服务型、挑战型和生活方式型等。

第二步：分析当前状况

评估下属目前的工作是否与其职业锚相符。如果不符，探讨造成其迷茫的原因是否与此有关。

第三步：设定职业目标

根据下属的职业锚，共同设定与其核心价值或技能相符的短期与长期职业目标。

第四步：制定发展规划

1. 对于技术职能型的下属，重点应放在提升其专业技能和知识上，可能包括提供专业培训和参与复杂的技术项目。

2. 如果是管理职能型的下属，那么需要为其提供领导力和管理方面的培训，并考虑逐步增加其管理职责。

3. 对于自主/独立型的下属，应提供更多的自主权和决策权，或者考虑让其负责某个独立的项目。

4. 对于安全/稳定型的下属，他可能需要更多的工作保障和稳定性，可以考虑为其提供长期的职业规划和发展路径。

5. 对于创业创新型的下属，他可能需要更多的创新空间和资源支持，可以让其参与新产品或服务的开发。

6. 对于服务型的下属，他可能更适合在客户服务或公共关系部门发展，可以为其提供相关的培训和晋升机会。

7. 对于挑战型的下属，他可能需要更多的挑战和机会来证明自己的能力，可以考虑让其参与更复杂或高难度的项目。

8. 对于生活方式型的下属，他可能更注重工作与生活的平衡，可以为其提供更灵活的工作时间和远程工作的机会。

第五步：提供持续的支持与反馈

1. 定期检查下属的职业发展进度，确保其按照规划进行。

2. 根据下属的反馈，及时调整发展规划，确保其职业目标与公司的整体发展战略一致。

第六步：评估与调整

设置固定的评估周期，评估下属的职业发展情况，并根据评估结果进行必要的调整。

在整个过程中，重要的是持续与下属沟通，确保他 / 她对自己的职业锚有清晰的认识，并根据职业锚来制定和调整职业发展规划。这样，下属不仅能够更有方向地发展自己的职业生涯，还能够更好地融入公司的整体发展战略中。

在使用思维框架法的时候，注意不同的问题需要用不同的思维框架来解决。例如，分析问题可以用 5W1H、鱼骨图；制定策略可以用 SWOT 态势分析法、决策树；生成创意可以用头脑风暴、六项思考帽等。根据具体的问题和目标，选择最能够帮助我们厘清思路、找到解决方案的框架。

同时，不要假设 AI 知道我们想用什么框架，要在提示词中明确写出来，例如，"请你用 SWOT 态势分析法……""请你用 5W1H 分析法……"。如果 AI 不熟悉某个框架，则需要简单解释一下各个要素的含义，例如，"SWOT 态势分析法包括分析企业的优势（Strength）、劣势（Weakness）、机会（Opportunity）和威胁（Threat）"，这样才能用好思维框架法。

思维框架法是提升 AI 输出质量的有效方法，它可以帮助我们更好地利用 AI 来解决工作中的各种问题。

即使我们已经熟练运用其他提示词技巧，学习和掌握思维框架法仍然是物超所值的，它可以帮助我们解决更复杂的问题、获得更有洞察力的答案、应对更多元的挑战，还可以帮助我们成为更专业的提示词工程师。

2.3 人力资源必备的提示词管理方法

优秀的提示词是挖掘 AI 潜力的关键，提示词的背后蕴藏着业务逻辑和专家经验。做好提示词管理，相当于建立企业和个人的"AI 知识库"，方便知识的传承和复用。本节将重点分享编写提示词时的注意事项和如何做好提示词的沉淀与管理。

2.3.1　提示词编写的前提：需求分析

很多时候，即使掌握了各种提示词编写方法，AI 仍然可能无法输出我们想要的结果。这是为什么呢？因为我们没有把任务的需求分析清楚，让 AI 走上了错误的道路。

清晰的需求分析，就像是在为 AI 绘制行动路线图，指引它准确抵达目的地。这不仅能帮助 AI 一次性理解你的意图，避免反复修改和尝试，节省时间和精力，还能让你更容易地掌控最终结果，获得更符合预期的输出。

那么，该如何进行有效的需求分析呢？以下方法可以助你轻松实现：

1. 明确目标（Why）——你想让 AI 做什么

这是所有行动的起点。如果我们自己都不知道想要什么，AI 就更不可能理解我们的意图。问问自己：

- ❑ 我希望 AI 完成什么任务？
- ❑ 我期待得到什么样的结果？
- ❑ 结果的用途是什么？

2. 分解任务（What）——需要 AI 做哪些具体的事情

AI 并非万能，只有将复杂的任务分解成更小、更具体、更易于理解的子任务，才能让 AI 逐个击破，最终更好地完成任务。

尝试思考以下问题：

- ❑ 这个任务可以分解成哪些独立的子任务？
- ❑ 每个子任务的目标是什么？
- ❑ 子任务之间是否存在逻辑关系？执行顺序应该如何安排？
- ❑ 每个子任务需要 AI 扮演什么角色？

3. 确定输入（How）——需要给 AI 提供哪些信息

清晰地输入相关的信息、合适的格式以及确保信息的准确性和完整性，是保证 AI 输出质量的关键。

问问自己：

- ❑ 需要为 AI 提供哪些信息？

❑ 信息的格式是什么？

❑ 如何确保信息的准确性和完整性？

4. 预设输出（Evaluation）——你希望看到什么样的结果

预先设定期望的输出格式、关键信息和评估标准，可以帮助我们更好地评估 AI 的输出结果，判断是否达到预期，以及是否需要进行调整和优化。

思考以下问题：

❑ 预期的输出格式是什么？

❑ 需要包含哪些关键信息？

❑ 如何评估输出的质量？

设定预期输出时，要保持理性，避免过度依赖 AI。AI 只是一个工具，它可以帮助我们更高效地完成任务，但不能代替我们思考和决策。要根据实际情况设定合理的目标，不要指望 AI 解决所有问题或者给出完美的答案。

下面以撰写员工培训总结报告为例，演示如何进行需求分析，进行有效的提示词编写。

【案例：撰写员工培训总结报告】

（1）未进行需求分析的提示词

提示词示例：

帮我写一份新员工入职培训的总结报告。

ChatGPT 的输出：

新员工入职培训总结报告

日期：［填入日期］

背景：

本次入职培训旨在为新员工提供公司及部门的基本背景信息、工作流程和核心技能培训，帮助他们快速融入并提高工作效率。

培训内容概述：

1. 公司介绍

（1）介绍公司的使命、愿景和核心价值观。

（2）概述公司的组织架构、各部门职能及团队结构。

（3）强调公司文化和工作氛围。

2. 部门介绍

（1）详细介绍部门的职能和目标。

（2）解释部门在整个公司运作中的重要性和角色。

3. 工作流程

（1）分步骤说明核心工作流程和常用工具的使用方法。

（2）演示关键任务的执行过程和注意事项。

4. 技能培训

（1）提供必要的技能培训，如软件使用方法、数据分析方法等。

（2）强调工作所需的关键技能和最佳实践。

5. 政策和规程

（1）介绍公司的政策和制度，如休假政策、安全规定等。

（2）解释公司的道德行为准则和职业操守。

6. 培训效果评估

本次培训通过以下方式评估了培训效果：

❏ **参与度**：新员工的参与度和反馈情况良好。

❏ **理解和应用**：新员工对公司和部门的理解程度和应用能力得到了验证。

❏ **反馈和调整**：收集到的反馈将被用于进一步优化未来的培训计划。

7. 结论和建议

入职培训的成功依赖于清晰的内容、有效的交流和互动以及对新员工需求的理解。建议在今后的培训中继续强调实践操作和个性化学习体验，以更好地支持新员工的职业发展和公司使命的实现。

致谢：感谢所有参与和支持本次入职培训的人员和部门，你们的贡献和协作使得这次培训顺利且有效。

签署：

［你的名字］

［你的职位］

［公司名］

（2）进行需求分析后的提示词

🧑‍💻 提示词示例：

请根据以下信息，帮我生成一份 2024 年 6 月新员工入职培训的总结报告：

培训概述

时间：2024 年 6 月 3 日—2024 年 6 月 7 日

对象：2024 年 6 月新入职员工，共计 30 人

内容：公司文化和价值观、部门职能和工作流程、职业素养和沟通技巧、办公软件操作等

方式：课堂讲授、案例分析、小组讨论、角色扮演等

培训效果

90% 的学员认为培训内容实用，能够帮助他们快速了解公司和岗位。

部分学员反映个别课程内容较为枯燥，希望增加互动环节。

请根据以上信息，撰写一份总结报告，包括以下内容：

培训目标和安排概述

培训内容和实施情况总结

培训效果评估

针对培训内容、方式等方面的改进建议

请使用简洁明了的语言，并确保报告内容客观、数据准确、分析深入。

💬 ChatGPT 的输出：

2024 年 6 月新员工入职培训总结报告

一、培训目标和安排概述

本次培训旨在帮助 2024 年 6 月新入职的 30 名员工快速融入公司文化，了解公司运作方式，熟悉岗位职责，提升职业素养。培训时间为 2024 年 6 月 3 日至 2024 年 6 月 7 日，采用课堂讲授、案例分析、小组讨论、角色扮演等多种方式进行。

二、培训内容和实施情况总结

本次培训内容涵盖公司文化和价值观、部门职能和工作流程、职业素养和沟通技巧、办公软件操作等方面……（限于篇幅，详细内容略）

三、培训效果评估

根据培训后的问卷调查结果，90% 的学员认为培训内容实用，能够帮助他们快速了解公司和岗位。部分学员反映个别课程内容较为枯燥，希望增加互动环节。

改进建议：为了进一步提升培训效果，建议……（限于篇幅，具体建议略）

本次 AI 输出的内容翔实，结构完整，基本符合预期。

通过对比两种输出结果，我们可以更直观地感受到需求分析的重要性，以及它对 AI 输出质量的影响。

需求分析是进行有效的提示词编写的关键。将更多的时间和精力投入需求分析阶段，能够为后续的提示词编写奠定良好的基础，从而最大限度地发挥 AI 的作用，获得更理想的结果。未来，随着人工智能技术的不断发展，提示词工程将成为人机交互的关键技能，而精准的需求分析能力则是掌握这门技能的关键钥匙。

2.3.2　提示词编写的 7 个原则

读到这里，你可能已经了解了一些基本方法，但要真正掌握这门艺术，还需要深入了解一些细节和技巧。本节将聚焦提示词编写的 7 个关键原则，帮助你像专家一样引导 AI，获得更符合预期、更有价值的结果。

这 7 个原则是根据人工智能的特点和提示词工程的实践经验总结出来的。它们涵盖了与 AI 进行有效沟通的关键方面，能够帮助我们构建出高质量的提示词，引导 AI 生成更符合预期的结果。

1. 明确性（Clarity is Key）

使用清晰、直接、易于理解的语言来表达你的需求，避免任何歧义或模糊的内容，让 AI 能够准确地理解你的意图。

❌ 低效提示词："帮我看看招聘方面的事儿。"（模糊不清，AI 无法理解具体的需求。）

✅ 高效提示词："请列出五条吸引优秀人才的员工福利政策建议。"（清晰明确，AI 可以专注于提供相关建议。）

2. 相关性（Stay on Target）

确保你的提示词与你想要 AI 完成的任务或目标直接相关，避免包含任何无关的信息或指令，避免 AI 因被无关信息干扰而偏离目标。

❌ 低效提示词："现在很多员工都不喜欢参加培训，公司文化建设也遇到了一些挑战，你能给出一些建议吗？"（将"培训参与度"与"公司文化建设"混杂在一起。）

✅ 高效提示词："针对技术部门员工，如何设计更吸引人、更有效的线上培训项目？（清晰地表明了目标对象、培训形式以及核心需求。）

3. 简洁性（Less is More）

用最少的词语表达最完整的意思，避免冗余、重复或不必要的细节，让提示词清晰易懂，直击核心需求。

❌ 低效提示词："我需要给所有员工发一封邮件，告诉大家公司非常重视员工的职业发展，我们鼓励大家积极进取、不断学习，公司也会提供各种培训和发展机会，帮助大家实现个人目标……你能帮我写一封邮件吗？"（过于冗长，包含了许多不必要的细节和重复的表达。）

✅ 高效提示词："请帮我写一封简洁、鼓舞人心的邮件，鼓励员工积极参与公司即将推出的职业发展计划。"（清晰地概括了邮件的核心内容和目标受众。）

4. 具体性（Details Matter）

在提示词中提供充足的细节和限制条件，清晰地描述你的需求，避免过于宽泛或抽象的描述，让 AI 能够理解你的具体意图，并生成更精准、有效的输出。

❌ 低效提示词："帮我写一份招聘文案，招聘新媒体运营。"（过于宽泛，缺乏具体的职位要求、公司信息、福利待遇等细节。）

☑ 高效提示词："请帮我写一份招聘文案，用于招聘新媒体运营人员，该人员需要具备以下技能：熟练使用各种社交媒体平台，例如微博、微信、抖音等；具备优秀的文案撰写能力和创意策划能力；熟悉新媒体运营数据分析工具。公司位于上海，提供行业内具有竞争力的福利待遇，并提供良好的职业发展机会。"（提供了详细的职位描述、技能要求、公司信息和福利待遇等信息。）

5. 引导性（Guide the Thinking）

通过设计特定的问题或指令，引导 AI 进行特定类型的思考、推理或创作，以获得更符合预期目标的输出。

❌ 低效提示词："给我一个团建方案。"（过于简单，没有提供任何引导信息。）

☑ 高效提示词："请为我们公司设计一个为期一天的户外团建活动方案，目标是增强团队合作精神，活动需要富有创意、能够让员工积极参与，预算控制在每人 500 元以内。"（从明确目标、限定条件、期望风格等方面对 AI 进行了引导。）

6. 适应性（Know Your Audience）

根据不同 AI 模型的能力和局限性，以及不同场景和目标的需求，灵活地调整提示词的内容和表达方式，以达到最佳的沟通效果。

针对擅长模仿各种写作风格的 AI 模型，可以这样写提示词：

请以轻松活泼、吸引年轻人的语气，为我公司"视频剪辑师"岗位撰写一段 100 字以内的招聘文案，要在文案中体现出公司扁平化的管理、良好的办公氛围，以及丰厚的员工福利。

针对擅长从大量文本中提取关键信息的 AI 模型，可以这样写提示词：

以下是一段关于我公司"视频剪辑师"岗位的职位描述：\［粘贴一段详细的职位描述，包括岗位职责、任职要求、福利待遇等信息］。请根据以上信息，为我提炼出最核心的优势，并将其整合为一段不超过 20 字的招聘标语，用于吸引求职者的注意。

7. 鼓励探索（Think Outside the Box）

通过设计开放性、启发性的问题或指令，鼓励 AI 模型跳出固有的思维模式，进行更深入、更广泛、更具创造性的思考，探索更多可能性，从而获得新颖、独特、具有启发性的结果。

❌ 低效提示词："给我一个人才培养方案。"（过于直接和局限。）

☑ 高效提示词："假如未来是一个完全由 AI 驱动的世界，企业需要什么样的新型人才？为了培养这类人才，现有的企业大学制度需要做出哪些颠覆性的改变？"（通过设置未来场景、提出开放性问题、暗示目标导向等方式鼓励 AI 进行探索。）

总的来说，这 7 个原则相互关联，构成一个完整的体系，帮助我们构建出高质量的提示词，引导 AI 生成更符合预期、更有价值的结果。

通过不断尝试和调整提示词，我们会更好地掌握与 AI 沟通的技巧，将其应用到工作和生活的各个方面。

2.3.3　提示词的测试与评估

AI 技术的应用已成为提高决策精准性和执行效率的重要手段。要充分发挥 AI 技术的效能，确保其生成的内容符合实际工作需求，对提示词进行系统性的测试与优化至关重要。

1. 测试提示词的重要性

提示词作为与 AI 交互的桥梁，它的质量直接影响到 AI 输出的准确性和适用性。精心设计的提示词能够引导 AI 更准确地理解任务需求，生成更符合预期的文案、报告或分析结果。因此，对提示词进行系统性的测试，不仅可以提高 AI 的工作效率，还能确保生成的内容更加精准、专业，满足高标准的工作要求。

2. 评估指标的设定

在测试提示词的效果时，需要根据具体的应用场景和目标设定清晰合理的评估指标。这就像为 AI 的工作设定 KPI，明确我们希望它达成什么样的效果。以下是一些常见的评估指标类别，每个类别又可以细化出多种具体指标：

- ❑ 准确性：通过事实核查和逻辑分析确保内容的正确性。
- ❑ 相关性：评估内容与任务需求的相关程度。
- ❑ 完整性：确保所有关键信息点被覆盖。
- ❑ 一致性：保持内容风格和信息的统一性。
- ❑ 创造性：评估 AI 生成内容的新颖性和创新性。
- ❑ 可读性：通过语言流畅度和结构清晰度评估内容的易读性。
- ❑ 用户体验：通过用户反馈和行为数据评估用户体验。

可以根据具体的应用场景和目标对这些评估指标进行选择和调整。通过这些指标，可以全面评估提示词的效果，并据此进行优化。

例如，我们要评估用于生成招聘启事的提示词，可以设定以下评估指标：

- ❑ 准确性：招聘启事中的职位描述是否与实际职位需求一致，例如，工作职责、任职资格、薪资福利等信息是否准确无误。
- ❑ 吸引力：招聘启事能否吸引目标人才的注意，例如，可以使用申请人数、简历质量、面试邀请接受率等指标来衡量。
- ❑ 效率：AI 生成一份招聘启事需要多长时间，相比人工撰写能够节省多少时间。

3. 评估方法

为了更有效地评估提示词的效果，可以选择以下评估方法：

（1）A/B 测试

A/B 测试是一种常用的对比实验方法，可以用于比较不同版本提示词的效果。

优点：数据客观、准确，可量化比较不同版本提示词的优劣，成本相对较低。

缺点：适用于可量化的指标，需要一定的流量才能得出显著结论，可能受到其他因素干扰。

例如，我们设计了两个版本的提示词，用于生成面向不同经验层次的候选人的招聘文案。通过 A/B 测试，我们可以使用这两版提示词分别生成招聘文案，将生成的文案发布在不同的招聘平台上，并追踪不同平台的申请人数、简历质量等指标，从而判断哪个版本的提示词更能吸引目标人才。

（2）人工评估

人工评估是指由人工对 AI 根据提示词生成的内容进行评估，例如，评分、排序、判断是否符合要求等。

优点：可以评估难以量化的指标（例如：语气、情感、说服力）、更贴近真实用户体验。

缺点：主观性较强、成本高、效率低、难以大规模应用。

例如，我们设计了一系列提示词，用于生成员工绩效评语。由于绩效评语需要兼顾客观性和激励性，难以完全用客观指标来衡量，因此我们可以邀请经验丰富的人力资源专家对 AI 根据这些提示词生成的评语进行评估，例如，打分，评价其准确性、激励性和改进建议的可行性等，并根据评估结果判断哪些提示词更能生成高质量的评语。

（3）问卷调查

问卷调查是指通过设计问卷，收集目标用户对 AI 生成内容的反馈和评价。

优点：可以收集大量用户反馈、成本相对较低。

缺点：问卷设计需要技巧、用户填写的答案可能存在偏差。

例如，我们设计了一组提示词，用于生成公司内部的培训课程推荐文案，并评估哪种风格的文案更受员工欢迎。为此，我们可以使用这些提示词生成多份不同风格的文案，然后向员工发送问卷调查，询问他们对每份文案的喜爱程度、推荐意愿等，并收集他们对文案的具体评价和建议。通过分析问卷调查的结果，我们可以判断哪些提示词生成的文案更受员工欢迎，并根据反馈对提示词进行优化。

4. 评估结果分析与优化

在收集到评估数据后，需要对数据进行分析，找到提示词可以改进的地方，并据此进行优化。例如：

❏ 分析不同版本提示词的评估结果，找到表现最佳的版本，并分析其优势。

❏ 分析人工评估或专家评分的具体意见和建议，对提示词进行针对性的修改。

提示词的优化是一个持续迭代的过程，只有不断地测试、评估、分析和改进，才能找到最有效的提示词，让 AI 真正成为人力资源管理的得力助手。

2.3.4　提示词的管理与维护

有效管理这些提示词对于充分利用 AI 技术至关重要。那么，我们如何确保这些提示词不断适应并服务于人力资源的需求呢？

1. 策略

策略 1：构建标准化提示词模板

为了简化提示词的创建过程，构建标准化模板至关重要。实施步骤如下：

1）模板设计：与各部门合作，了解他们的特定需求，为常见任务设计提示词模板。

2）模板审查与更新：建立跨部门小组，定期审查和更新这些模板。

3）易用性强化：创建直观的模板库界面，使员工能够轻松地访问和使用这些模板。

策略 2：知识库集成

在没有复杂系统集成的情况下，我们可以采用以下方法来确保提示词的时效性和准确性：

1）定期简报会：通过简报会或其他方式向员工介绍最新的人力资源信息和政策更新。

2）设计时参考最新信息：鼓励员工在设计提示词时，参考这些最新的知识和信息。

3）知识文档更新：指定专人负责更新内部知识文档，确保提示词反映最新信息。

策略 3：全面培训，提升员工技能

持续的员工培训对于有效使用 AI 至关重要。实施步骤如下：

1）定期培训会议：教授员工如何有效地使用 AI 的提示词。

2）实战演练：通过案例分析和模拟练习，增强员工设计有效提示词的实际操作能力。

3）资源共享：提供学习资料和在线资源，支持员工自主学习。

策略 4：提供技术支持

技术支持同样不可或缺，具体实施步骤如下：

1）建立支持系统：设立易于访问的技术支持平台，如内部帮助平台或在线论坛。

2）定期技术沟通：通过定期沟通和技术分享会，更新员工的技术知识。

3）反馈收集与应用：持续收集使用反馈，并根据这些反馈优化支持服务。

2. 案例

一家专注于软件开发的公司在面临提升招聘效率和加强员工培训质量的挑战下，决定采取创新策略来优化他们的人力资源管理流程。

（1）动手构建提示词模板库

为了精准地满足各部门的独特需求，该公司与不同团队紧密合作，深入探讨了招聘和培训的具体要求。这一过程催生了一系列量身定制的提示词模板：

❑ 招聘广告模板："立足于我们公司的创新精神、团队协作和持续学习的核心价值观，精心撰写一则面向广泛人才群体的软件开发工程师招聘广告。"

❑ 面试问题模板："设计一套既能深入评估技术能力，又能展现公司多元化文化的软件开发工程师面试问题。"

❑ 员工培训计划模板："制定一个全面的两周入职培训方案，旨在为新聘软件开发工程师提供必要技能培训和公司文化导览。"

❑ 职位描述更新模板："针对技术市场的最新趋势，更新我们的软件开发工程师职位描述，确保涵盖对新兴编程语言和工具的熟悉度。"

❑ 员工反馈调查模板："设计一项综合调查，收集员工对我们最近实行的远
程工作政策的看法，关注点包括工作效率、团队沟通和整体满意度。"

（2）模板的审查与持续更新

该公司组建了一个跨部门的专家小组，负责这些模板的定期审查和更新，确
保它们始终反映公司的最新动向和战略方向。

（3）实用性与时效性的双重保障

在设计提示词时，鼓励员工积极参考公司内部的最新知识库，这个知识库汇
集了行业的最新动态和公司政策的最新变化，确保每一个提示词都是基于最前沿
的信息。

（4）显著的成效

这些措施的实施显著提升了招聘流程的效率，缩短了新员工的培训周期，并
整体提高了员工的满意度。通过持续监测和优化，精心设计的提示词模板和知识
库已成为公司人力资源管理的核心组成部分，推动了公司整体的发展。

通过创新应用 AI 的提示词模板，这家软件开发公司成功完成了人力资源管
理流程的转型，展示了技术创新在现代企业管理中的巨大潜力。

有效的提示词管理和维护是实现人力资源管理中 AI 技术高效应用的关键。
通过实施这些策略，我们能够确保 AI 工具在人力资源领域中发挥最大效用，同
时也为组织带来持续的创新和效率提升。在此过程中，我们必须不断适应技术的
发展，确保方法和策略始终最新和最有效。

综上所述，利用 AI 技术优化人力资源管理不仅提升了运营效率，还为企业
带来了显著的竞争优势。通过不断改进和创新，我们可以在快速发展的技术环境
中保持领先地位，推动企业取得更高的成就。

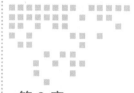

Chapter 3 第 3 章

AI 赋能人力资源日常工作

随着人工智能技术的快速发展，它正在逐渐渗透到企业的各个工作领域，为人力资源的日常工作带来变革。

本章详细探讨了如何利用 AI 的功能来优化和提升人力资源日常工作的效率。从处理职场文案如会议纪要、工作报告、邮件和 PPT，到项目管理的全方位应用，再到企业内部制度的制定和流程管理，AI 展现出了极高的应用价值和潜力。人力资源从业者可以借助 AI 提高工作效率和质量，从而有更多精力投入到战略性的人力资源管理工作中。

3.1 用 AI 处理职场文案

3.1.1 会议纪要整理

用 AI 做会议纪要整理，不仅能够提升工作效率，还能保证纪要的质量和一致性，同时节省员工的时间和精力，使其投入到更具创造性和战略性的任务中。

想要 AI 输出高质量的会议纪要，提示词就是一份详细的工作指南，清晰的提示词是 AI 精准理解任务的关键。

1. 提示词编写要点

用 AI 整理会议纪要，提示词编写的关键在于清晰、具体、结构化，并尽可能模拟人类整理会议纪要的思维方式。

　　具体来说，可以参考以下 3 个方面：

（1）明确任务目标

❑ 明确扮演角色：在提示词开头明确告诉 AI 要扮演"会议纪要整理员"的角色，让它明白自己的任务。例如："我希望你扮演一位专业的会议记录员，帮我整理一份会议纪要，重点关注会议中提出的行动计划和负责人。"

❑ 明确输出规范：详细说明你想要的会议纪要格式、内容和重点。例如：需要哪些部分、每个部分需要涵盖哪些信息、希望使用什么语气风格等。

（2）结构化信息输入

❑ 提供充足的背景信息：包括会议主题、时间、参与人员等，帮助 AI 了解会议背景。

❑ 结构化输入会议材料：将会议材料分段输入，并清晰地标注每段内容，例如发言人、讨论主题等，方便 AI 理解和处理信息。可以根据录音或文字稿的段落结构进行划分，或使用"［发言人］：［内容］"的方式进行标注。

（3）引导 AI 深度思考

❑ 引导思维框架：可以尝试在提示词中加入一些思维框架，引导 AI 进行更深入的思考和整理。例如，使用 5W1H 分析法引导 AI 从时间、地点、人物、事件、原因、方式等方面全面梳理会议信息，确保不遗漏任何关键细节。再如，使用主题分类的结构引导 AI 按照会议讨论的主题对信息进行分类整理，使纪要结构更清晰、重点更突出。

❑ 示例学习：如果可以，提供一份我们认为写得比较好的会议纪要作为示例，让 AI 学习我们的风格和偏好，并让它参考这份会议纪要的风格和格式进行整理。

2. 操作步骤

以下是用 AI 整理会议纪要的操作步骤。

步骤 1：准备素材——明确目标，备齐素材

在使用 AI 之前，首先要明确自己的需求：

❑ 会议纪要的目标是什么：是存档备查，用于向上级汇报，还是指导下一步工作？

❑ 会议纪要给谁看：是面向全体参会人员，还是特定部门或个人？

只有明确目标和受众，才能让 AI 有的放矢地进行内容筛选和呈现。接下来，准备好输入给 AI 的素材：完整、准确的会议文字稿，如果是会议语音，则可以借助语音转文字软件进行文字转写。

步骤 2：与 AI 交互——扮演导演，精准指导

准备好素材后，我们就可以与 AI 进行交互了。我们将扮演"导演"的角色，用提示词引导 AI 完成任务。

- ❏ 进入角色：输入你写好的提示词，并确保提示词清晰完整地表达了你的需求。
- ❏ 分段输入：如果会议材料比较长，建议分段输入，并根据内容进行简要的标注。
- ❏ 检查确认：在 AI 完成输出后，仔细检查内容，确保其符合你的预期。

步骤 3：检查和优化

注意，AI 生成的会议纪要并非最终版本，我们还需要对其进行校对、修改、补充和完善：

- ❏ 校对和修改：仔细检查内容的准确性、语言的流畅度，以及格式的规范性。
- ❏ 补充和完善：根据需要添加图表、图片等辅助信息，使纪要更加清晰易懂。

3. 示范案例

【案例：整理新产品启动会会议纪要】

案例背景：某公司产品团队召开新产品研发启动会，讨论了产品定位、目标用户、核心功能、研发计划等内容。产品经理希望根据会议录音整理一份简洁的会议纪要，用于同步会议信息和跟进后续工作。

步骤 1：准备素材

产品经理将会议录音整理成文字稿。

步骤 2：与 AI 交互

提示词示例：

我希望你扮演一位专业的会议记录员，帮我整理一份会议纪要，重点关注会议中提出的行动计划和负责人。

会议背景信息如下：

会议主题：××新产品研发启动会

会议时间：2024 年 6 月 8 日下午 2:00—4:00

参会人员：产品经理、研发经理、UI 设计师、测试工程师

以下是会议文字稿 [文字稿内容]

请帮我整理一份简洁的会议纪要，包括以下内容：

1. 会议主题；2. 参会人员；3. 会议时间；4. 重要议题和结论；5. 待办事项和负责人；6. 下一步行动计划。

请使用简洁明了的语言，并确保内容准确无误。

动手实操：请你亲自动手将上面的提示词和会议文字输入文心一言中，查看文心一言输出的结果。

步骤 3：检查和优化

检查 AI 生成的会议纪要，确认内容准确无误，并根据需要进行修改和完善。

通过以上步骤，产品经理就可以利用 AI 高效地整理出会议纪要，进而大幅提升工作效率了。

将 AI 想象成一位需要我们指导的实习生，清晰、具体、有条理地表达你的需求，并尽可能提供参考和示例，以获得高质量的会议纪要整理结果。

3.1.2　工作报告撰写

在快节奏的职场中，高效撰写工作报告是一项必备技能。借助 AI，我们可以更轻松地完成这项任务。然而，要想让 AI 真正成为你的"写作神器"，关键在于掌握提示词编写的艺术。

1. 提示词编写四要素

提示词是我们与 AI 沟通的桥梁，清晰、具体、结构化、引导性的提示词能够帮助 AI 更好地理解我们的需求，并生成更符合预期的报告内容。

1）清晰：避免使用模糊或宽泛的词语，要清晰地表达我们的意图，从而让 AI 更准确地理解我们的需求。

2）具体：提供充足的细节信息，例如数据来源、案例分析、背景资料等，这样 AI 才能据此生成更完整、准确的内容。

3）结构化：AI 擅长处理结构化的信息，我们可以给它一个清晰的框架，例如报告的章节、每个章节需要涵盖的内容等，以便 AI 输出更准确、规范的结果。

4）引导性：使用一些引导性的词语或句子，例如，"请重点关注……""请分析……的原因""请提出……的建议"等，引导 AI 将注意力集中在我们最关心的问题上。

2. 操作步骤

要想用 AI 写出高质量的工作报告，我们需要与它密切配合，清晰地表达需求，并引导它朝着我们期望的方向生成内容。下面是 4 个主要步骤，在实际应用时，可根据需求进行调整。

步骤 1：明确需求，确定报告框架

在开始之前，我们需要明确报告的目标、受众、内容、数据来源和风格，并在此基础上搭建一个清晰的报告框架。

步骤 2：使用提示词技巧，引导 AI 生成内容

我们可以结合使用多种提示词技巧。例如：

❑ 角色扮演法：让它从专业的角度来撰写报告，如将 AI 设定为"人力资源专家"或"资深管理顾问"，让它帮我们写人力资源报告。

❑ 任务分解法：将报告分解成多个部分，分别让 AI 生成内容，最后再进行整合。例如，撰写招聘渠道效果分析报告，可以把任务分解为"数据准备""计算关键指标""分析各个渠道的优劣势""分析招聘过程中存在的问题"等。

❑ 示例学习法：提供一些优秀的工作报告作为示例，让 AI 学习我们的写作风格和报告结构。

❑ 思维框架法：使用一些常用的思维框架，例如 5W1H 分析法、SWOT 态势分析法等，引导 AI 进行更深入的分析和思考。

步骤 3：与 AI 进行互动，逐步完善报告内容

在 AI 生成内容的过程中，我们需要积极与其互动，例如：

❑ 提供更多信息：如果 AI 生成的内容不够完整或准确，那么我们需要及时提供更多信息，例如相关数据、案例分析、背景资料等。

❑ 提出修改意见：如果 AI 生成的内容不符合预期，那么我们需要清晰地表达修改意见，例如，希望 AI 使用更简洁的语言来呈现数据、调整报告结构等。

❑ 进行多轮对话：不要指望 AI 一次就能生成完美的报告，我们需要耐心地与其进行多轮对话，逐步完善报告内容。

步骤 4：人工审核和修改，确保报告质量

注意，AI 生成的内容只是一个初稿，我们还需要对内容进行人工审核和修改，确保报告的准确性、完整性、逻辑性和可读性。

3.示范案例

【案例：招聘渠道效果分析报告】

案例背景：我们需要撰写一份关于"2024 年第四季度招聘渠道效果"的分析报告，目标受众是公司高层领导，让高层能够看到季度招聘投产产出比及效果分析。

步骤 1：准备素材

准备好现有的招聘数据。

步骤 2：与 AI 交互

提示词示例：

你是一位资深的人力资源数据分析师，请帮我撰写一份 2024 年第四季度招聘渠道效果分析报告。

一、分析目标：

1. 评估各个招聘渠道的效果，为 2025 年招聘预算分配提供数据支持。

2. 分析招聘过程中存在的问题，提出优化招聘流程的建议。

二、以下数据供你参考：

招聘渠道	招聘人数	招聘成本 / 元	简历筛选通过率	面试通过率	录用率	新员工 3 个月留存率	新员工 6 个月平均绩效
招聘网站 A	100	10000	80%	50%	60%	90%	85
招聘网站 B	50	5000	70%	60%	70%	80%	80
内部推荐	20	1000	90%	80%	90%	95%	90
校园招聘	30	3000	60%	40%	50%	70%	75

三、分析维度：

1. 各个渠道的招聘成本、投入产出比

2. 各个渠道的简历质量、面试通过率、录用率

3. 新员工的留存率和绩效

4. 招聘过程中存在的问题和改进建议

请根据以上数据，生成一份结构完整、内容翔实、数据清晰的分析报告，报告风格简洁明了，并尽量用图表来呈现数据。

动手实操：请你亲自动手将上面的提示词和报告文字输入 ChatGPT 中，查看 ChatGPT 分析的结果。

步骤 3：检查和优化

检查 AI 生成的分析报告，确认内容准确无误，并根据需要进行修改和完善。

提示：以上只是一个示例，你需要根据实际情况修改和完善提示词。在与 AI 互动时，尽量使用清晰、具体的语言表达我们的需求。不要完全依赖 AI，我们需要对生成的报告内容进行人工审核和修改。希望这些步骤和建议能帮助大家更好地利用 AI 撰写工作报告。

步骤 4：参考公司过往案例，对报告进行最后的修订，确保报告质量

除了需要对 AI 生成的报告进行检查和优化之外，我们还需要进行最后的完善，参考公司过往的历史数据、内部报告的格式以及领导比较看重的某个方面如成本数据等，对报告文字内容的表述进行调整，确保报告符合公司的要求，从而让报告在我们的工作中发挥更高的价值。

3.1.3 邮件处理

在日常邮件处理中，我们常遇到拼写和语法错误、信息不一致、内容混乱等问题。AI 的引入可以有效地解决这些痛点。它能快速生成邮件草稿，减少错误并保持信息的一致性，同时优化邮件内容，提高质量和专业性。此外，AI 还能自动组织内容，使逻辑更清晰，同时支持多语言翻译，便于跨国沟通。通过 AI，我们可以更加高效地处理邮件。

1. 提示词编写要点

在使用 AI 处理邮件时，提示词的编写应当遵循清晰、具体和结构化的原则，同时尽量模拟人类处理邮件的思维方式。具体来说，可以参考以下 3 个方面：

（1）明确任务目标

❑ 明确角色扮演：在提示词开头明确告知 AI 要扮演的角色，例如，"我希望你扮演一位专业的邮件处理助手，帮助我撰写一封邮件。"

❑ 明确输出规范：详细说明所需邮件的格式、内容及重点。例如，希望邮件包含哪些部分（如问候语、主体、结尾），以及希望采用什么语气风格（如正式、友好等）。

（2）结构化信息输入

❑ 提供充足的背景信息：包括邮件主题、收件人信息、发送目的等，帮助 AI 了解邮件背景。

❑ 结构化输入信息：将关键信息分段输入，并清晰标注每段内容，例如 "［主题］：［内容］"，以方便 AI 理解和处理信息。

（3）引导 AI 深度思考

❑ 引导思维框架：可以在提示词中加入一些思维框架，引导 AI 进行更深入的整理。例如，使用 5W1H 分析法，帮助 AI 全面梳理邮件的关键信息，如谁、什么、何时、何地、为什么和如何，以确保不遗漏重要细节。

❑ 示例学习：如果可能，提供一封已写好的邮件作为示例，让 AI 学习你的风格与偏好，并让它参考这封邮件的风格和格式进行撰写。

2. 操作步骤

使用 AI 处理邮件可以按照以下 4 个步骤进行。

步骤 1：明确需求

在开始之前，清晰地定义邮件处理的需求至关重要。

- ❏ 邮件类型：需要处理什么类型的邮件？（例如：回复咨询、安排会议等。）
- ❏ 邮件目标：希望通过邮件达到什么目标？（例如：提供信息、解决问题等。）
- ❏ 邮件读者：邮件的目标读者是谁？（例如：客户、同事、领导等。）

步骤 2：选择合适的提示词方法

根据不同的邮件处理需求，选择合适的提示词方法。

- ❏ 角色扮演法：设定 AI 的角色，例如"你是一位经验丰富 HR"。
- ❏ 任务分解法：将复杂的任务分解成多个简单的子任务，如"请先总结邮件的关键内容"。
- ❏ 示例学习法：提供满意的邮件示例，以便 AI 模仿邮件的写作风格。
- ❏ 思维框架法：使用 5W1H 分析法等经典框架，引导 AI 全面分析邮件内容。

步骤 3：编写提示词，并输入 AI

结合上述方法，编写的提示词应包含如下内容：

- ❏ 身份设定："你是一位经验丰富的 HR。"
- ❏ 任务描述："请帮我撰写一份关于年度绩效评估的通知邮件。"
- ❏ 背景信息："以下是你需要了解的信息：评估时间、参与人员、评估流程等。"
- ❏ 具体要求："请确保邮件语气正式、内容简洁明了。"

步骤 4：优化迭代

AI 生成的内容可能并不完美，因此需要对提示词进行测试、评估和优化。尝试不同的提示词组合和表达方式，以找到最适合你的工作流程，并逐步优化提示词库。

在此过程中，可以利用以下方法进一步优化邮件内容：

- ❏ 示例学习法：回顾之前成功的邮件示例，识别哪些元素有效，如何更好地吸引读者注意。
- ❏ 思维框架法：使用 5W1H 分析法来审视邮件的核心要素，确保覆盖所有关键信息。

通过 AI，我们可以更好地提升邮件的清晰度、逻辑性和情感连接，使得信息能够更有效地传达给读者，提高读者对邮件的响应率和参与度。

3. 示范案例

【案例：使用 AI 处理人力资源领域的邮件】

案例背景：某公司人力资源经理需要向全体员工发送一封关于年度绩效评估的通知邮件，内容包括评估时间、参与人员以及相关流程。希望通过 AI 生成一封正式且易于理解的邮件，以确保所有员工都能及时了解信息并参与评估。

操作步骤如下所示。

步骤 1：明确需求

❏ 邮件类型：通知邮件。

❏ 邮件目标：告知员工即将进行的年度绩效评估的详细信息。

❏ 邮件读者：全体员工及管理层。

步骤 2：选择合适的提示词方法

❏ 角色扮演法：设定 AI 为"专业的人力资源经理"。

❏ 任务分解法：将任务分为几个部分，首先列出绩效评估的基本信息，然后撰写邮件内容。

步骤 3：编写提示词，并输入 AI

提示词示例：

你是一位专业的人力资源经理，我需要你帮我撰写一封关于年度绩效评估的通知邮件。以下是你需要了解的一些信息：

评估时间：2024 年 9 月 1 日至 2024 年 9 月 15 日

参与人员：全体员工及直接上级

评估流程：1. 员工自评；2. 主管评估；3. 反馈会

目的：促进个人成长与发展，提升工作表现

请确保邮件语气正式、信息准确、内容简洁明了，并强调该评估的重要性和参与的必要性。谢谢！

Kimi 的输出：

主题：【重要通知】2024 年度绩效评估流程启动

尊敬的团队成员，

我写信是为了通知大家，我们即将开始一年一度的绩效评估流程。这是我们公司评估员工工作表现和个人成长的重要环节，对于每位员工和整个团队的发展都至关重要。

评估时间：2024 年 9 月 1 日至 2024 年 9 月 15 日

参与人员：全体员工及直接上级

评估流程：

1. 员工自评：每位员工将首先进行自我评估，反思过去一年的工作表现和个人发展。

2. 主管评估：随后，直接上级将根据员工的工作表现和贡献进行评估。

3. 反馈会议：评估结束后，将举行反馈会议，讨论评估结果并制订个人发展计划。

目的：通过这一流程，我们旨在促进每位员工的个人成长与发展，同时提升整体工作表现，为公司创造更大的价值。

我们强调，每位员工的参与对于评估的成功至关重要。请确保在指定时间内完成自评，并准备好与主管的讨论。

请大家注意，绩效评估不仅是对过去一年工作的回顾，更是为未来设定目标和方向的机会。我们鼓励每位员工认真对待这一过程，并利用这次机会来优化自己的职业规划。

如果你有任何疑问或需要进一步的指导，请随时与人力资源部门联系。

感谢大家的配合与努力，让我们共同期待一个富有成效的评估周期。

此致

敬礼

［你的姓名］

［你的职位］

［公司名称］

［联系信息］

步骤 4：优化迭代

根据上述输出我们发现 AI 给出的内容有些生硬，此时可以将我们认为好的邮件作为示范发送给 AI，让 AI 进行优化迭代。

提示词示例：

你是一位专业的人力资源经理，我需要你帮我撰写一封关于年度绩效评估的通知邮件。以下是你需要了解的一些信息：

评估时间：2024 年 9 月 1 日至 2024 年 9 月 15 日

参与人员：全体员工及直接上级

评估流程：1. 员工自评；2. 主管评估；3. 反馈会议

目的：促进个人成长与发展，提升工作表现

请确保邮件语气正式、信息准确、内容简洁明了，并强调该评估的重要性和参与的必要性。此外，请参考以下之前发送的年度绩效评估通知邮件示例以模仿其风格和格式：

主题：【年度绩效评估】携手共进，共创佳绩

尊敬的团队成员，

秋意渐浓，我们迎来了公司一年一度的绩效评估季。这是一个回顾过去、规划未来的重要时刻。我在此正式通知大家，我们的 2024 年度绩效评估流程即将启动。

评估时间：2023 年 9 月 1 日至 2024 年 9 月 15 日

在这段时间内，我们期望每位员工和直接上级积极参与以下评估流程：

员工自评：请深入反思过去一年的工作，诚实地评估自己的成就和待改进之处。

主管评估：你的主管将基于你的工作表现和职业发展，提供全面而客观的评价。

反馈会：评估完成后，将举行反馈会议，确保每位员工都能获得建设性的反馈，并明确未来的发展方向。

参与人员：全体员工及直接上级

本次评估的目的是促进个人成长与发展，同时提升我们的工作表现，共同推动公司实现更高的目标。

我们深知，你的参与对于评估的成功至关重要。因此，我们鼓励每位员工认真对待这一过程，将其视为自我提升和实现职业目标的宝贵机会。

如果你在评估过程中有任何疑问或需要帮助，请随时联系人力资源部门。我们将竭诚为你提供支持。

感谢大家一直以来的辛勤工作和对公司发展所做出的贡献。让我们携手合作，确保本次评估流程的顺利进行，并为个人和团队的未来发展打下坚实的基础。

期待在评估周期中与你深入交流，共同开启新的篇章。

此致

敬礼 ［你的姓名］

人力资源经理

［公司名称］

［联系信息］

💬 Kimi 的输出：略。

动手实操：请你亲自动手将上面的提示词输入 Kimi，查看 Kimi 最终的输出结果。

通过以上步骤，我们可以利用 AI 高效地处理邮件，大幅提升工作效率。想象 AI 是一位需要我们指导的实习生，清晰、具体、有条理地表达需求，并尽量提供参考和范例，才能获得高质量的邮件处理结果。

3.1.4　PPT 制作

在现代职场中，许多人在制作 PPT 的时候，经常会遇到内容枯燥乏味、格式混乱、缺乏创意等问题。但现在，有了文本类 AI 和 PPT 类 AI 工具这对黄金搭档，我们可以轻松地解决这些问题，通过简单的步骤生成高质量、高颜值的PPT，从而提升工作效率和效果。

1. 提示词编写要点

在利用 AI 制作 PPT 时，撰写有效的提示词至关重要。为了确保 AI 能够准确地理解我们的需求并生成合适的内容，请遵循以下原则：

（1）明确目标

帮助用户清晰地传达他的意图，使 AI 能够围绕特定的主题和预期效果生成内容。这是确保输出与用户需求一致的基本前提。

（2）场景细化

通过细化场景，可以为 AI 提供具体的上下文，这样会使得生成的 PPT 内容更贴合实际需求。例如，用于汇报、培训或产品介绍的 PPT 在内容和风格上可能有很大的不同。

2. 操作步骤

使用 AI 制作 PPT 时可以按照以下步骤进行。

步骤 1：明确需求，编写提示词

在开始制作 PPT 之前，首先明确需求，包括：

- ❑ 主题：确定 PPT 的主题是什么。
- ❑ 目标受众：明确是谁将观看该 PPT（例如，管理层、同事、客户等）。
- ❑ 预期效果：希望通过 PPT 实现什么目标（如信息传达、说服决策者或展示成果）。

根据明确的需求和场景编写清晰的提示词，将帮助 AI 理解我们的需求并生成相关内容。

步骤 2：和 AI 互动，生成 PPT 必备的文字稿内容

将编写好的提示词输入 AI（比如 Kimi），让它输出 PPT 必备的文字稿内容。若内容不符合要求，可以根据需求调整提示词，让 AI 重新输出内容，最终得到

我们想要的结果。

步骤 3：PPT 类 AI 工具接力，文本秒变 PPT

将优化后的文本内容上传到 PPT 类 AI 工具（如百度文库），选择自动生成 PPT，快速将文本内容转换成 PPT 初稿。

步骤 4：优化与调整，输出定稿 PPT

在百度文库上对生成的 PPT 进行设计和美化，调整布局、添加图片和动画效果，形成最终定稿。

需要注意的是，虽然目前 PPT 类 AI 工具能很好地识别文字内容，但如果涉及图片和表格，则仍需手动添加以确保输出结果的准确性。

3. 示范案例

【案例：制作《人工智能在人力资源领域的应用》PPT 】

案例背景：随着人工智能技术的发展，越来越多的企业开始重视并利用新技术来提升管理效率。人力资源部门被要求积极探索人工智能在招聘、培训和绩效管理等方面的应用。在即将召开的高层会议上，人力资源经理被要求汇报人工智能在人力资源领域的最新应用情况。

步骤 1：明确需求，编写提示词

明确 PPT 的主题和目标：

❏ 主题：人工智能在人力资源领域的应用

❏ 目标受众：公司高层管理人员

❏ 预期效果：让领导了解人工智能带来的机遇与挑战，并争取资源以支持相关项目。

基于主题和目标，编写提示词：

请你以咨询顾问的身份，为我生成一份关于《人工智能在人力资源领域的应用》的 5 页 PPT 演讲稿。内容需包括以下要点：

1. 人工智能技术概述及发展现状

2. 人工智能对人力资源管理的机遇和挑战

3. 人工智能在人力资源管理中的应用场景（如招聘、培训、绩效管理等）

4. 未来展望，以及企业如何利用人工智能来提升人力资源管理效率。

请使用简洁易懂的语言，并提供相关数据和案例支持。

注意，之所以没有在提示词中明确需求的内容，是因为"明确需求"是为了帮助我们思考和组织想法，以便更好地编写提示词，但它们不需要在提示词中逐一列出。这样能确保 AI 快速、准确地生成符合我们的需求的内容。

步骤 2：和 AI 互动，生成 PPT 必备的文字稿内容

将编写好的提示词输入 AI，比如 Kimi。

💬 Kimi 的输出：

PPT 演讲稿：《人工智能在人力资源领域的应用》

幻灯片 1：封面

- ❏ 标题：人工智能在人力资源领域的应用
- ❏ 副标题：技术革命与人才管理的未来
- ❏ 图片 / 图标：人工智能与人力资源结合的图形
- ❏ 演讲者姓名与日期

幻灯片 2：人工智能技术概述及发展现状

- ❏ 标题：人工智能技术简介
- ❏ 定义：人工智能（AI）是模拟人类智能行为的技术
- ❏ 发展历史：从早期的逻辑推理到深度学习和神经网络
- ❏ 当前趋势：大数据、云计算、机器学习等技术的融合
- ❏ 相关数据：全球人工智能市场规模预测
- ❏ 图表：人工智能技术发展时间线

幻灯片 3：人工智能对人力资源管理的机遇和挑战

- ❏ 标题：机遇与挑战并存
- ❏ 机遇：
  - ⚪ 自动化招聘流程，提高效率
  - ⚪ 个性化员工培训，提升能力
  - ⚪ 精准绩效评估，优化管理
- ❏ 挑战：
  - ⚪ 数据隐私和安全问题
  - ⚪ 技术失误和偏见
  - ⚪ 员工对 AI 的接受度
- ❏ 案例分析：某公司 AI 招聘系统的成功与问题

幻灯片 4：人工智能在人力资源管理中的应用场景

- ❏ 标题：AI 在 HR 领域的多场景应用
- ❏ 招聘：
  - ⚪ 简历筛选
  - ⚪ 面试辅助
  - ⚪ 候选人匹配

- ❏ 培训：
  - ○ 个性化学习路径
  - ○ 实时反馈与调整
- ❏ 绩效管理：
  - ○ 数据驱动的评估
  - ○ 预测员工发展
- ❏ 员工关系：
  - ○ 员工满意度分析
  - ○ 内部沟通优化
- ❏ 图表：AI 应用场景分布图

幻灯片 5：未来展望与企业策略

- ❏ 标题：拥抱 AI，塑造未来
- ❏ 未来趋势：
  - ○ AI 与 HR 的深度融合
  - ○ 人机协作模式的发展
  - ○ 伦理和法规的重要性
- ❏ 企业策略：
  - ○ 投资 AI 技术与人才培养
  - ○ 建立数据驱动的决策机制
  - ○ 加强 AI 伦理和合规性
- ❏ 案例分享：领先企业如何利用 AI 提升 HR 效率
- ❏ 图表：企业 AI 应用效益分析

若内容不符合要求，则我们可以根据需求调整提示词，让 AI 重新输出内容。

步骤 3：这里我们直接使用 Kimi 生成 PPT，具体操作如下所示。

1）打开 Kimi 官网，打开侧边栏的 Kimi+，点击"PPT 助手"，如图 3-1 所示。

2）进入 PPT 助手对话界面，然后点击"我想要制作一份 PPT……"。这里可以直接使用提示词来描述 PPT 的相关信息，也可以上传文档让 Kimi 分析并创作 PPT，如图 3-2 所示。

🗣 提示词示例：

请你以咨询顾问的身份，为我生成一份关于《人工智能在人力资源领域的应用》的 5 页 PPT 演讲稿。内容需包括以下要点：

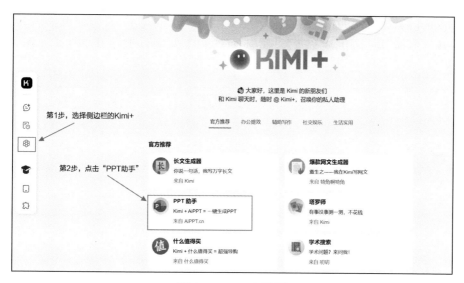

图 3-1　Kimi 主界面

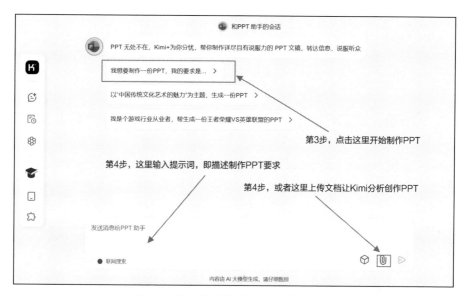

图 3-2　输入提示词或上传文档到 Kimi

1. 人工智能技术概述及发展现状

2. 人工智能对人力资源管理的机遇和挑战

3. 人工智能在人力资源管理中的应用场景 (如招聘、培训、绩效管理等)

4. 未来展望，以及企业如何利用人工智能来提升人力资源管理效率。

请使用简洁易懂的语言，并提供相关数据和案例支持。

Kimi 的具体展示略，欢迎读者多动手实操。

3）选择"一键生成 PPT"，将前面的 PPT 大纲一键生成 PPT，如图 3-3 所示。

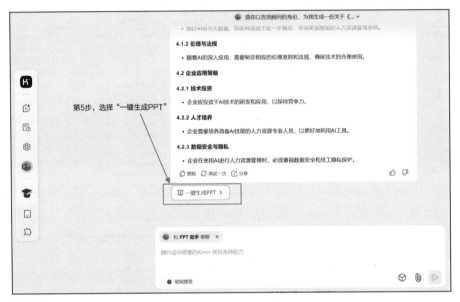

图 3-3　选择"一键生成 PPT"

4）选择模板并生成 PPT。选择自己喜欢的模板和 PPT 风格并生成 PPT，如图 3-4 所示。

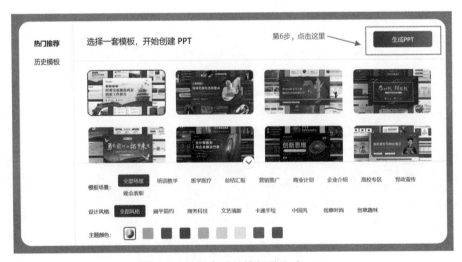

图 3-4　选择合适的模板并生成 PPT

5）预览并编辑 PPT。生成 PPT 后，可以在右侧选择感兴趣的内容进行预览，如图 3-5 所示，并根据需求和自己的偏好，对 PPT 进行编辑，如图 3-6 所示。

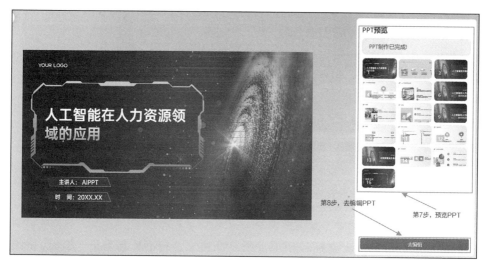

图 3-5　预览 PPT

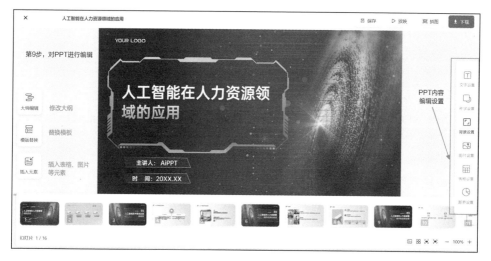

图 3-6　编辑 PPT

6）下载 PPT。可以下载的文件类型有 PPT、PDF 及图片等，选择自己需要的文件类型即可，如图 3-7 所示。

到这里用 AI 制作 PPT 的实操步骤就全部介绍完了，读者可以多多练习。

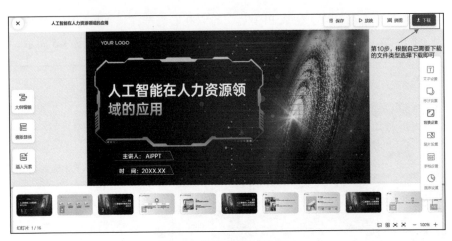

图 3-7　根据需求下载 PPT

步骤 4：优化与调整，输出定稿 PPT

我们可以根据个人喜好和 PPT 主题，对 PPT 进行设计和美化，例如，调整布局、添加图片、选择动画效果等。这里就不一一演示了。

通过以上步骤，我们将能够利用 AI 和 PPT 类 AI 工具高效地制作出专业且富有吸引力的 PPT，告别传统制作的烦琐和低效。

3.1.5　合同撰写

1. 操作步骤

虽然 AI 可以帮助我们起草合同，但请记住，它不能替代专业的法律建议。以下步骤仅供参考，在实际操作中请咨询法律专业人士。

步骤 1：理解合同的基本要素和法律要求

首先，了解合同的基本要素对于合同的撰写至关重要。这包括合同的定义、必要元素（如合同各方的身份、合同目的、合同约定事项、对价等）、法律要求等。通过 AI，我们可以快速得到并了解这些基本内容。

步骤 2：确定合同的类型和各方的权利和义务

在撰写合同之前，我们需要确定合同的类型以及各方的权利和义务。不同类型的合同具有不同的法律要求和约定事项。例如，雇佣合同、供应商合同和租赁合同都有各自的特点。借助 AI，我们可以快速地识别合同类型，并得到 AI 提供的相关的法律条款和约定的内容。

步骤 3：输入相关信息，生成合同初稿

一旦确定了合同的基本要素和类型，我们就可以开始输入相关信息，让 AI 生成合同初稿了。这些信息包括合同各方的名称和联系信息、合同的有效日期、约定事项的具体描述、价格、付款方式等。AI 将根据我们提供的信息生成合同文本初稿。

步骤 4：法律审核和定制化修改，确保合同的合法性和清晰度

生成合同初稿后，重要的一步是进行法律审核和定制化修改。我们可以请律师对合同进行审核，以确保其合法性。此外，根据特定的业务需求，我们可能需要对合同进行定制化修改，以满足各方的特定要求。AI 可以为我们提供修改建议和法律条款，以便我们进行最终的合同定制。

通过以上 4 个步骤，我们可以轻松地撰写定制化合同，确保合同的合法性和清晰度，降低合同争议的风险。

2. 示范案例

【案例：使用 AI 辅助撰写劳动合同】

参考上述前 3 个步骤，我们向 AI 输入如下提示词，生成初步的劳动合同：

我希望你扮演一位精通劳动法的律师，帮我起草一份劳动合同。合同的甲方是［公司名称］，乙方是［员工姓名］。我希望这份合同包含以下关键条款：［列出关键条款，例如，工作内容、工作时间、薪资待遇、保密条款等］，并使用简洁易懂的语言，避免使用过于专业的法律术语。

💬 文心一言的输出：

劳动合同

甲方：［公司名称］

乙方：［员工姓名］

根据《中华人民共和国劳动法》及相关法律法规，甲乙双方在平等、自愿的基础上，就乙方向甲方提供劳动力事宜达成如下协议：

一、工作内容

1. 乙方同意在甲方的指导和监督下，担任［具体职位名称］，并履行该职位的相关职责。

2. 乙方的具体工作内容包括但不限于［具体工作内容描述］。

二、工作时间

1. 乙方的工作时间为每周［天数］天，每天工作［小时数］小时。

2. 加班、休息日及法定节假日工作安排按照国家相关法律规定执行。

三、薪资待遇

1. 甲方按月支付乙方工资，月工资总额为人民币［具体金额］元。

2. 乙方享有国家规定的各项福利待遇。

四、保密条款

1. 乙方在工作期间及离职后，均应对其在甲方处所接触到的商业秘密和机密信息予以保密，不得向任何第三方透露。

2. 若乙方违反保密义务，应承担相应的法律责任。

五、合同期限与终止

1. 本合同自［起始日期］起至［终止日期］止。

2. 合同期满或经双方协商一致，可以续签或终止本合同。

六、其他

1. 双方应共同遵守国家劳动法律法规，维护各自的合法权益。

2. 本合同未尽事宜，可另行签订补充协议，补充协议与本合同具有同等法律效力。

甲方代表签字：＿＿＿＿＿＿＿＿　　日期：＿＿＿＿＿＿＿＿

乙方签字：＿＿＿＿＿＿＿＿＿＿　　日期：＿＿＿＿＿＿＿＿

注：本合同一式两份，甲乙双方各执一份。

请注意，本合同仅为示例，并非专业法律意见。在实际使用前，请务必咨询专业律师或法律顾问，以确保合同的合法性和适用性。此外，根据具体情况，合同内容可能需要进行相应的调整和补充。

实践心得：国外的 AI 工具对中国的法律的理解程度可能会有不足，所以在合同撰写方面，这里我们用了百度的文心一言来呈现输出结果。然后我们按照步骤 4 让公司的法律顾问来对该劳动合同进行审核，确保合同的合法性，同时符合公司所在行业及内部业务发展的需要。

通过上述案例演示，我们可以看到如何使用 AI 辅助制定雇佣合同，并根据具体要求进行修改和定制。这个过程可以应用于不同类型的合同，以满足各种业务需求。当然在最终签署合同之前，你还需要咨询法律专业人士以确保合同的合法性和适用性。

本节展示了 AI 在职场文案处理中的强大能力。AI 的自然语言处理能力使得文案撰写更高效、准确，提升了工作效率和文案质量。通过自动生成、内容优化等功能，AI 简化了文案流程，降低了职场文案处理的难度。随着 AI 技术的不断发展，AI 将在职场文案处理中发挥更大的作用，提升职场人士的工作效率和质量。

3.2　用 AI 做项目管理

项目管理是一个复杂而关键的过程，涉及计划制订、任务分配、进度监控、风险评估等多个环节。然而，传统的项目管理方法往往依赖于人工操作和经验判断，存在一定的主观性和不确定性。随着人工智能技术的发展，我们可以利用 AI 等先进模型来辅助项目管理，提高项目管理工作的效率和项目成功率。

3.2.1　用 AI 高效编制项目计划

在项目管理中，项目计划是至关重要的一环，它能帮助我们明确目标、分配资源、协同工作，最终实现项目成功。传统的项目计划编制方法往往需要耗费大量的时间和精力，而 AI 的出现，为我们提供了一种更高效、便捷的途径。

1. 操作步骤

步骤 1：明确项目目标

明确项目目标是制订项目计划的第一步，也是至关重要的一步。只有明确了项目要做什么，才能制订出有效的计划，确保项目最终能够成功。我们常使用 SMART 原则，将项目目标描述得具体、可衡量、可实现、具备相关性和时限性。

🔲 提示词示例：

请帮我识别并分析以下信息，提炼出该项目的核心目标：[项目背景介绍，例如公司现状、市场趋势、竞品分析等]。目标要符合 SMART 原则，即具体、可衡量、可实现、相关、有时限。

步骤 2：分解项目任务

将项目分解成可操作的任务，并明确每个任务的目标和时间安排。使用工作分解结构（WBS）方法，将项目分解成清晰、可操作的任务，并为每个任务指定负责人和确定时间安排。

🔲 提示词示例：

请根据项目的范围，使用工作分解结构方法，将项目分解成不同的任务。每个任务需要包含以下信息：

- ❏ 任务名称：简要描述任务内容。
- ❏ 任务目标：明确完成该任务的目标，例如提升员工积极性、提高团队绩效等。
- ❏ 负责人：指定负责完成该任务的人员。
- ❏ 时间安排：设定完成该任务的预计时间。
- ❏ 所需资源：列出完成该任务所需的资源，例如人力资源、资金预算、软件和硬件设施等。

步骤 3：评估任务时间和资源

任务分解完后，需要评估每个任务所需的时间和资源，确保计划的可行性。我们常用关键路径法来评估任务时间和资源，确保任务合理安排。

❏ 提示词示例：

请按照关键路径法，确定该项目的资源分配与时间规划方案。

步骤 4：评估资源需求

识别项目所需资源，包括人力、资金、设备、材料等资源，并制定资源分配方案。

❏ 提示词示例：

请根据项目的任务列表和时间安排，评估项目所需的资源，并制定资源分配方案。请分别列出人力资源、资金预算、设备和材料的需求，并说明分配方案。

步骤 5：制订风险管理计划

正确识别项目可能面临的风险，并制定应对措施。我们常用风险管理理论识别项目潜在的风险，并制定应对措施。

❏ 提示词示例：

请根据风险管理理论，帮我识别设计和实施该项目时可能面临的风险，并制定相应的应对措施。

请按照以下步骤进行分析：

1. 风险识别：列出项目可能面临的风险，例如时间延误、预算超支、员工抵触情绪、系统故障等。

2. 风险分析：评估每个风险发生的可能性和影响程度，并进行风险排序。

3. 风险评估：根据风险发生的可能性和影响程度，确定风险的优先级。

4. 风险应对：针对高优先级的风险，制定具体的应对措施，例如制定应急预案、增加预算、加强沟通等。

请根据以上步骤，帮我制订一个风险管理计划。

步骤 6：制订沟通计划

明确项目沟通的目标、形式、内容、频率等，确保项目团队成员之间的有效沟通，例如项目会议、邮件、即时通信等。

❏ 提示词示例：

请根据项目的信息，制订一个项目沟通计划，明确沟通的目标、形式、内容、频率等。请考虑项目的参与者、沟通内容、沟通频率以及沟通方式等因素。

步骤 7：生成项目计划草案

将以上信息汇总，就可以得到一份项目计划草案了。一份项目计划草案通常包含项目概述、项目目标、项目范围、工作分解结构、时间计划、资源需求、风险管理计划、沟通计划等内容。

步骤 8：审核并完善项目计划

将我们整理好的项目计划草案输入 AI，检查项目计划的完整性和合理性，并进行必要的调整和优化。

提示词示例：

请帮我检查项目计划的完整性和合理性，例如是否存在任务遗漏，任务之间的依赖关系是否清晰，时间估计是否合理，资源分配是否均衡。

2. 示范案例

【案例：用 AI 编制设计和实施新的员工绩效评估体系的项目计划】

案例背景：一家拥有 100 多名员工、正处于高速发展阶段的互联网公司，需要一套更科学、更有效的绩效评估体系来激励员工，提高团队效率。

具体操作步骤示范如下：

步骤 1：明确项目目标

提示词示例：

请帮我识别并分析以下信息，提炼出该项目的核心目标，目标要符合SMART 原则，即具体、可衡量、可实现、相关、有时限。

一家快速发展的互联网公司，拥有 100 多名员工，需要一套更科学、更有效的绩效评估体系来激励员工，提高团队效率。现有的绩效评估体系存在以下问题：

❑ 指标过于单一，无法全面反映员工的贡献。

❑ 评估方法过于主观，缺乏客观依据。

❑ 反馈机制不完善，无法有效激励员工。

公司计划在未来四个月内，设计并实施一套全新的员工绩效评估体系，以提升员工工作积极性、提高团队绩效和促进公司发展。总预算为 10 万元。

Kimi 的输出：

目标 1：设计一个包含多个维度的绩效评估体系，确保能够全面反映员工的工作表现和贡献。

SMART 指标：在四个月内，完成包含至少 5 个关键绩效指标（KPI）的评估体系设计，并通过内部专家评审。

目标 2：开发一套基于数据的评估方法，减少主观性，提高评估的客观性和公正性。

SMART 指标：在四个月内，实现至少 80% 的评估过程自动化，减少人为因素影响。

目标 3：建立一个有效的反馈机制，确保员工能够及时获得绩效反馈，并据此改进工作。

SMART 指标：在四个月内，建立一个反馈系统，确保 90% 以上的员工能在评估周期结束后一周内收到反馈。

目标 4：在预算限制内，完成新绩效评估体系的设计与实施。

SMART 指标：确保整个项目的成本不超过 10 万元，包括软件开发、员工培训和系统维护。

目标 5：通过新绩效评估体系，提高员工的工作积极性和团队绩效。

SMART 指标：在新体系实施后的第一个季度，通过员工满意度调查和绩效数据，实现至少 10% 的员工工作积极性提升和团队绩效增长。

步骤 2：分解项目任务

提示词示例：

请根据项目的范围，使用工作分解结构方法，将项目分解成不同的任务。每个任务需要包含以下信息：

❏ 任务名称：简要描述任务内容。
❏ 任务目标：明确完成该任务的目标，例如提升员工积极性、提高团队绩效等。
❏ 负责人：指定负责完成该任务的人员。
❏ 时间安排：设定完成该任务的预计时间。
❏ 所需资源：列出完成该任务所需的资源，例如人力资源、资金预算、软件和硬件设施等。

Kimi 的输出：

1. 任务名称：项目启动会议
任务目标：确立项目目标、范围和里程碑。
负责人：项目经理
时间安排：第 1 周
所需资源：会议室、项目团队成员、启动资金。
2. 任务名称：需求收集与分析

任务目标：收集员工和管理层对现有绩效评估体系的反馈和需求。

负责人：人力资源经理

时间安排：第 2～3 周

所需资源：问卷调查工具、访谈时间、人力资源团队。

3. 任务名称：关键绩效指标（KPI）定义

任务目标：确定新的绩效评估体系中的关键绩效指标。

负责人：绩效管理专家

时间安排：第 4 周

所需资源：数据分析软件、行业基准数据、专家咨询费。

4. 任务名称：评估体系框架设计

任务目标：设计绩效评估体系的整体框架和流程。

负责人：系统架构师

时间安排：第 5～6 周

所需资源：设计软件、项目管理工具、团队协作平台。

5. 任务名称：AI 评估工具开发

任务目标：开发用于自动化绩效评估的 AI 工具。

负责人：软件开发团队

时间安排：第 7～10 周

所需资源：开发人员、编程环境、服务器资源、开发预算。

6. 任务名称：反馈机制构建

任务目标：建立一个有效的绩效反馈和沟通机制。

负责人：员工关系经理

时间安排：第 11～12 周

所需资源：沟通平台、培训材料、员工关系团队。

7. 任务名称：系统测试与优化

任务目标：测试新的绩效评估体系的各个组成部分，并进行优化。

负责人：质量保证经理

时间安排：第 13～14 周

所需资源：测试团队、测试环境、反馈收集工具。

8. 任务名称：员工培训与系统部署

任务目标：对员工进行有关新的绩效评估体系的培训，并部署系统。

负责人：培训经理

时间安排：第 15 周

所需资源：培训材料、培训师、员工参与时间。

9. 任务名称：项目监控与风险管理

任务目标：监控项目进度，管理潜在风险。

负责人：项目经理

时间安排：整个项目周期

所需资源：项目管理软件、风险管理计划、项目团队。

10. 任务名称：项目评估与反馈

任务目标：评估项目成果，收集员工和管理层的反馈。

负责人：绩效管理专家

时间安排：第 16 周及之后

所需资源：评估工具、反馈收集机制、分析报告。

11. 任务名称：项目文档与总结报告

任务目标：编制项目文档和总结报告，为未来项目提供参考。

负责人：文档编写人员

时间安排：第 17 周

所需资源：文档编写工具、项目数据、编写人员时间。

步骤 3：评估任务时间和资源

提示词示例：

请按照关键路径法，确定该项目的资源分配与时间规划方案。

Kimi 的输出：

任务 1（项目启动会议）完成后，任务 2（需求收集与分析）才能开始。

任务 2 完成后，任务 3（KPI 定义）和任务 4（评估体系框架设计）可以并行开始。

任务 3 和任务 4 完成后，任务 5（AI 评估工具开发）可以开始。

任务 5 进行中，任务 6（反馈机制构建）可以并行进行。

任务 5 和任务 6 完成后，任务 7（系统测试与优化）可以开始。

任务 7 完成后，任务 8（员工培训与系统部署）可以开始。

任务 8 完成后，任务 10（项目评估与反馈）可以开始收集数据。

整个项目周期内，任务 9（项目监控与风险管理）持续进行。

最后，任务 11（项目文档与总结报告）在项目结束时进行。

步骤 4：评估资源需求

提示词示例：

请根据项目的任务列表和时间安排，评估项目所需的资源，并制定资源分配方案。请分别列出人力资源、资金预算、设备和材料的需求，并说明分配方案。

💬 Kimi 的输出：

一、人力资源需求

项目经理：负责整个项目的规划、执行、监控和收尾工作。

人力资源经理：负责需求收集与分析，以及员工培训。

绩效管理专家：负责定义关键绩效指标和项目评估与反馈。

系统架构师：负责评估体系框架设计。

软件开发团队：负责 AI 评估工具的开发。

员工关系经理：负责构建反馈机制。

质量保证经理：负责系统测试与优化。

培训经理：负责员工培训与系统部署。

文档编写人员：负责编制项目文档和总结报告。

二、资金预算需求

启动会议：场地租赁、会议材料、餐饮等。

需求收集与分析：调研工具、访谈费用、人力资源成本。

KPI 定义和评估体系框架设计：专家咨询费、分析工具。

AI 评估工具开发：软件开发人员工资、软件许可费、服务器租赁费。

反馈机制构建：沟通平台订阅费、培训材料制作费。

系统测试与优化：测试人员工资、测试环境搭建。

员工培训与系统部署：培训材料、培训师费用、部署成本。

项目监控与风险管理：项目管理软件订阅费、风险评估成本。

项目评估与反馈：评估工具、数据分析费用。

项目文档与总结报告：文档编写和打印成本。

三、设备和材料需求

计算机和服务器：软件开发和系统部署所需的硬件。

网络设备：确保项目团队之间的通信和数据传输。

办公设备：打印机、复印机、投影仪等。

调研和测试工具：问卷调查软件、测试管理工具。

培训材料：培训手册、演示文稿。

文档编写工具：文档编辑软件、图形设计软件。

四、分配方案

人力资源分配：根据每个任务的专业需求和时间安排，合理分配具有相应技能和经验的人员。

资金预算分配：根据任务的紧急程度和重要性，优先分配关键任务的资金，同时预留一定比例的资金以应对风险。

设备和材料采购：根据项目需求和预算，选择合适的设备和材料，确保质量和成本效益。

持续监控和调整：在项目执行过程中，持续监控资源使用情况，根据实际情况进行调整。

步骤 5：制订风险管理计划

提示词示例：

请根据风险管理理论，识别设计和实施新的员工绩效评估体系项目时可能面临的风险，并制定相应的应对措施。

❑ 风险识别：列出项目可能面临的风险，例如时间延误、预算超支、员工抵触情绪、系统故障等。

❑ 风险分析：评估每个风险发生的可能性和影响程度，并进行风险排序。

❑ 风险评估：根据风险发生的可能性和影响程度，确定风险的优先级。

❑ 风险应对：针对高优先级的风险，制定具体的应对措施，例如制定应急预案、增加预算、加强沟通等。

请根据以上步骤，帮我制订一个风险管理计划。

Kimi 的输出：

该项目的风险管理计划如下：

一、风险识别

时间延误：项目无法按计划进行，导致项目延期。

预算超支：项目成本超过预算，导致项目成本增加。

员工抵触情绪：员工对新制度不理解、不接受，导致新制度无法顺利实施。

系统故障：绩效考核系统出现故障，导致无法正常使用。

二、风险分析

时间延误：可能性较高，影响程度中等。

预算超支：可能性较低，影响程度较高。

员工抵触情绪：可能性较高，影响程度较高。

系统故障：可能性较低，影响程度较高。

三、风险评估

员工抵触情绪：优先级最高。

时间延误：优先级次之。

系统故障：优先级第三。

预算超支：优先级最低。

四、风险应对

员工抵触情绪：做好充分的沟通和解释工作，让员工了解新制度的必要性和优势，并积极征求员工的意见和建议。

时间延误：制定合理的项目时间规划，并预留一定的缓冲时间，同时要注意项目进度，及时采取措施以解决问题。

系统故障：选择可靠的系统供应商，并做好系统测试和备份工作。

预算超支：严格控制项目成本，选择性价比高的系统和服务。

步骤 6：制订沟通计划

提示词示例：

请根据项目的信息，制订一个项目沟通计划，明确沟通的目标、形式、内容、频率等。请考虑项目的参与者、沟通内容、沟通频率以及沟通方式等因素。

Kimi 的输出：

一、沟通目标

确保所有项目参与者和利益相关者对项目目标、进展、变更和决策有清晰的理解。

促进团队成员之间的协作和信息共享。

及时解决项目过程中的问题和疑虑。

维护项目透明度，增强利益相关者的信任和满意度。

二、沟通形式

项目启动会议：面对面或视频会议，用于项目启动和介绍。

定期项目会议：每周或每两周召开一次团队会议，用于项目进展更新和问题讨论。

电子邮件更新：定期向所有项目参与者和利益相关者发送项目进展和变更的电子邮件。

项目报告：包括状态报告、风险报告和问题报告，用于详细记录项目情况。

即时通信工具：如 Slack 或微信，用于日常快速沟通和问题解答。

项目管理系统：如 Jira 或 Trello，用于任务跟踪和状态更新。

三、沟通内容

项目目标、范围和里程碑。

项目进度更新，包括已完成的任务和即将到来的任务。

风险和问题的状态，以及相应的应对措施。

变更请求和决策结果。

项目文档和资源的更新。

四、沟通频率

项目启动会议：项目开始时举行一次。

定期项目会议：根据项目阶段和需求，每周或每两周举行一次。

电子邮件更新：每周发送一次，总结项目进展和关键信息。

项目报告：每月或根据需要编制和分发。

即时通信工具：根据需要进行日常沟通。

项目管理系统：实时更新，所有参与者应定期检查。

五、沟通方式

内部沟通：项目团队成员之间的沟通，使用即时通信工具和项目管理系统。

外部沟通：与利益相关者的沟通，使用电子邮件和项目报告。

正式会议：面对面或视频会议，用于重要决策制定和更新。

非正式交流：咖啡会、团队建设活动等，用于增强团队凝聚力。

六、沟通责任

项目经理负责制订沟通计划，并确保所有沟通活动的有效性。

项目团队成员负责及时更新项目管理系统，并参与会议和讨论。

利益相关者负责提供反馈和意见，参与必要的沟通活动。

七、沟通渠道

确定主要的沟通渠道，如电子邮件、项目管理系统、会议等，并确保所有参与者都了解如何使用这些渠道。

八、沟通效果评估

定期评估沟通计划的效果，收集参与者的反馈，并根据需要进行调整。

步骤 7：生成项目计划草案

根据以上资料，我们可以整理出项目计划初稿，限于篇幅，这里不再具体呈现，读者自行动手实战的效果更好。

步骤 8：审核并完善项目计划

⠿ 提示词示例：

请帮我检查项目计划的完整性和合理性，例如是否存在任务遗漏，任务之间的依赖关系是否清晰，时间估计是否合理，资源分配是否均衡，并提供一些优化建议。

AI 会根据项目计划，提供一些优化建议，并帮助我们完善项目计划。

动手实操：请你亲自动手将上面的提示词和会议文字输入 Kimi，查看输出的结果。

通过以上步骤我们可以看到，AI 在项目计划编制中发挥着至关重要的作用。它不仅可以提供建议和指导，还可以帮助项目团队更好地理解和明确项目目标，优化任务分解和资源分配，提升项目成功的概率。利用 AI 作为辅助工具，即使是没有丰富经验的项目管理新手，也能高效地编制出专业的项目计划。

3.2.2　项目任务分配

如何将合适的人选安排到合适的岗位，最大程度地发挥团队成员的优势，是每个项目经理都需要思考的问题。有了 AI，即使你是项目管理新手，也能轻松玩转任务分配，提高团队效率!

1. 操作步骤

步骤 1：整理项目资料，让 AI 了解你的团队

要想用 AI 做好任务分配，首先要让它了解任务团队：

- ❑ 团队成员信息：列出所有参与项目的成员信息，并详细列出每位成员的技能和经验，可以用等级或评分来表示他们的熟练程度。
- ❑ 工作负荷：告诉 AI 每位成员当前的工作负荷情况，包括他们是否还有其他项目或任务在进行，以及可以投入该项目的时间和精力。

步骤 2：描述任务需求

我们需要将工作分解结构中分解出的每个任务信息描述给 AI，让它更好地帮助我们。任务信息包括：

- ❑ 任务目标：每个任务的目标和预期成果。
- ❑ 任务技能要求：完成每个任务所需的技能和经验。
- ❑ 任务时间估计：预估完成每个任务需要的时间。
- ❑ 任务优先级：根据项目计划，标记每个任务的优先级，例如高、中、低，以便 AI 优先处理重要任务。

步骤 3：使用 AI 生成任务分配方案

AI 会根据你提供的信息，结合它强大的数据库和分析能力，生成一份初步的任务分配方案。

提示词示例：

基于以上团队成员信息和任务需求，请帮我制定一份任务分配方案，尽量做到人尽其才，并平衡每个成员的工作负荷。

步骤 4：人工审核，评估和调整任务分配方案

AI 生成的方案只是一个参考，最终的决策还是要由我们来做。我们需要仔细审查 AI 生成的方案，看看是否存在成员能力不匹配、工作负荷不均衡、任务时间安排不合理等问题。

通过以上步骤，我们可以利用 AI 强大的信息处理和分析能力，更高效地完成项目任务分配工作，提高团队协作效率，推动项目顺利进行。

2. 示范案例

为了帮助大家更好地理解上述内容，我们以新员工入职培训项目任务分配为例，做个示范。

【案例：用 AI 完成新员工入职培训项目任务分配】

我们整理项目任务关键信息并在 AI 中输入提示词：

a. 项目信息：在未来一个月内，完成公司新员工入职培训项目的策划和准备工作。

b. 团队成员信息

HR 团队有 4 名成员，每位成员的技能和经验如下：

姓名	课程设计	活动组织	数据分析	PPT 制作	其他技能
A	5	3	2	4	文案撰写
B	4	5	3	3	沟通协调
C	2	4	5	3	数据可视化
D	3	2	4	5	视频剪辑

其中，A 目前正在进行另一个重要项目，时间比较紧张，其他成员的时间则相对充裕。

c. 任务信息

任务拆解要求：将新员工入职培训项目分解成具体的任务，例如，调研新员工需求、确定培训主题和内容，设计培训课程框架、编写课程大纲，开发培训课件、制作 PPT 和培训视频，策划培训活动、准备活动物料，制定培训评估方案、收集和分析培训数据。

任务技能要求：明确每个任务所需的技能。调研新员工需求：沟通协调、数据分析；设计培训课程框架：课程设计、培训经验；开发培训课件：PPT 制作、视频剪辑；策划培训活动：活动组织、沟通协调；制定培训评估方案：数据分析、数据可视化。

任务时间估计：预估每个任务需要的时间，例如，调研新员工需求（3 天），设计培训课程框架（5 天），开发培训课件（7 天）等。

任务优先级：根据项目计划，标记每个任务的优先级，例如，调研新员工需求和设计培训课程框架优先级。

请根据以上信息，帮我制定一份新员工入职培训项目任务分配方案，尽量做到人尽其才，并平衡每个成员的工作负荷，优先考虑 A 的时间安排。

💬 **Kimi 的输出：**

新员工入职培训项目任务分配方案

一、项目概览

❑ −目标：在未来一个月内完成新员工入职培训项目的策划和准备工作。

❑ −团队成员：A、B、C、D，各成员具有不同的技能和经验。

二、任务分配

1. 调研新员工需求

❑ −负责人：B（沟通协调技能强）

❑ −技能需求：沟通协调、数据分析

❑ −预计时间：3 天

❑ −优先级：高

2. 确定培训主题和内容

❑ −负责人：C（数据分析技能强）

❑ −技能需求：数据分析、课程设计

❑ −预计时间：4 天

❑ −优先级：高

3. 设计培训课程框架

❑ −负责人：B（课程设计技能较强）

❑ −技能需求：课程设计

❑ −预计时间：5 天

❑ −优先级：高

4. 编写课程大纲

❑ −负责人：A（文案撰写技能强，但时间紧张）

❑ −技能需求：文案撰写、课程设计

❑ −预计时间：4 天

❑ −优先级：中

5. 开发培训课件

❏ – 负责人：D（PPT 制作和视频剪辑技能强）

❏ – 技能需求：PPT 制作、视频剪辑

❏ – 预计时间：7 天

❏ – 优先级：高

6. 制作培训 PPT

❏ – 负责人：D

❏ – 技能需求：PPT 制作

❏ – 预计时间：5 天

❏ – 优先级：中

7. 制作培训视频

❏ – 负责人：D

❏ – 技能需求：视频剪辑

❏ – 预计时间：5 天

❏ – 优先级：中

8. 策划培训活动

❏ – 负责人：B

❏ – 技能需求：活动组织、沟通协调

❏ – 预计时间：6 天

❏ – 优先级：中

9. 准备活动物料

❏ – 负责人：C（辅助 B）

❏ – 技能需求：活动组织

❏ – 预计时间：3 天

❏ – 优先级：低

10. 制定培训评估方案

❏ – 负责人：C

❏ – 技能需求：数据分析、数据可视化

❏ – 预计时间：4 天

❏ – 优先级：低

11. 收集和分析培训数据

❏ – 负责人：C

❏ – 技能需求：数据分析

- □ －预计时间：5 天
- □ －优先级：低

三、时间规划与协调

- □ －考虑到 A 的时间紧张，建议 A 在项目初期优先完成其负责的任务。
- □ －B 和 C 在完成自己的主要任务后，可以相互协助，特别是在活动组织和物料准备方面。
- □ －D 可以利用其专业技能，同时进行培训课件的开发、PPT 和视频的制作。

四、注意事项

- □ －定期召开团队会议，检查任务进度，确保项目按计划进行。
- □ －根据项目实际情况，灵活地调整任务分配和时间规划。
- □ －鼓励团队成员之间的沟通与协作，确保信息共享和资源整合。

五、项目监控

- □ －项目负责人需监控每个任务的进度和质量，确保符合预期目标。
- □ －对可能出现的风险和问题进行预判，并制定相应的应对措施。

通过以上方案，我们可以充分利用团队成员的专业技能和经验，同时考虑到时间安排和工作负荷的平衡，确保顺利完成新员工入职培训项目的策划和准备工作。

特别提示，我们提供的项目信息是一份详细的项目说明书，用于帮助 AI 全面了解项目目标、团队情况和任务需求，从而制定出更符合实际情况、更合理的任务分配方案。如果信息不完整或不准确，则 AI 可能会生成不切实际或无法执行的方案。因此，提供清晰、完整、准确的信息是利用 AI 进行合理任务分配的关键。

3.2.3　项目里程碑管理

项目里程碑管理通常包括以下几个关键方面：

- □ 项目规划：明确项目的整体目标、范围、资源分配等，确定项目的基本框架。
- □ 里程碑定义：识别项目中的关键事件或阶段，将其转化为具体的里程碑，明确定义每个里程碑的成果和截止日期。
- □ 持续跟踪：不断监测和更新里程碑的完成情况，确保项目按计划前进，及时发现并解决问题。

可以遵循以下公式让 AI 协助我们制订一份专业的项目里程碑计划：

　　AI 制订项目里程碑计划 = 项目规划 + 关键里程碑定义 + 持续跟踪

1. 项目规划

项目规划是项目里程碑管理的第一步，涉及明确项目的整体目标、范围和资源分配等。在 AI 中，我们可以提供项目的基本信息，包括项目名称、目标、预算、关键参与者等，然后让 AI 生成一个初步的项目规划草案。

【案例：用 AI 生成市场推广项目规划草案】

提示词示例：

> 你是一个资深的项目规划专家，请根据以下内容制定项目规划草案：项目名称是"市场推广项目"，目标是增加产品销售量，预算是 10 万元，关键参与者包括市场部门和销售团队。

为了节省篇幅，这里省略输出结果，读者可自行尝试。

制定项目规划草案的目的是明确项目的基本信息、范围、目标和关键参与者，为项目的顺利执行提供一个清晰的框架。在项目开展的过程中，需要根据实际情况进行调整和优化，以确保项目能够达到预期的目标。

2. 识别并定义项目中的关键里程碑

项目规划完成后，下一步是识别并定义项目中的关键里程碑。关键里程碑通常是指项目中的重要事件或阶段，它们在项目进程中具有特殊的意义。AI 可以帮助我们识别关键里程碑，并明确定义每个里程碑的成果和截止日期。

提示词示例：

> 项目的目标是在下个月内增加产品销售量，请帮助我识别并定义市场推广项目的关键里程碑，并明确定义每个里程碑的成果和截止日期。

通过与 AI 的互动，我们可以迅速地识别和定义项目的关键里程碑，确保项目进展受到充分关注。

3. 持续跟踪

项目里程碑管理的关键部分是持续跟踪里程碑的完成情况。AI 可以帮助我们建立一个跟踪系统，跟踪里程碑的状态、进展和负责人等信息。这样，我们可以随时了解项目的实施情况，及时发现并解决问题。

提示词示例：

> 我们已经完成了项目规划和关键里程碑的定义，现在我想跟踪以下里程碑的进展。第一个里程碑是"广告发布"，成果是完成广告制作，截止日期是 15 号，负责人是张三。第二个里程碑是"社交媒体宣传"，成果是发布社交媒体广告，

截止日期是 20 号，负责人是李四。请帮我建立一个跟踪系统。

通过示例，我们可以看到如何在实际项目中借助 AI 进行项目里程碑管理。从项目规划到关键里程碑定义再到持续跟踪，AI 都可以提供有效的支持，让项目管理更加高效和精确，也让团队可以更好地掌握项目进展，确保项目成功完成。

3.2.4　项目验收与复盘

在人力资源管理领域，项目制运作模式日益普及，如何高效完成项目验收和复盘，总结经验教训，提升团队能力，是每个 HR 管理者追求的目标。本节将以新员工培训项目为例，系统演示如何用 AI 做项目验收与复盘。

1. AI 在项目验收阶段的应用

面对繁杂的项目资料和多样的验收标准，传统的人工验收方式往往效率低下且容易遗漏关键信息。AI 强大的信息处理和分析能力，可以帮助我们提升验收效率和质量。

步骤 1：整理验收资料，快速提取关键信息

相比人工整理资料，AI 可以更快速、更全面地提取关键信息，避免遗漏。

提示词示例：

请帮我总结这份项目文档的关键内容，包括项目目标、主要功能、技术方案等。

请帮我从这份项目计划书中提取项目的关键目标和验收标准。

以新员工培训项目为例，可以输入培训计划书，并使用提示词："请帮我从这份新员工培训计划书中提取项目的关键目标和验收标准，快速提取关键信息。"

步骤 2：预演验收过程，多角度发现潜在问题

AI 可以模拟不同角色，进行多角度的测试和评估，这是传统方式难以做到的。

提示词示例：

如果你是用户，你会如何测试这个功能？

假设你是一名测试人员，你会如何测试这个功能？针对这个功能，你认为可能会出现哪些问题？请列出问题并分析其严重程度和影响范围。

例如，可以将新员工培训的课件内容输入 AI，并使用如下提示词来提前发现问题："假设你是一名新员工，体验这个培训项目，并指出你认为难以理解的内容，给出理由。"

步骤 3：生成验收清单，全面覆盖验收标准

AI 可以根据项目需求和验收标准，自动生成全面的验收清单，帮助我们进行系统性的项目验收，避免遗漏关键验收项。

🔲 提示词示例：

我正在做一个电商网站项目，请帮我生成一份验收清单，包括功能测试、性能测试、安全测试等方面。

例如，使用提示词"我需要一份新员工培训项目的验收清单，请帮我生成，清单需要包括培训目标达成情况、培训内容评估、培训组织管理等方面。"让 AI 生成新员工培训项目的验收清单。

通过以上 3 步，我们可以快速地完成项目验收的相关内容梳理。注意 AI 只能做智力支持，项目验收的工作还需要我们自己完成。

2. AI 在项目复盘阶段的应用

传统的项目复盘方式往往流于形式，缺乏深度分析，难以有效沉淀经验及教训。AI 可以帮助我们打破思维定式，进行更深入、更全面的复盘分析。

步骤 1：回顾项目历程，快速了解项目全貌

AI 可以根据我们提供的项目资料（项目计划、会议记录、沟通邮件等），生成项目时间线，并标注关键事件和节点，帮助我们快速回顾项目历程，了解项目全貌，为后续分析提供基础。

🔲 提示词示例：

请帮我整理这些资料，生成项目时间线，标注关键事件和节点。

例如，可以将新员工培训项目的相关资料输入 AI，使用提示词"请帮我整理这些资料，生成本次新员工培训项目的详细记录，包括培训时间、参与人员、培训内容、培训目标等。"快速回顾项目全貌。

步骤 2：分析项目问题，找到问题根源，避免重蹈覆辙

AI 可以帮助我们分析项目中遇到的问题，找到问题根源，并提供改进建议，避免再次出现类似问题。

🔲 提示词示例：

针对这个问题，你认为主要原因是什么？如何避免类似问题再次发生？

项目进度延误的主要原因是什么？请用鱼骨图分析法分析，并提出具体的改进措施。

例如，可以将培训过程中遇到的问题"部分学员反馈课程内容过于理论化，缺乏实战性"输入 AI，并使用提示词"请分析这个问题的可能原因，并提出具体

的解决方案。"获得改进建议。

步骤 3：总结经验教训，形成可复用的知识沉淀

AI 可以根据我们提供的项目资料和分析结果，自动生成项目复盘报告，并总结项目的成功经验和失败教训，提出改进建议，形成可复用的知识沉淀。

八 提示词示例：

根据以上分析，请帮我总结项目的经验教训，并按照风险管理、沟通管理、质量管理等方面进行分类，形成一份可供参考的项目复盘报告。

例如，使用提示词"根据以上分析，用 PDCA 结构帮我总结项目的经验教训，并提出改进建议，形成一份可供参考的项目复盘报告。"获得项目复盘报告。

通过以上 3 步，我们可以借助 AI 快速地将经验和教训总结为结构化的报告，方便知识沉淀和分享。

将 AI 应用于项目验收和复盘，可以有效提升工作效率和质量，帮助我们更好地总结经验和教训，提升团队能力。

3.3　用 AI 制定企业内部制度

企业内部制度是确保企业高效、规范运作的基础，涉及规章制度、流程管理、政策更新等多个方面。传统的制定和管理企业内部制度的方式往往需要大量的时间和人力成本。随着 AI 技术的不断发展，我们可以利用 AI 来优化企业内部制度的制定和管理过程，提高工作效率和制度质量。

3.3.1　撰写规章制度

我们可以通过以下步骤撰写企业内部规章制度。

1. 操作步骤

步骤 1：组织需求分析

首先，了解企业的具体需求和组织特点是制定规章制度的前提。如果企业重视创新和灵活性，那么规章制度应当更加强调灵活性和员工的自主性。

步骤 2：行业标准和法律法规

这里要求我们了解行业内的通行标准及相关的法律法规，以确保规章制度的合法性和行业适用性。

步骤 3：撰写规章制度草案

我们将上述信息输入 AI，让 AI 生成规章制度的初稿。

例如，可以输入"请根据企业的创新文化和相关法律法规，帮助我制定一份员工行为准则"。

步骤 4：草案修订和完善

最后，我们需要对 AI 生成的规章制度草案进行仔细的审查和修订，以确保其准确性和适用性。

2. 示范案例

【案例：用 AI 为一家初创科技公司制定一套新的员工行为准则】

现在，让我们使用 AI 来为一家初创科技公司制定一套新的员工行为准则。我们可以将提示词编写为：

公司背景：某初创科技公司。

公司文化：强调创新和灵活性。

公司位于：江苏南京。

请你根据以上信息为公司制定一套员工行为准则，公司文化强调创新和灵活性，请考虑相关法律法规。

💬 文心一言的输出：

员工行为准则

一、总则

为了维护公司的正常运营秩序，提高工作效率，保护公司和员工的合法权益，特制定本员工行为准则。本准则依据国家相关法律法规，结合公司实际情况和企业文化，旨在规范员工的行为，营造良好的工作环境。

二、基本行为准则

1. 遵守国家法律法规，尊重社会公德，不参与任何违法活动。

2. 忠诚于公司，维护公司利益和形象，不做有损公司利益和形象的行为。

3. 尊重同事，团结协作，建立良好的人际关系。

4. 保持诚信，不撒谎、不欺骗，对自己的工作负责。

5. 积极学习，不断提高自己的专业技能和综合素质。

三、创新行为准则

1. 鼓励员工积极提出创新性的想法和建议，为公司的发展贡献智慧。

2. 对于具有创新性的项目，员工应勇于尝试，不断探索新的方法和技术。

3. 在创新过程中，员工应保持开放的心态，接受并尊重他人的意见和建议。

4. 创新行为应遵守公司的知识产权政策，不侵犯他人的知识产权。

四、灵活行为准则

1. 员工应具备适应变化的能力，根据公司和市场的发展需要，灵活调整自己的工作方式和策略。

2.在面对突发事件或紧急情况时，员工应迅速作出反应，灵活应对，确保工作的顺利进行。

3.员工之间应保持良好的沟通与协作，以便在需要时能够迅速调整工作计划和资源分配。

4.鼓励员工在工作中发挥个人特长，灵活运用自己的知识和技能，提高工作效率和质量。

五、其他行为准则

1.员工应遵守公司的保密规定，不泄露公司的商业秘密和客户信息。

2.员工应爱护公司的财产和设备，合理使用资源，避免浪费。

3.员工应保持良好的职业道德，不接受或索取贿赂，不参与不正当竞争。

4.员工应积极参与公司的公益活动和社会责任项目，为社会发展贡献力量。

六、附则

1.本准则自发布之日起生效，由公司管理层负责解释和监督执行。

2.公司将根据实际情况对本准则进行修订和完善，员工应密切关注并遵守最新规定。

3.违反本准则的员工将受到相应的纪律处分，严重者将依法追究法律责任。

以上员工行为准则旨在为公司员工提供一个明确的行为指南，帮助大家更好地理解公司的价值观和期望。希望每位员工都能自觉遵守这些准则，共同为公司的发展贡献力量。

这里用的是百度的文心一言，在规章制度方面它比 ChatGPT 好用。可以根据公司的具体情况和法律变化对内容进行适时的调整和完善。

AI 不仅能根据用户的需求生成结构清晰、内容完整的规章制度文本，还能提供智能的校对和修改建议，帮助用户快速完善文本内容。现在，立即使用 AI，开始为你的组织制定一套合适的规章制度吧。

3.3.2　制度更新管理

制度更新是企业保持活力和竞争力的关键。本节将提供实操性更强的指南，展示如何利用 AI 高效完成制度更新。

1.操作步骤

步骤 1：明确更新目标

明确需要更新哪些规则制度，例如：差旅报销制度、请假制度、信息安全制度等。

确定更新的目标是什么，例如：解决制度漏洞、提高效率、降低成本、适应新形势等。

步骤 2：收集背景信息

收集与目标相关的全面信息，例如：

❑ 现有制度：将现有制度的相关内容整理成文字，供 AI 参考。

❑ 问题与不足：列出需要解决的具体问题，并分析其原因。

❑ 最新标准和法规：查找最新的行业规范和相关法律法规原文或链接。

❑ 优秀案例：参考同行业或其他优秀企业的制度范本。

步骤 3：编写 AI 提示词

❑ 明确指令：直接告诉 AI 我们希望它做什么，例如"帮我完善……""请修改……""请生成……"等。

❑ 提供背景信息：将我们整理好的背景信息清晰地提供给 AI。

❑ 设定具体要求：明确我们希望 AI 关注的重点，例如制度的适用范围、具体条款、语言风格等。

提示词示例：

请帮我根据《中华人民共和国劳动法》第 ×× 条和公司关于加班的规定，修改公司现行的加班制度，重点关注加班申请流程和加班工资计算。

参考小米公司的弹性工作制度，结合公司目前的考勤制度，帮我生成一份适合我的公司的弹性工作制度草案。

步骤 4：与 AI 互动迭代

AI 首次输出的内容可能并不完美，需要我们根据实际情况进行多轮修改和完善。

❑ 提出具体修改意见：不要只说不好，要指出哪里需要修改，以及希望如何修改。

❑ 善用追问和举例：如果 AI 的输出不够清晰或具体，可以通过追问的方式引导它补充更多细节，例如"请举例说明……""请解释一下……"等。

步骤 5：最终审核确认

AI 生成的制度草案不能直接使用，需要进行最终的审核和确认：

❑ 合法合规性审查：确保制度内容符合国家法律法规和行业规范。

❑ 可操作性评估：确保制度条款清晰易懂，便于实际执行。

❑ 内部沟通和反馈：与相关部门和员工进行沟通，听取反馈意见并进行调整。

2.示范案例

【案例：用 AI 更新请假制度】

背景：某公司计划更新其请假制度，以简化流程、提高效率，同时适应新的远程办公模式。

操作步骤：

步骤 1：明确更新目标

❑ 简化请假流程，缩短审批时间。

❑ 增加远程办公相关的请假类型和审批流程。

❑ 明确不同情况下请假所需的不同证明材料。

步骤 2：收集背景信息

❑ 整理公司现行的请假制度原文。

❑ 收集员工对现有请假制度的反馈意见。

❑ 查找国家有关请假的法律法规，例如：带薪年休假条例等。

❑ 参考同行业公司先进的"请假制度"范本。

步骤 3：编写 AI 提示词

2☰ 提示词示例：

请帮我修改公司现行的"请假制度"，要求如下：简化请假流程，可以使用线上审批系统，缩短审批时间。增加"远程办公"作为一种请假类型，并制定相应的审批流程。明确病假、事假、年假等不同情况下所需的证明材料，并提供示例。请假制度要简洁清晰、易于操作，方便员工理解和执行。原有请假制度如下：……

为了节省篇幅，这里省略了输出结果，读者可自行尝试。

步骤 4：与 AI 互动迭代

根据 AI 生成的初稿，提出具体的修改意见，例如："线上审批系统的流程可以再详细一些，例如：需要哪些部门或人员审批，每个环节的审批时限是多少？""远程办公的审批流程需要考虑员工的工作性质和具体情况，可以更加灵活。"

步骤 5：最终审核确认

❑ 组织 HR 部门、法务部门和员工代表对制度草案进行讨论和完善。

❑ 将最终版的请假制度发布到公司内部平台，并进行相应的培训。

利用 AI 可以高效地完成制度更新，但只有我们清晰目标、充分准备、善于互动和最终确认，才能最大限度地发挥 AI 的作用。

3.4 用 AI 做流程管理

传统的流程设计方法往往耗时且易出错，而 ChatGPT 作为一种先进的 AI 工具，能够在流程管理的各个环节中发挥巨大作用，让流程管理更高效。

3.4.1 设计流程图

ChatGPT 本身不能直接生成图片，无法直接创建流程图。但是，它可以生成创建流程图所需的代码或文本描述，然后我们可以使用专业的流程图工具来实现可视化。

1. 操作步骤

以下是使用 ChatGPT 设计流程图的操作步骤。

步骤 1：明确流程图的目标和内容

在开始之前，我们需要明确以下几点：

❑ 流程图的用途是什么？是为了理解一个过程、解决一个问题，还是展示一个解决方案。

❑ 流程图的目标受众是谁？他们对流程的了解程度如何？

❑ 流程图需要包含哪些关键步骤和决策点？

步骤 2：选择合适的 ChatGPT 提示词编写方法

我们可以结合使用以下方法，引导 ChatGPT 生成流程图所需的内容：

❑ 角色扮演法：将 ChatGPT 设置为流程图设计专家，例如："我希望你扮演一位经验丰富的流程图设计专家，帮我设计一个……"

❑ 任务分解法：将流程图的创建过程分解成多个子任务，引导 ChatGPT 逐步完成，例如："首先，列出流程图需要包含的所有步骤。然后，确定每个步骤之间的逻辑关系，并使用合适的连接符号连接起来。最后，为每个步骤和决策点添加简明扼要的描述。"

❑ 示例学习法：如果我们有现成的流程图示例，可以将其提供给 ChatGPT，并告诉它我们希望生成的流程图具有与示例类似的风格和结构。

❑ 思维框架法：可以借助一些常用的流程图思维框架。例如：线性流程图，适用于描述按照顺序执行的线性流程；泳道图，适用于描述跨部门或多个角色协作的流程；数据流程图，适用于描述数据在系统中流动和处理的过程。

步骤 3：编写清晰具体的提示词

根据我们选择的提示词方法，编写清晰具体的提示词，引导 ChatGPT 生成流程图所需的内容。以下是一些通用的提示词模板：

请帮我创建一个流程图，用于描述［流程名称］的完整过程。流程从［起始步骤］开始，到［结束步骤］结束，需要包含以下关键步骤：［步骤列表］

我想用流程图的形式展示［问题／解决方案］。请帮我生成一个流程图，包含以下关键要素：［要素列表］

我有一个关于［流程／问题］的想法，想用流程图的形式表达出来。流程图需要体现以下逻辑关系：［逻辑关系描述］

步骤 4：选择合适的流程图工具

在 ChatGPT 生成流程图内容后，你需要选择合适的流程图工具将其可视化。一些常用的流程图工具包括：

❑ 专业流程图软件：例如 Microsoft Visio、OmniGraffle、Edraw Max 等，这些软件功能强大，适合创建复杂的流程图。

❑ 在线流程图工具：例如 Draw.io、ProcessOn、Lucidchart 等，这些工具操作简便，适合快速创建简单的流程图。

这里需要注意的是，要根据我们选择的软件选择匹配的代码语言，让 ChatGPT 进行代码翻译，例如 Mermaid、PlantUML 等。

步骤 5：根据 ChatGPT 的输出创建流程图

将 ChatGPT 生成的代码或文本描述复制到流程图工具中，并根据需要进行调整和美化，最终生成可视化的流程图。

2. 示范案例

【案例：用 AI 创建一个员工入职流程图】

假设我们想创建一个流程图，用于描述新员工入职流程，以 ChatGPT 举例。

（1）使用 ChatGPT 出流程图代码

我们可以在 ChatGPT 中输入以下提示词：

你是一位经验丰富的流程图设计专家，请帮我创建一个流程图，用于描述新员工入职的完整过程。请用 Mermaid 代码块输出。流程从"提交简历"开始，到"正式入职"结束，需要包含以下关键步骤：

❑ 提交简历

❑ HR 初筛

❑ 部门经理面试

❑ HR 复试

❑ 薪资谈判

❑ 发送 Offer

❑ 办理入职手续

❑ 正式入职

ChatGPT 会输出如下代码：

graph TD

A［提交简历］--> B｛HR 初筛｝

B -- 通过 --> C｛部门经理面试｝

B -- 未通过 --> D（未通过）

C -- 通过 --> E｛HR 复试｝

C -- 未通过 --> D（未通过）

E -- 通过 --> F｛薪资谈判｝

E -- 未通过 --> D（未通过）

F -- 通过 --> G｛发送 Offer｝

F -- 未通过 --> D（未通过）

G -- 接受 Offer --> H｛办理入职手续｝

G -- 拒绝 Offer --> D（未通过）

H --> I［正式入职］

（2）使用流程图软件出图

这里以 ChatGPT 举例，由于 ChatGPT 并不能直接绘制生成流程图，因此我们还需要使用流程图软件绘制流程图，这里用流程图软件 drawio 进行绘制。

打开流程图软件 drawio，选择"新建画布"，单击"+"菜单，单击"高级"，选择"Mermaid"，将用 Mermaid 语法写的代码粘贴到"文本框"中，最后单击"插入"，这样一个流程图就生成了，如图 3-8 所示。

通过以上展示，我们发现虽然 ChatGPT 不能直接生成流程图，但是通过巧妙的提示词设计和流程图工具的辅助，可以让它成为我们设计流程图的得力助手，帮助我们更高效地完成工作。

3.4.2 制定工作指南

用 AI 制定工作指南，可以使工作指南更具吸引力和实用性。

1. 使用 AI 制定工作指南的三大好处

（1）高效创作，节省时间

AI 能够根据我们的指令，快速地生成工作指南的框架、内容草稿以及格式化的内容（例如：列表、表格、步骤说明等），为我们节省大量构思和写作时间。

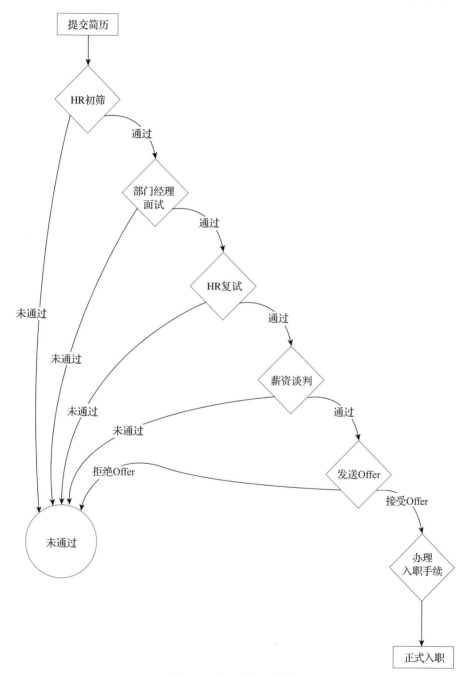

图 3-8　员工入职流程图

（2）海量知识库，提高质量

AI 拥有庞大的知识库，可以根据我们的需求提供丰富的行业信息、最佳实践案例和专业术语解释，确保指南的专业性和深度，打造高质量的工作指南。

（3）灵活便捷，易于更新

AI 能够根据目标受众的知识水平和阅读习惯，调整语言风格，使指南更易于理解和使用。同时，它还能够根据需要将指南内容输出为不同的格式，例如 PDF 文档、网页、在线帮助文档等，方便不同场景的使用和分享。

2. 操作步骤

AI 可以作为强大的工具，辅助我们制定结构清晰、内容完整的工作指南。以下是详细的操作步骤。

步骤 1：明确工作指南的目标和受众

清晰的目标、受众和范围，是制定一份实用工作指南的前提，能够帮助我们后续更有针对性地收集资料和设计内容。

让 AI 编写工作指南之前，需要先明确以下关键信息：

❑ 目标：这份工作指南旨在解决什么问题？

❑ 受众：这份工作指南的目标读者是谁？他们的知识水平和工作经验如何？

❑ 范围：这份工作指南涵盖哪些具体内容？需要细化到什么程度？

步骤 2：收集相关资料

收集的资料应确保真实可靠，并尽量涵盖指南所需的各个方面，为后续 AI 生成内容提供充足的素材。例如：收集与该工作相关的现有资料，包括公司政策、流程文档、培训材料、行业最佳实践等；收集该领域的专家或经验丰富的同事的见解和建议。

步骤 3：确定工作指南的结构

一个清晰的结构能让指南更易于理解和使用。以下是一些常用的结构搭建方法：

❑ 按时间顺序：适用于描述按步骤进行的工作流程。

❑ 按主题分类：适用于介绍多个独立但相关的主题。

❑ 按问题解决场景：适用于提供针对特定问题的解决方案。

步骤 4：使用 AI 生成内容

在明确目标、收集资料和确定结构后，我们就可以使用 AI 生成指南的具体内容了。

【案例：用 AI 创建一个针对新员工的社交媒体运营工作指南】

假设现在需要创建一个针对新员工的社交媒体运营工作指南，目标是帮助新员工快速了解公司的社交媒体运营规范和流程，受众是缺乏社交媒体运营经验的新员工。于是，我们收集了公司现有的社交媒体运营政策、流程文档、成功案例等，并按主题分类进行搭建，例如：账号管理、内容创作、发布规范、数据分析、危机处理等。

我们将需求编写为如下提示词：

我希望你扮演一位经验丰富的社交媒体运营专家，帮我编写一份针对缺乏社交媒体运营经验的新员工的社交媒体运营工作指南。这份指南的目标是帮助新员工快速了解我们公司的社交媒体运营规范和流程，需要涵盖以下几个方面的内容：一、账号管理；二、内容创作；三、发布规范；四、数据分析；五、危机处理。请参考公司现有的社交媒体运营政策、流程文档、成功案例（参考上传资料），并结合你对社交媒体运营的专业理解，将以上内容撰写成一份详细、易懂、实用的工作指南。

为了节省篇幅，这里省略输出结果，读者可自行尝试。

步骤 5：优化和完善 AI 生成内容

仔细检查 AI 生成的内容，确保所有信息准确无误，可以手动调整不合适的内容，确保内容与公司政策和行业最佳实践保持一致。

借助 AI 的内容生成能力，然后人工进行优化和完善，我们可以更高效地制定出结构清晰、内容完整、易于理解和使用的工作指南。

通过本章，我们可以清晰地看到，AI 为人力资源日常工作带来了巨大的便利和创新。无论是在处理文案、管理项目、制定制度还是优化流程方面，AI 都展现出了强大的潜力和应用价值。

AI 赋能人力资源战略管理

ChatGPT、Kimi 及文心一言等 AI 工具，正在以前所未有的方式改变着人力资源管理的格局。AI 可以在人力资源战略制定的各个阶段发挥重要作用，从环境分析到人才需求预测，从员工培训到绩效评估，它都能为企业提供高效、精准的服务，帮助企业制定更有效的策略，实现更高效的人力资源管理。

4.1 用 AI 进行人力资源战略管理

在制定人力资源战略时，首先要对企业所处的内外环境进行深入分析，以确定企业未来的发展方向和竞争优势。传统的环境分析方法往往耗时费力，而 AI 这款强大的工具，可以帮助我们更高效地完成这项工作。

4.1.1 用 AI 进行环境分析

在企业经营管理中，环境分析是识别和解读外部商业环境中机会和威胁的重要过程。利用 AI 进行环境分析，可以让企业更快速、更准确地获取和处理相关信息，从而为制定战略决策提供更有力的依据。

环境分析通常包括以下几个步骤：

❏ 收集行业相关信息。

❏ 分析市场趋势。

❏ 评估竞争对手情况。

❑　识别市场机会和威胁。

❑　制定应对策略。

使用 AI 进行环境分析的具体操作步骤如下。

1. 操作步骤

步骤 1：信息收集

首先，通过 AI 迅速获取行业报告、市场研究数据、新闻事件等相关信息。这里要特别说明的是，目前市面上基本所有 AI 的训练数据都有一定的滞后性，因此，当我们利用 AI 获取市场信息时，只能得到一个大致的市场概况。对于深入的分析和最新数据，还是需要查阅相关的市场研究报告或咨询专业分析师。不过我们可以将最新的市场研究报告输入 AI，让它帮忙做资料的分析工作。

步骤 2：趋势分析

在做趋势分析的时候，我们常用 PEST 分析模型来全面地了解趋势。PEST 分析即分析政治环境（Political）、经济环境（Economic）、社会环境（Social）和技术环境（Technological）。通过对这些外部环境因素的分析，可以帮助企业识别出可能影响企业发展的重要趋势，为企业制定应对策略提供参考。

我们可以将企业信息（如所在行业、目标市场、产品和服务等）输入 AI，并让 AI 对企业所在行业进行 PEST 分析。AI 会根据输入的信息，分析企业所在行业的政治、经济、社会和技术环境，识别出可能影响企业发展的关键因素，并提供相应的建议。

步骤 3：竞争对手分析

接下来，我们要进行有效的竞争对手分析，通常需要收集具体的竞争对手信息，包括他们的市场策略、产品特点、定价策略、分销渠道、品牌定位等。可以将企业信息（如竞争对手信息、市场份额、产品和服务等）输入 AI，并让 AI 对竞争对手进行分析。AI 会根据输入的信息，分析竞争对手的优势、劣势、发展方向等，并提供相应的建议。

步骤 4：机会与威胁识别

我们常用 SWOT 态势分析法识别出企业的核心竞争力、潜在的市场机会和面临的挑战，为企业制定更有效的战略规划提供依据。

我们可以将企业信息（如自身优势、劣势、目标市场、竞争对手等）输入 AI，并让 AI 对企业环境进行 SWOT 分析。AI 会根据输入的信息，分析企业的现状，识别出企业的优势、劣势、机会和威胁，并提供相应的建议。

步骤 5：策略建议

最后，基于上述分析，让 AI 提出具体的应对策略和行动建议。通常 AI 会回复一条或者多条策略和行动建议。在实际应用中，企业应该根据自身情况和市场动态来定制和调整这些策略，以确保它们的有效性，同时与客户保持紧密联系，收集他们的反馈，并根据需求做出改进。

通过这样的步骤应用 AI，企业能够更全面、更深入地理解市场环境，制定符合实际情况的战略规划，从而在竞争中获得优势。这种应用方式不仅提高了分析的准确性，还大幅缩短了分析周期，使企业能更快速地响应市场变化，优化战略规划。

我们用一个案例来完整演示。

2. 示范案例

【案例：用 AI 帮助电商公司进行环境分析】

案例背景："衣 × 佳"电商公司成立于 2015 年，专注于销售女装，目前拥有超过 500 万注册用户，年销售额超过 10 亿元。公司拥有成熟的物流体系和客服团队，在女装市场具有一定的品牌知名度，但面临着来自国内外竞争对手的激烈竞争，以及消费者需求不断变化的挑战。

为了制定更有效的战略规划，公司决定利用 AI 进行环境分析。具体操作步骤如下。

步骤 1：信息收集

💂 提示词示例：

请帮我收集关于服装电商行业的最新信息，包括行业报告、市场研究数据、新闻事件等。请特别注意近期的市场变化和最新的行业趋势。

📧 Kimi 的输出：

服装电商行业在近年来经历了快速的发展和一些重要的市场变化。根据最新的信息，以下是一些关键点：

1. 跨境电商倡议：SHEIN、亚马逊等企业在 2024 中国（广州）跨境电商交易会上发出了五项倡议，旨在提升服务质量、加快品牌出海、推动技术创新、加强行业自律，以及深化国际合作，共同促进行业的高质量发展。

2. 市场规模与趋势：2021 年中国限额以上单位服装类商品零售额达到了 9974.6 亿元，预计到 2025 年将增长至 11071.8 亿元。线上消费的比重持续增加，2022 年有 62.0% 的消费者选择线上购买服饰产品。

3. 消费者偏好：休闲风格的服饰是消费者的首选，占比达到 59.5%，其次是运动风格和紧跟当季流行的风格。国潮品牌的受欢迎程度也在提升，特别是"Z

世代"消费者对国货品牌有着较高的认可度。

4. 电商渠道的增长：电子商务渠道在服装零售中的市场份额持续增长，2021年电子商务零售额占比达到 36.4%，位居第一。专卖店和百货店的市场份额分别为 19.0% 和 29.0%。

5. 行业挑战与问题：尽管行业整体向好，但也存在诸如产能过剩、外资企业竞争、品牌自主创新能力不足等挑战。此外，税务合规问题也成为行业关注的焦点，例如某服饰公司因逃税被罚款 3.6 亿元。

6. 数字化转型：服装企业的数字化转型正在推动生产方式、商业模式和企业组织方式的变革。通过智能改造和柔性化生产，企业正在升级供应链体系，并通过建立消费者数据平台来精准定位目标人群。

7. 品牌与供应链发展：SHEIN 等品牌通过技术创新和供应链赋能，构建了柔性按需的供应链模式，成为全球时尚品牌之一，并持续助力服装行业的产业互联网升级。

步骤 2：趋势分析

提示词示例：

请根据以上信息，对服装电商行业进行 PEST 分析，并识别出可能影响企业发展的关键趋势。

Kimi 的输出：

一、政治

政策支持：国家出台促进服装行业发展和消费的政策，对电商行业的规范化和高质量发展提供政策支持。

税收监管：税务部门加强对电商企业的税收监管，如对逃税行为的严厉打击，虽然这样做提高了企业的合规成本，但有助于行业的长期健康发展。

二、经济

市场规模增长：中国限额以上单位服装类商品零售额持续增长，显示出市场的扩张潜力。

消费者购买力：随着居民可支配收入的提高，消费者对服装的需求趋向多样化和个性化，消费升级趋势明显。

三、社会

消费者偏好变化：消费者，尤其是年轻一代，对休闲风格、运动风格以及国潮品牌有较高的偏好。

线上购物习惯：消费者线上购物习惯形成，线上渠道成为主要的购物方式。

四、技术

数字化转型：服装企业通过数字化转型，如智能改造、柔性化生产、消费者数据平台等，提升供应链效率和市场响应速度。

电商平台创新：电商平台通过新技术如直播电商、社交电商等多元化形式，提升用户体验和购买便利性。

五、可能影响企业发展的关键趋势

跨境电商的快速发展：随着全球化和国际合作的深化，跨境电商为企业提供了新的增长点。

消费者行为的线上化：线上购物成为主流，企业需要加强线上渠道建设和数字化营销。

个性化和定制化需求上升：消费者对个性化和定制化产品的需求增加，企业需提供更多的差异化产品。

国潮品牌的崛起：国潮品牌受到年轻消费者的青睐，企业可利用国潮元素进行产品创新。

供应链的数字化和智能化：通过技术提升供应链效率，快速响应市场变化。

税务合规性的重要性：企业需要加强税务合规管理，避免因税务问题影响企业声誉和运营。

社会责任和可持续发展：消费者对企业的社会责任和可持续发展越来越关注，企业需在此方面做出努力。

步骤 3：竞争对手分析

👤 提示词示例：

请分析服装电商行业的竞争对手，包括他们的市场策略、产品特点、定价策略、分销渠道、品牌定位等。

💬 Kimi 的输出：

服装电商行业的竞争对手分析涉及多个方面，包括市场策略、产品特点、定价策略、分销渠道和品牌定位。以下是对这些方面的分析：

1. 市场策略：竞争对手们采取了多种市场策略来吸引和保持客户。例如，SHEIN 利用其数字化能力，通过爬虫和大数据技术快速响应市场趋势，实现快速上新和高效率的市场测试。此外，品牌如 Stitch Fix 利用机器学习技术进行超个性化服务，分析顾客购买行为，提供个性化定制服务。

2. 产品特点：服装电商的产品特点通常体现在多样化和个性化上。SHEIN 以其丰富的 SKU 和快速上新而闻名，能够满足用户多样化的需求。同时，许多品牌开始推出无性别服装系列，打破性别界限。

3. 定价策略：服装电商通常采用竞争性定价策略，以吸引对价格敏感的消费者。SHEIN 以低价作为其竞争优势之一，通过优化供应链管理和减少中间环节来降低成本。

4. 分销渠道：服装电商的分销渠道主要是线上平台，包括品牌自建的独立站和第三方电商平台。SHEIN 通过独立站模式运营，而其他品牌则通过天猫、京东等平台销售。

5. 品牌定位：品牌定位对服装电商来说至关重要。SHEIN 的定位为快时尚跨境电商龙头，专注于快速响应时尚趋势和消费者需求。同时，一些品牌如 Patagonia 和 Organic Basics 则专注于可持续性和环保，吸引对环保有高度认识的消费者。

关键趋势包括个性化服务的进一步发展、运动休闲和无性别服装的流行、可持续时尚的兴起，以及慢时尚对季节性服装的挑战。品牌需要紧跟这些趋势，不断创新和调整市场策略，以保持竞争优势。

电商品牌面临的挑战包括培养顾客忠诚度、应对消费者期望的转变、提供个性化体验，以及升级营销策略。为了克服这些挑战，品牌需要提供高质量的产品和服务，加强与消费者的联系，并利用大数据和技术创新来优化顾客体验和营销效果。

步骤 4：机会与威胁识别

提示词示例：

请根据公司基础信息，对公司进行 SWOT 分析，识别出公司的优势、劣势、机会和威胁。

Kimi 的输出：

一、优势

庞大的用户基础：超过 500 万的注册用户为公司提供了稳定的客户来源和市场基础。

显著的销售业绩：年销售额超过 10 亿元，证明了其市场竞争力和财务稳健性。

成熟的物流体系：物流是电商的核心竞争力之一，该公司的成熟物流体系能够提供快速配送服务，增强客户满意度。

专业的客服团队：良好的客服团队有助于提升用户体验，及时处理售后问题，增强客户忠诚度。

品牌知名度：在女装市场拥有一定的品牌知名度，有助于吸引新客户并维护现有客户群体。

二、劣势

激烈的市场竞争：国内外竞争对手的激烈竞争可能对公司的市场份额构成威胁。

消费者需求的多变性：需求的快速变化要求公司不断创新和更新产品，以保持市场竞争力。

品牌定位可能不够明确：在众多品牌中，若品牌定位不够突出，可能难以在消费者心中留下深刻印象。

对技术创新的依赖：电商行业对技术的依赖性强，若公司在技术创新方面投入不足，可能会失去竞争优势。

三、机会

市场细分的深化：通过市场细分，针对特定消费群体提供更加个性化和差异化的产品。

数字化和技术创新：利用大数据、人工智能等技术优化客户服务和市场策略，提升运营效率。

跨境电商的拓展：通过跨境电商平台进入国际市场，拓宽销售渠道和客户基础。

社交媒体和 KOL 营销：利用社交媒体和网红经济提高品牌曝光度，吸引年轻消费者。

可持续时尚的趋势：把握可持续时尚的发展趋势，推出环保产品，满足日益增长的绿色消费需求。

四、威胁

宏观经济波动：经济环境的不确定性可能影响消费者的购买力和消费决策。

政策和法规变化：电商领域的政策法规变化可能会增加运营成本或改变市场准入条件。

技术进步带来的颠覆：新技术的出现可能会颠覆传统电商模式，给公司带来挑战。

供应链风险：供应链中的不确定性，如原材料价格波动、供应商稳定性等，可能影响产品成本和质量。

消费者偏好的快速变化：消费者对时尚的快速变化要求公司持续跟踪市场趋势，及时调整产品策略。

步骤 5：策略建议

🧑‍💼 提示词示例：

根据以上分析结果，请提出具体的应对策略和行动建议。

📋 Kimi 的输出：

一、政治策略

政策适应：密切关注国家政策和法规变化，及时调整经营策略，确保合规经营。

利用政策优势：利用国家对电商行业的扶持政策，如税收优惠、资金扶持等，降低运营成本。

二、经济策略

灵活定价：根据宏观经济状况和消费者购买力，采取灵活的定价策略，以吸引不同消费层次的用户。

成本控制：在经济波动时期，严格控制成本，提高运营效率。

三、社会策略

消费者洞察：深入研究消费者行为和偏好，尤其是年轻消费者，以满足他们对时尚和个性化的需求。

社会责任：积极履行社会责任，如推广可持续时尚，提升品牌形象。

四、技术策略

技术创新：投资新技术，如 AI、AR/VR，以提升用户体验和运营效率。

数字化转型：加速数字化转型，利用大数据优化库存管理和个性化营销。

五、优势利用策略

用户基础深化：通过个性化营销和优质服务，提高用户忠诚度。

品牌建设：利用现有品牌知名度，通过故事化营销和品牌合作，加强品牌形象。

六、劣势弥补策略

产品多样化：加快产品更新速度，提供多样化的产品以满足不同的消费者需求。

市场适应性：加强市场调研，快速响应市场变化，调整产品和营销策略。

七、机会把握策略

市场细分：针对特定细分市场，开发新产品，满足不同消费者群体的需求。

国际化扩张：利用跨境电商平台，拓展国际市场，吸引全球消费者。

八、威胁应对策略

宏观经济风险管理：通过多元化产品线和市场，降低宏观经济波动的影响。

供应链风险缓解：建立多元化供应链，减少对单一供应商的依赖。

九、综合行动建议

建立创新机制：设立内部创新基金，鼓励团队探索新技术和新业务模式。

强化数据分析：建立数据分析团队，深入挖掘用户数据，优化产品和服务。

提升品牌价值：通过高质量的产品和服务，提升品牌价值和市场竞争力。

多元化渠道布局：在多个电商平台和社交媒体上布局，拓宽销售和营销渠道。

建立危机应对机制：制定应对市场变化、供应链中断等危机的预案，提高企业的抗风险能力。

需要注意的是，AI 的训练数据有限，无法涵盖所有的企业信息和市场趋势。在使用 AI 进行环境分析时，企业需要结合自身的实际情况和专业知识，对 AI 的分析结果进行判断和评估，并最终做出合理的决策。

4.1.2　用 AI 协助辨识和评估内外部因素

内外部因素确定是战略管理中的重要步骤，这有助于组织了解自身的竞争环境、资源和能力，从而更好地制定战略规划。AI 可以在这一过程中提供有力的支持，帮助组织更好地辨识和评估这些因素。下面将详细介绍如何使用 AI 完成这一任务。

1. 理解内外部因素的重要性

首先，我们要理解内外部因素的重要性。这有助于组织了解市场趋势、竞争对手、资源状况、法规变化等，从而更好地制定战略决策。AI 可以帮助我们理解这些概念，提供相关信息和案例。

2. 确定内部因素

AI 可以协助我们确定组织内部因素，包括资源、能力和优势。我们可以通过向 AI 提出问题了解相关内容。例如："请帮我列出我们组织的核心竞争优势是什么？"或者"分析我们的内部资源，包括人力、财力和技术。"。

由于不同企业的业务和市场情况有所不同，因此为了确定企业的核心竞争优势，需要深入分析企业的资源、能力和市场地位。一般来说，在无法提供以上详细信息的情况下，可以询问 AI 以获得一些常见的核心竞争优势，比如：企业的核心竞争优势可能包括高度专业化的团队、先进的技术、广泛的客户网络以及优质的产品或服务等。

在实际使用时，可考虑组织的特定情况，然后确定哪些因素是企业的核心竞争优势。这可以作为企业制订战略计划的基础，以便企业更好地利用这些优势在市场上脱颖而出。如果企业可以提供更为详细的特定信息或需求，AI 也可以提供更具体的建议。

3. 确定外部因素

AI 还可以协助企业确定外部因素，包括市场趋势、竞争对手、法规变化等。我们可以向 AI 提出这样的问题，例如："分析当前市场趋势，有哪些机会和威胁？"或者"谁是我们的主要竞争对手，他们的优势是什么？"。

4. 综合评估和制定战略

最后，通过 AI 提供的内外部因素的信息，我们可以进行综合评估，识别关键问题和机会，从而制订更明智的战略计划。可以向 AI 提问，例如："如何利用我们的核心竞争优势来抓住市场机会？"或者"我们应该如何应对竞争对手的挑战？"。通过综合考虑 AI 提供的策略和建议，我们可以制订一个综合的应对计划，以确保我们的公司在市场中保持竞争力并实现长期成功。同时，我们需要持续地监测和灵活地调整战略，以适应不断变化的市场环境。

总而言之，AI 可以在辨识和评估内外部因素的过程中提供有用的信息和建议，帮助企业做出明智的决策和战略规划。当然，在实际应用中，还需要根据具体情况和数据进行进一步的分析和验证，以确保制定的战略是有效的。

4.1.3　用 AI 协助制定战略愿景

战略愿景是关于企业未来的想象，通常包括组织的使命、愿景、价值观以及长期目标。通过 AI，我们可以更好地制定企业的战略愿景。以下是使用 AI 来协助制定战略愿景的具体步骤。

1. 操作步骤

步骤 1：理解战略愿景的要素

AI 可以帮助我们快速地了解战略愿景的要素，并提供清晰的定义和解释，以便我们更好地理解每个要素在战略愿景中的作用。可输入提示词"战略愿景一般包含哪些要素？"，然后 AI 会列出一些关键要素，并提供简单的解释。我们可以根据这些信息进一步了解每个要素的具体含义。

步骤 2：明确组织的使命和愿景

在了解了战略愿景的要素后，我们可以向 AI 提供关于企业的基本信息，例如企业名称、所在行业、核心业务等，并询问："如何更好地表达公司的使命和愿景？"AI 可以根据我们的输入，生成不同的文本示例，帮助我们找到更贴切的表达方式，并激发我们的灵感。

例如，在 AI 中输入提示词："一家科技公司，致力于提供创新的解决方案，改善人们的生活。如何更好地表达公司的使命和愿景？"AI 可能会输出："使命简洁版：通过创新科技，改善人们的生活。扩展版：以创新为驱动力，提供卓越的科技解决方案，满足人们不断变化的需求，并致力于可持续发展，为所有利益相关者创造价值。"我们可以根据这些示例进行修改和调整，以找到最合适的表达方式。

步骤 3：识别核心价值观

核心价值观是企业文化的基础，也是企业行为的准则。AI 可以帮助我们将核心价值观融入战略愿景的表达中，并提供一些将价值观与行动联系起来的示例，帮助我们更清晰地理解价值观在企业发展中的重要性。

例如，公司核心价值观包括创新、卓越、可持续性和客户导向。我们在 AI 中输入："如何将这些价值观融入战略愿景中？"AI 会提供一些示例，然后我们可以根据这些示例进行修改和调整，将价值观融入我们的使命、愿景和目标中。

步骤 4：设定长期目标

最后，我们可以使用 AI 来制定长期目标，以实现企业的战略愿景。AI 可以帮助我们快速设定符合 SMART 原则的长期目标，并提供一些目标的具体指标和时间节点，方便我们更有效地进行目标管理。

例如，公司愿景是成为全球领先的科技创新者。我们可以在 AI 中输入问题："请根据 SMART 原则，为公司设定一些长期目标，以实现这个愿景。"AI 会提供一些目标建议，然后我们可以根据这些建议进行修改和调整，设定更具体的长期目标。

2. 示范案例

【案例：如何用 AI 制定企业战略愿景】

案例背景：有一家科技公司致力于提供创新的解决方案，改善人们的生活。它的核心价值观包括创新、卓越、可持续性和客户导向。如何借助 AI 清晰地表达公司的使命和愿景？

步骤 1：理解战略愿景的要素

利用 AI 获取战略愿景的要素信息，明确使命、愿景、核心价值观和长期目标的重要性。

步骤 2：明确组织的使命和愿景

向 AI 提供公司信息，并询问如何更好地表达公司的使命和愿景。AI 可以提供如下输出：

使命："以科技创新为驱动力，为人们创造更美好的生活。"

愿景："成为全球领先的科技创新者，通过提供卓越的科技解决方案，改善人们的生活质量，推动社会进步。"

步骤 3：识别核心价值观

向 AI 提供公司的核心价值观，并要求它将这些价值观融入战略愿景中。

AI 可以提供如下输出：

"我们的核心价值观是创新、卓越、可持续发展和以客户为中心。我们将始终坚持这个价值观，以确保我们的行动与我们的目标一致。"

步骤 4：设定长期目标

向 AI 提供公司愿景，并要求它根据 SMART 原则设定一些长期目标。

AI 可以提供如下输出：

目标 1：在未来五年内，将公司市值提升至 ××× 亿元。

目标 2：在未来三年内，开发 × 个具有颠覆性的科技产品，并获得 Y 个国际奖项。

目标 3：在未来五年内，将公司员工人数增加至 Z 人，并建立一支全球顶尖的研发团队。

通过以上演示我们可以看到，AI 可以提供指导和示例，帮助企业清晰地定义使命、愿景、核心价值观和长期目标，从而帮助企业朝着成功的方向前进。

4.1.4　用 AI 做人力资源战略愿景的可行性评估

人力资源战略愿景的制定需要结合企业整体战略目标，并考虑内部资源和外部环境因素。AI 可以帮助我们进行可行性评估，确保人力资源战略愿景能够有效地实现。

1. 操作步骤

步骤 1：评估资源可行性

AI 可以协助我们评估企业的内部资源能否支持人力资源战略愿景的实现。我们可以向 AI 输入提示词，例如：

我们的现有员工规模和技能水平，能否满足未来发展目标？

我们的培训和发展体系能否有效地培养人才，满足未来需求？

我们的薪酬福利制度是否具有竞争力，能够吸引和留住优秀人才？

我们的招聘渠道能否有效地招募到所需人才？

AI 会根据我们提供的企业信息和人力资源战略愿景，分析现有资源的优劣势，并提出一些建议，例如：

建议公司制订人才培养计划，提高员工技能水平。

建议公司调整薪酬福利制度，提升薪酬竞争力。

建议公司拓宽招聘渠道，吸引更多人才。

步骤 2：评估市场可行性

AI 可以帮助我们评估外部环境能否支持人力资源战略愿景的实现。我们可以向 AI 提出问题，例如：

当前的人才市场竞争状况如何？我们的目标人才能否招聘到？

未来几年，我们所处行业的技能需求趋势是什么？我们的人力资源战略能否提前做好准备？

政府政策和法规是否会对我们的人力资源战略产生影响？

AI 会根据我们提供的行业信息和人力资源战略愿景，分析外部环境的机遇和挑战，并提出一些建议，例如：

建议公司关注人才市场趋势，提前做好人才储备。

建议公司调整招聘策略，以适应市场变化。

建议公司关注相关政策变化，提前做好应对措施。

步骤 3：评估目标可行性

AI 可以帮助我们评估人力资源战略愿景的目标是否合理。我们可以向 AI 提出问题，例如：

我们的目标是否与企业整体战略目标一致？

我们的目标是否具有挑战性，能够激励员工？

我们的目标是否具有可衡量性，能够评估实现程度？

AI 会根据我们提供的企业信息和人力资源战略愿景，分析目标的合理性，并提出一些建议，例如：

建议公司调整目标，使其更加符合实际情况。

建议公司设定具体的指标和时间节点，以更好地衡量目标实现程度。

步骤 4：评估风险可行性

AI 可以帮助我们识别和评估人力资源战略愿景实施过程中可能存在的风险。我们可以向 AI 提出问题，例如：

我们的人力资源战略可能面临哪些风险？

如何降低这些风险？

AI 会根据我们提供的企业信息和人力资源战略愿景，识别潜在风险，并提出一些建议，例如：

建议公司制定风险应对策略，以降低风险发生的可能性。

建议公司建立风险管理机制，及时发现和解决风险问题。

通过以上步骤，我们可以利用 AI 进行人力资源战略愿景的可行性评估，确保人力资源战略的有效实现，并为企业创造更大的价值。

2. 示范案例

【案例：用 AI 辅助人力资源战略愿景评估】

案例背景：某大型互联网公司计划在未来五年内成为全球领先的 AI 技术公司，并为此制定了雄心勃勃的人力资源战略愿景。他们希望通过 AI 进行可行性评估，确保战略愿景能够顺利实现。他们是如何操作的呢？

步骤 1：评估资源可行性

公司向 AI 输入了当前员工规模、技能水平、培训体系、薪酬福利制度等信息，以及对 AI 人才的需求预测。AI 分析后建议公司加大对 AI 领域的投入，建立专门的 AI 人才培养项目，并调整薪酬福利制度，以吸引和留住 AI 人才。

步骤 2：评估市场可行性

公司向 AI 输入了 AI 人才市场竞争状况、政府政策变化等信息。AI 分析后建议公司提前做好 AI 人才储备，建立与高校的合作关系，并关注相关政策变化，制定应对策略。

步骤 3：评估目标可行性

公司向 AI 输入了 AI 人才招聘目标、技术研发目标等信息。AI 分析后建议公司调整招聘目标，使其更加符合实际情况，并设定具体的指标和时间节点，以更好地衡量目标实现程度。

步骤 4：评估风险可行性

公司向 AI 输入了 AI 人才流失、技术研发风险等信息。AI 分析后建议公司制定风险应对策略，例如建立人才激励机制、加强技术研发团队管理等。

通过 AI 的帮助，公司对人力资源战略愿景的可行性进行了全面的评估，并制定了相应的调整措施，最终确保了战略愿景的顺利实现。

注意：AI 只是一个工具，它无法完全替代人力资源专家的专业判断。在使用 AI 进行可行性评估时，还需要结合自身实际情况，并进行必要的分析和验证。

4.2　用 AI 进行人力需求预测与规划

在人力需求预测与规划中，AI 扮演着重要角色。它能够深入理解企业的业务需求，还能预测未来的人力需求变化，为企业的人力资源规划提供有力的数据支持。通过 AI 的智能化分析，企业能够更高效地配置人力资源，优化招聘与培训策略，从而更好地应对市场变化，提升组织效能。

4.2.1 AI 在需求预测中的应用

传统的预测方法往往依赖于经验判断，缺乏数据支撑，难以准确预测未来的人才需求。AI 的出现，为我们带来了数据驱动的全新预测模式。

1. 操作步骤

步骤 1：数据收集与整理

AI 的预测能力依赖于大量数据的训练和分析。如果没有高质量的数据，AI 将无法进行有效的预测。只有收集到足够的数据，才能为 AI 提供"学习"素材，让它建立起对企业和行业的理解，从而进行更准确的预测。

我们需要收集过去三年的招聘数据（岗位、数量、渠道、薪资）、员工绩效记录、离职率数据、薪资数据等，并将数据整理成结构化的表格或文件，方便 AI 进行分析。

步骤 2：目标设定

预测的目的在于为企业未来的发展提供人才保障。没有目标，预测就失去了方向，无法为企业提供实际的指导。在了解数据的基础上，只有明确企业目标才能将预测与实际需求紧密结合。

步骤 3：AI 分析

将整理好的数据和企业目标输入 AI，根据我们需求，可以使用以下提示词：

请根据以下数据和目标，分析未来三年的人才需求趋势。

请预测未来三年，哪些岗位的人才需求量会增加？

请分析未来三年，哪些技能是核心竞争力，需要重点培养？

利用 AI 提供的趋势分析、预测模型等功能，对数据进行深入分析，并解读分析结果。

步骤 4：策略制定

基于 AI 提供的分析结果，制订招聘计划、人才发展策略，包括确定招聘的时间表、确定目标招聘渠道、调整薪资待遇、增加特定技能人才的招聘，或者为现有员工提供培训和职业发展机会，以弥补技能缺口等。

这 4 步是 AI 助力人力需求预测的关键步骤，但并非最终保证。最终的预测结果和策略制定仍然需要结合实际情况进行判断和调整。

以上操作中，需要特别注意：

❑ AI 无法独立收集数据，需要人力资源部门提供准确、完整的数据。

❑ AI 无法完全理解企业战略目标的复杂性，需要人工进行补充和解释。

❑ AI 的预测结果需要专业人士进行分析和判断，并结合实际情况进行调整。

2. 示范案例

【案例：利用 AI 预测未来三年 AI 人才需求】

案例背景：这是一家致力于人工智能软件开发的互联网科技公司，目标是扩大市场份额，提高产品质量，推出新产品线。如何用 AI 工具预测未来三年 AI 人才需求？

步骤 1：数据整理

以下是整理好的一些相关数据：

a. 历史招聘数据

2021 年：招聘 AI 工程师 10 人，数据科学家 5 人，产品经理 3 人，市场营销人员 2 人。

2022 年：招聘 AI 工程师 15 人，数据科学家 8 人，产品经理 5 人，市场营销人员 4 人。

2023 年：招聘 AI 工程师 20 人，数据科学家 12 人，产品经理 7 人，市场营销人员 6 人。

招聘渠道：校园招聘、猎头公司、在线招聘平台。

离职率：2021 年 5%，2022 年 8%，2023 年 10%。

b. 员工绩效记录

2023 年绩效评估：AI 工程师团队整体优秀，数据科学家团队表现良好，产品经理团队表现一般，市场营销团队表现良好。

升职记录：2023 年有 3 名 AI 工程师晋升为高级工程师，1 名数据科学家晋升为高级数据科学家。

项目成果：2023 年成功发布 2 个 AI 产品，市场反响良好。

c. 行业数据：AI 人才市场竞争激烈，优秀人才供不应求；AI 相关技术快速发展，对人才技能要求不断提升。

d. 政府政策：鼓励 AI 产业发展，为 AI 人才提供各种支持。

步骤 2：目标设定

明确公司未来三年目标，如推出 3 个新的 AI 产品，拓展海外市场；扩大 AI 研发团队规模，提升产品质量。

步骤 3：AI 分析

将以上整理好的数据和企业目标输入 AI，并根据需要附上提示词，例如：

请根据提供的招聘数据、员工绩效记录、行业数据和公司目标，预测未来三年 AI 人才需求趋势。

未来三年，哪些岗位的人才需求量会增加？

未来三年，哪些技能是核心竞争力，需要重点培养？

哪些岗位的员工流失率较高，需要制定相应的留任策略？

AI 根据提示词可能会给出以下建议：

a. 未来三年，AI 工程师、数据科学家、产品经理的人才需求量将会持续增加。

b. 未来三年，核心技能将包括：

❑ AI 算法开发：深度学习、机器学习、自然语言处理等。

❑ 大数据分析：数据清洗、数据挖掘、数据可视化等。

❑ 产品设计：用户体验设计、产品策略、产品运营等。

c. 未来三年，AI 工程师和数据科学家的流失率可能会继续上升，主要原因是：

❑ 行业竞争激烈，人才流动性高。

❑ 薪资待遇竞争力不足，人才容易被其他公司挖走。

步骤 4：策略制定

根据 AI 的建议，我们可以整理出如下策略：

a. 招聘计划

增加 AI 工程师、数据科学家、产品经理的招聘数量，并积极寻找优秀人才，例如：

❑ 扩大招聘渠道，包括校园招聘、猎头公司、在线招聘平台等。

❑ 提高薪资待遇，吸引优秀人才。

❑ 加强品牌宣传，提升公司吸引力。

b. 人才培养计划

重点培养员工的 AI 算法开发、大数据分析、产品设计等核心技能，例如：

❑ 制订专门的 AI 技能培训计划，邀请行业专家进行授课。

❑ 鼓励员工参加 AI 相关的专业认证考试。

❑ 为员工提供学习和实践的机会，例如参加项目开发、参加学术会议等。

c. 留任策略

制定留任策略，降低 AI 工程师和数据科学家的流失率，例如：

❑ 提高薪资待遇，提供更具竞争力的福利。

❑ 营造良好的公司文化，提高员工的归属感和幸福感。

❑ 提供职业发展机会，帮助员工实现职业目标。

注意：以上只是一个示范案例，具体的预测结果和策略制定还需要根据实际情况进行调整和优化。

通过以上案例，我们可以看到 AI 在人力需求预测中的应用，它可以帮助我们分析数据、识别趋势、制定策略，为企业的人才布局提供更有力的支持。特别建议，如果需要 AI 阅读的内容或文件比较多，建议用 Kimi 输出内容。

4.2.2　AI 在预算规划中的作用

人力资源预算规划关乎企业人才战略的落地和整体资源的有效配置。AI 的出现为 HR 带来了新的突破口，它强大的数据分析和模拟能力，能够帮助企业实现更精准、高效的人力资源预算规划。

AI 如何助力预算规划？

1. 数据驱动的决策支持：告别经验主义，精准预测人力成本

AI 能够分析企业提供的历史数据，例如员工数量、薪酬福利、培训成本等，并结合市场趋势和行业基准数据，为企业提供科学的人力资源需求预测和成本分析。这种数据驱动的方法可以大大地提高预算规划的准确性和有效性，避免仅凭经验进行主观判断。

提示词编写方法如下：

- ❏ 提供背景：说明公司名称、行业、规模、发展阶段等背景信息。
- ❏ 明确数据：列出可供 AI 分析的数据，例如员工数量、薪酬福利、培训成本、招聘成本等。
- ❏ 设定预测目标：明确需要预测的时间范围和指标，例如未来一年的人力成本总额、各部门人力成本占比等。
- ❏ 考虑外部因素：提示 AI 考虑市场薪酬水平、行业发展趋势等外部因素对人力成本的影响。

🗣 提示词示例：

我们是一家 ［行业］的 ［规模］公司，名为 ［公司名称］，目前处于 ［发展阶段］。我们计划在 ［时间范围］内 ［业务目标］。以下是我们过去 ［时间段］的人力资源数据：［数据列表］。请你根据这些数据，结合 ［外部因素］，预测我们未来 ［时间范围］的人力成本变化趋势，并分析不同因素对人力成本的影响程度。

2. 预算优化建议：量体裁衣，制定最优方案

基于对企业发展战略、行业特点和人力资源现状的理解，AI 可以提供具体的预算优化建议。

提示词编写方法如下：

- ❏ 说明公司战略：概述公司未来发展战略、业务目标、面临的挑战等。
- ❏ 明确需求：具体说明需要 AI 提供哪些方面的预算优化建议，例如招聘渠道、薪酬福利方案、培训项目选择、福利方案设计等。

❏ 提供参考信息：提供相关数据和信息，例如目标市场的人才供需状况、行业薪酬水平、公司现有福利政策等。

❏ 设定约束条件：说明预算限制、风险等约束条件。

🔲 提示词示例：

人员扩张："我们计划在［时间范围］内拓展［目标市场］业务，预计需要招聘［人员数量］，涵盖［岗位类型］。请你根据［目标市场］的人才市场情况和我们的招聘需求，提供招聘渠道、薪酬福利方案等方面的建议，并预测相关成本。"

员工培训："我们希望提升员工在［技能领域］方面的能力，以支持公司［战略目标］的实现。我们计划投入［预算范围］用于员工培训，请你推荐合适的培训项目和预算分配方案，并考虑培训效果的评估方法。"

员工福利："我们希望改善员工福利，提升员工满意度和留存率，同时也要控制成本。我们计划在［福利项目］方面进行改进，请你提供具体的福利方案建议，并分析其对员工满意度和成本的影响。"

3. 模拟不同预算方案：预见未来，选择最优路径

面对多种预算方案，企业难以快速评估其潜在影响和成本效益。AI 可以根据不同方案设定的参数模拟各种可能性，并分析其对人力成本、员工满意度、公司战略目标等方面的影响，帮助 HR 进行更全面、科学的决策。

提示词编写方法如下：

❏ 设定模拟场景：描述清楚需要模拟的预算方案，例如不同的人员规模、薪酬水平、培训投入等。

❏ 明确评估指标：列出需要评估的指标，例如人力成本总额、员工离职率、战略目标达成率等。

❏ 要求提供分析：要求 AI 分析不同方案的优缺点、潜在风险和收益等。

🔲 提示词示例：

我们制定了以下三种人力资源预算方案：［方案一描述］、［方案二描述］、［方案三描述］。请你模拟这三种方案实施后的情况，分析其对公司人力成本、员工满意度、［战略目标］达成率的影响，并提供你的建议。

总的来说，通过使用清晰、具体、目标明确的提示词，HR 部门可以有效地引导 AI 进行深入分析和精准预测，从而充分利用 AI 的强大功能，制定更科学、高效的人力资源预算规划，为企业发展提供强有力的支持。AI 的应用不仅提高了决策的准确性和效率，还增强了企业在经营中的灵活性和适应能力，确保其在不断变化的环境中始终保持人力资源战略规划的引领作用。

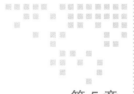

第 5 章 | *Chapter 5*

AI 赋能招聘管理

本章将通过实例分析，展示 AI 如何助力企业构建更加高效和智能化的招聘流程，确保招聘活动与企业的长期目标紧密结合，提升组织的整体竞争力，涉及招聘需求分析、职位描述、招聘文案设计、面试流程优化、候选人筛选及招聘数据分析等关键环节。

5.1 用 AI 做招聘需求分析与制订招聘计划

在本节中，我们将详细探讨如何运用 AI 进行精确的招聘需求分析和招聘计划制订，将企业战略目标转化为具体的招聘动作，并设置可执行的招聘策略，以及通过 AI 的高级数据分析功能来追踪和调整招聘指标，为 HR 提供一个理论与实践相结合的操作框架，确保招聘活动与企业的整体发展目标一致，并最大化提升招聘效果。

5.1.1 承接企业战略的招聘需求分析

传统的招聘需求分析往往依赖于人工经验和主观判断，存在效率低下、信息滞后、缺乏数据支撑等问题。AI 技术的快速发展，为招聘需求分析带来了全新的解决方案。那么，如何用 AI 承接企业战略，实现精准招聘？

1. 战略解码：深入洞察，挖掘人才需求

深入理解战略目标是承接企业战略的招聘需求分析的第一步，也是至关重要的一步。这一步并非简单地阅读战略文件，而是要抽丝剥茧，挖掘出企业的真实意图和潜在需求。

我们可以通过以下 4 个方面来深入理解企业战略目标：

1）研读企业战略文件：仔细研读企业的战略规划、业务计划、年度目标等文件，了解战略目标、实施路径、关键举措等。

2）高层访谈：与 CEO、业务负责人等高层领导进行访谈，深入了解战略背后的思考逻辑、对人才的期望等。

3）跨部门沟通：与各个业务部门进行沟通，了解其具体的业务目标、工作计划、对人才的需求等。

4）外部视角：关注行业趋势、竞争对手动态、人才市场供需情况等，为战略理解提供外部视角。

在这个阶段，AI 可以发挥以下能力。

（1）快速汇总信息，提炼关键点

将海量的战略文件、市场报告、竞争对手数据等输入 AI 工具，并使用以下提示词："总结这份战略规划的核心内容，并重点关注对人才的影响，分析这份市场报告的关键趋势，以及对我们公司未来人才需求的影响。" AI 会快速阅读并分析这些文件，提炼出关键信息，生成简洁的摘要，帮助我们抓住重点。

（2）扮演"虚拟顾问"，提供不同视角

当我们对某个战略目标的解读有疑问，或者想听听不同的意见和建议时，可以向 AI 描述疑问或想法，并使用以下提示词："如果我们要实现［战略目标］，你觉得在人才方面需要注意哪些问题？请站在［目标客户］的角度，分析我们公司需要什么样的团队才能赢得市场？" AI 会根据我们提供的信息和问题，结合其庞大的数据库和分析能力，提供一些建议，帮助我们开拓思路，从不同角度思考问题。

（3）辅助进行 SWOT 分析，制定应对策略

将公司的人才数据、战略目标、市场信息等输入 AI 工具，并使用以下提示词："请帮我分析公司在［目标市场 / 行业］的人才优势、劣势、机会和威胁。" AI 可以根据我们提供的信息，生成 SWOT 分析矩阵，并提供一些初步的应对建议。

深入理解战略目标是招聘需求分析的基石。只有真正理解了企业的战略意图，才能精准匹配人才需求，为企业战略目标的实现提供有力的人才保障。

2. 将战略目标转化为人才需求目标

深入理解了企业战略目标后，就需要将这些洞察转化为实际行动，即明确未来需要什么样的人才来支撑战略落地。

（1）分解目标，绘制人才地图

将战略规划和 AI 生成的 SWOT 分析结果输入 AI 工具，并使用以下提示词："根据这些关键行动步骤，绘制一份人才地图，展示实现战略目标所需的部门、岗位和层级结构。分析每个行动步骤需要的核心技能和经验，并与我们现有人才的技能画像进行对比，找出差距和不足。"

AI 会生成一份可视化的人才地图，清晰地展示每个部门的关键岗位和层级关系。同时，AI 会将战略目标所需的技能与现有人才的技能进行匹配分析，识别出哪些岗位存在人才缺口，哪些岗位需要提升技能，从而为招聘提供明确的方向。

（2）洞察趋势，预测人才需求变化

战略目标的实现需要时间，而人才市场瞬息万变。如何预判未来的人才需求变化，提前做好布局，成为需要重点解决的问题。我们可以向 AI 提供行业趋势报告、竞争对手分析数据、公司发展规划等信息，并使用以下提示词："基于这些信息，预测未来三年哪些岗位的人才需求会持续增长，哪些新兴岗位会对我们公司的战略目标至关重要。"

AI 会结合多方数据进行预测分析，输出未来人才需求趋势报告，包括哪些岗位需求会增加、哪些新兴技能会变得重要等，帮助我们制订更具前瞻性的招聘计划。

将战略目标转化为人才需求目标，是承接企业战略的关键一步。通过本节内容我们看到，AI 可以在这个过程中提供强大的数据支持、分析预测和决策辅助能力，帮助我们更高效、更精准地完成人才需求分析，为企业的战略目标保驾护航。

5.1.2　招聘计划制订

在深入理解了企业战略目标，并将战略目标转化为具体人才需求目标后，下一步就是制订一份运筹帷幄的年度招聘计划了。它将成为企业争夺人才的行动指南。

传统的年度招聘计划往往依赖于经验和直觉，缺乏数据支撑和前瞻性。而 AI 技术的应用，可以帮助我们制订更加精准、高效、智能的年度招聘计划，就像为企业招聘装上"GPS 导航"一样，可以为企业指引方向，规划路线，确保顺利到达"目的地"。

1. 解读战略，明确方向

知己知彼，百战不殆。在制订招聘计划之前，首先要明确"去哪里"，也就是要清晰地理解企业的战略目标和发展方向。只有这样，才能明确企业未来需要什么样的人才来支撑战略落地，从而为招聘指明方向。

可以向 AI 输入公司战略规划文件，并使用提示词引导 AI 分析战略目标对人才需求的影响。例如，将公司战略规划文件输入 AI，并使用以下提示词："请分析这份公司战略规划文件，重点关注对未来人才的需求影响，并总结出未来 1～3 年公司的人才战略地图。"AI 会输出公司战略目标解读、未来人才需求趋势分析与人才战略地图。

2. 盘点现状，预估需求

明确了"去哪里"之后，还需要了解"从哪里出发"，也就是要盘点公司当前的人才现状。我们可以向 AI 输入上一年度人力资源数据、各部门未来一年的人员编制计划、关键岗位继任计划等数据，让 AI 协助分析公司当前的人才规模、结构、能力等是否满足未来发展的需求，并预测未来一年的招聘需求总量和关键岗位需求。

例如，将上一年度人力资源数据、各部门未来一年的人员编制计划、关键岗位继任计划等数据输入 AI，并附上以下提示词："基于以上数据，分析公司当前的人才现状，并预测未来一年的招聘需求总量和关键岗位需求。"AI 会输出当前人才现状分析、未来一年招聘需求预测。

3. 制定策略，有的放矢

在明确了"起点"（人才现状）和"终点"（战略目标）之后，就需要制定具体的行动方案，也就是招聘策略了。我们可以向 AI 输入人才战略地图、未来一年的招聘需求预测、招聘挑战分析等信息，AI 会根据目标人才的特点、市场环境的变化、公司的资源和预算等因素，制定出差异化、精准化、可执行的招聘策略，包括招聘渠道策略、雇主品牌策略、招聘流程优化策略等。

例如，将人才战略地图、未来一年的招聘需求预测、招聘挑战分析等信息输入 AI，并使用以下提示词："基于以上信息，制定未来一年的招聘策略，要体现差异化、精准化、前瞻性。"AI 会输出招聘渠道策略、雇主品牌策略和招聘流程优化策略等。

4. 分解目标，制订计划

有了"航海图"（战略目标）和"航线"（招聘策略）还不够，还需要制定详细的"航海日志"，这样才能确保航行顺利。

例如，将年度招聘目标、招聘策略、招聘预算等信息输入 AI，并附上以下提示词："根据以上信息，制订详细的年度招聘计划，包括每个季度 / 月份的招聘目标、招聘岗位、招聘渠道、预算分配、时间节点、责任人等。"AI 会输出一份详细的年度招聘计划表。

5. 数据驱动，持续优化

人们常说计划赶不上变化，招聘工作也是如此。我们可以定期向 AI 输入招聘数据和市场变化信息。AI 可以根据这些数据和信息分析招聘效果，识别潜在问题，并根据实际情况及时调整招聘策略和计划，帮助企业"校准航向"，确保顺利到达"目的地"。

例如，每个季度结束后，将该季度的招聘数据（如不同渠道的简历数量、面试邀请数量、Offer 接受数量、招聘成本等）以及市场变化信息（如行业人才供需变化、竞争对手招聘动态等）输入 AI，并附上以下提示词："根据最新的招聘数据和市场变化，评估当前招聘计划的执行情况，并提出优化建议。"AI 会输出一份招聘数据分析报告和优化建议。

总而言之，制订年度招聘计划是企业人才战略落地的关键环节。借助 AI 的智能分析和辅助决策能力，我们可以制订更精准、高效、科学的招聘计划，帮助企业在激烈的市场竞争中赢得人才优势。

5.1.3　招聘指标的设定与跟踪

传统的招聘指标的设定与跟踪依赖人工操作，费时费力且容易出错。AI 的出现，为招聘带来了革命性的改变，它可以自动化处理海量数据，提供精准的分析结果，帮助企业做出更明智的决策。

如果已经有了年度招聘计划，可以参考以下步骤，利用 AI 来设定与跟踪招聘指标。

1. 分析年度招聘计划，让 AI 帮我们快速解读

仔细研读年度招聘计划，明确关键信息，并将这些信息输入 AI：

- ❏ 招聘目标：计划招聘多少人？涉及哪些岗位？
- ❏ 时间安排：每个岗位计划在什么时间段内完成招聘？
- ❏ 预算限制：招聘预算有多少？
- ❏ 质量要求：对候选人有哪些技能、经验、文化契合度等方面的要求？

💬 提示词示例：

这是我们今年的招聘计划［粘贴计划内容 / 描述计划内容］，你能帮我分析一下吗？

我们计划招聘［人数］名［岗位］，时间安排在［时间段］，预算为［预算金额］，你有什么建议吗？

AI 可以帮我们分析计划中的关键信息，例如招聘目标、时间安排、预算限制、质量要求等，也可以提出相关问题，帮助我们更全面地评估招聘计划。

2. 根据招聘计划设定指标，让 AI 助我们精准定位

明确的招聘指标是衡量招聘效果的标尺。如何让 AI 帮助我们选择合适的招聘指标？告诉 AI 我们希望关注的指标类型，例如效率、成本、质量等。

🧑‍💻 提示词示例：

我想要跟踪招聘的效率，你能推荐一些指标吗？

我想知道每个招聘渠道的成本，应该如何计算？

AI 可以根据我们的招聘计划和关注点，推荐合适的招聘指标，并解释每个指标的含义和计算方法。例如："数量指标：应聘人数、面试人数、录用人数。时间指标：招聘周期、简历筛选时间、面试安排时间。成本指标：每个候选人成本、每个渠道人才获取成本。质量指标：试用期通过率、员工流失率等。"AI 也可以提供行业基准数据供我们参考。

3. 建立指标跟踪机制，将烦琐的工作交给 AI

告别手动记录和统计数据的烦恼，AI 可以自动收集、整理和分析招聘数据，让我们对招聘进度和效果了如指掌。

（1）利用免费工具，高效管理招聘数据

❑ 表格工具：使用 Google Sheets、WPS 表格等免费在线表格工具，记录每个候选人的信息，例如，姓名、职位、来源渠道、简历筛选结果、面试评价、Offer 发放情况等。

❑ 数据可视化工具：使用 Google Data Studio、微软 Power BI（免费版）等工具，连接你的表格数据，创建可视化图表，例如，招聘漏斗图、招聘周期趋势图、不同来源渠道候选人占比图等，直观地展示招聘数据。

（2）打造专属招聘管理系统

如果你有一定的编程基础，可以尝试使用 Python、PHP 等语言，结合数据库，开发一个简单的招聘管理系统，实现以下功能：

❑ 候选人信息管理：记录候选人基本信息、简历、面试评价等。

❑ 招聘流程管理：跟踪候选人在不同招聘阶段的状态变化。

❑ 数据统计和分析：自动计算招聘周期、每位候选人成本等指标，并生成图表。

（3）选择 AI 驱动的智能招聘平台

越来越多的 AI 招聘管理系统或数据分析工具涌现出来，它们可以提供更强

大的功能：

❏ 自动化数据收集：自动抓取招聘网站、简历库等数据源的信息，不需要手动录入。

❏ 实时监控指标变化：通过可视化图表，实时掌握各项指标的动态变化，及时发现问题。

AI 可以推荐符合实际需求的招聘指标跟踪工具，无论是免费工具还是付费平台；也可以提供详细的工具使用教程，帮助我们快速上手；还可以根据我们的数据分析需求，推荐合适的图表类型和数据分析模型。

4. 定期分析指标，优化招聘流程

数据分析是优化招聘流程的关键。AI 不仅是数据的搬运工，更是洞察趋势的分析师。我们可以定期将收集到的指标数据交给 AI，并提出疑问，这样 AI 就会化身专属招聘顾问，帮助我们分析问题根源，并提供优化建议。

🔍 提示词示例：

你是一名优秀的招聘顾问，这是我们上个月的招聘数据［粘贴数据 / 描述数据］，你能帮我分析一下吗？

我们的招聘周期太长了，你有什么建议吗？

请你分析哪个招聘渠道的效率最高。

请分析是什么原因导致我们的候选人流失率居高不下。

AI 可以分析指标数据，找出招聘流程中的优势和不足，例如高转化率的招聘渠道、招聘瓶颈等；也可以提供优化建议，如针对招聘流程中存在的问题，提供具体的优化建议。举例如下：

❏ 缩短招聘周期：优化简历筛选流程、使用视频面试、简化面试流程等。

❏ 降低招聘成本：挖掘内部推荐、提高招聘转化率、与候选人保持积极沟通等。

❏ 提高招聘质量：精准匹配候选人画像、优化面试评估体系、加强雇主品牌建设等。

❏ 预测未来趋势：根据历史数据和行业趋势，预测未来招聘需求和人才市场变化，帮助你提前做好准备。

AI 时代，招聘不再是凭经验和直觉的艺术，更是一门数据驱动的科学。AI 就像一个高效的招聘引擎，可以帮助你制订精准的招聘计划，设定科学的招聘指标，并持续跟踪和优化，最终实现高效招聘，为企业的发展注入源源不断的人才！

5.2 用 AI 做职位分析与描述

在快速变化的招聘市场中，职位需求分析是人力资源工作的重中之重。如何快速且准确地完成这项工作，成为 HR 的一大挑战。本节将介绍如何利用 AI 进行职位需求分析，精准锁定理想人才！

1. 明确目标：精准定位

精准的职位需求分析源于对公司战略和市场环境的清晰认知。在这个信息爆炸的时代，如何快速获取有效信息，做到有的放矢？ AI 可以成为你的强大的信息助手，帮助你高效地完成前期准备工作。

（1）提示词编写原则

1）明确目标：清晰地告诉 AI 你想让它做什么，避免歧义。

例如，需要收集行业报告并分析时，可以这样表述："请你帮我找到关于［行业］的最新行业报告，并提取市场规模、增长趋势、主要竞争对手等关键信息。"

例如，需要研究目标公司官网上的公司介绍、新闻动态、产品服务等信息，以及该公司在招聘网站上发布的职位信息，从中推测其人才需求和企业文化时，可以这样表述："请你分析［目标公司］的官网信息，并推测其主要业务、发展方向和人才需求。"

例如，要收集目标公司在社交媒体平台上的官方账号，以及行业论坛上的相关讨论，从中了解其品牌形象、企业文化、员工评价等信息时，可以这样表述："请你分析［行业论坛］上关于［目标公司］的讨论，并总结其员工评价和公司形象。"

2）提供背景信息：为 AI 提供充足的背景信息，帮助它更好地理解你的需求。例如："［目标公司］是一家［公司规模］的［行业］公司，主要产品是［产品或服务］。"

3）使用关键词：使用关键词引导 AI 关注特定的信息，提高搜索效率。例如："请你分析［目标公司］的官网信息，并重点关注其人才需求和企业文化。"

4）引入专业理论：将专业理论融入提示词，帮助 AI 进行更深入、更专业的分析。

例如，需要运用市场分析理论，解读行业趋势和竞争态势时，可以这样表述："请你根据波特五力模型分析［行业］的竞争格局，并预测［目标公司］在未来的竞争策略，以及对人才需求的影响。"

例如，需要运用人力资源管理理论，预测人才需求和招聘策略时，可以这样表述："请你根据人力资源管理理论，分析［目标公司］的人才需求趋势，并预测其未来可能采取的招聘策略，例如招聘重点、薪资待遇等。"

例如，需要结合组织架构理论，分析岗位定位和关系时，可以这样表述："请你根据组织架构理论，分析 [目标公司] 的 [职位名称] 岗位通常属于哪个部门，其直接汇报对象通常是什么职位，并说明他们的职责和工作关系。"

例如，需要基于岗位模型理论，明确岗位职责和要求时，可以这样表述："请你根据胜任力模型，分析 [目标公司] 的 [职位名称] 岗位所需的核心胜任力，包括 [具体胜任力维度]，并将其与 [行业标准] 进行比较。"

（2）示范案例

【案例：用 AI 分析同行公司战略信息】

假设你想要分析 AI 领域的一家名为"未来科技"的初创公司，可以使用以下提示词：

请你分析"未来科技"这家公司，并根据以下信息预测其未来发展方向和人才需求：

1. "未来科技"是一家处于 [初创阶段 / 成长阶段 / 成熟阶段] 的 [AI 领域 / 具体细分领域] 公司，主要产品是 [产品名称]，目标客户是 [目标客户群体]。

2. "未来科技"的竞争对手包括 [竞争对手名称]，其主要产品和市场策略是 [竞争对手产品和策略概述]。

3. "未来科技"的近期发展目标是 [公司近期发展目标]，例如 [具体目标描述]。

请你根据以上信息，并结合以下专业理论，进行分析：

❑ 请你根据波特五力模型分析 [行业] 的竞争格局，并预测 [目标公司] 在未来的竞争策略，以及对人才需求的影响。

❑ 请你根据人力资源管理理论，分析 [目标公司] 的人才需求趋势，并预测其未来可能采取的招聘策略，例如招聘重点、薪资待遇等。

❑ 请你根据胜任力模型，分析 [目标公司] 的产品经理岗位所需的核心胜任力，包括 [具体胜任力维度]，并将其与 [行业标准] 进行比较。

AI 输出内容略，读者可自行尝试。在实际应用中，我们还需要根据具体情况灵活选择信息渠道，并结合自身的经验和判断，做出更准确的职位需求分析。

2. 职位分析：输出职位概述

明确职位需求的相关背景信息后，就要进行职位分析，输出职位概述了。在做职位分析的时候，我们常会用到职位分析理论、工作任务分析（Job Task Analysis）理论、组织架构理论等，可以把这些理论融入提示词中，让 AI 基于专业理论帮助我们做职位分析。

（1）提示词编写原则

1）明确目标职位：清晰地告诉 AI 你想要分析哪个职位，避免歧义。例如："请你详细分析［目标公司］的［职位名称］这个职位。"

2）多维度信息获取：从职位分析的多个维度进行提问，并结合相关理论，确保信息的全面性。

❏ 职位职责："请你根据工作任务分析理论，分析［职位名称］的主要工作职责，包括任务的频率、重要性、复杂程度等。"

❏ 部门归属："请你结合组织架构理论，分析［职位名称］通常会属于哪个部门，并解释原因。"

❏ 汇报关系："请你分析［职位名称］的直接汇报对象通常会是什么职位，并说明他们的职责和工作关系。"

❏ 职位目标："请你分析［职位名称］在公司和部门层面的核心目标是什么，并解释这些目标对公司发展的影响。"

3）模拟真实场景：假设一个具体的公司类型和规模，让 AI 的回答更贴近实际情况。例如："假设一家［公司规模］的［行业］公司要招聘［职位名称］，请你详细分析这个职位。"

（2）示范案例

【案例：用 AI 分析大型互联网公司的产品经理职位】

案例背景：你计划分析一家大型互联网公司的产品经理职位，可以使用以下提示词：

请你结合职位分析理论和工作任务分析理论，分析一家大型互联网公司产品经理职位的主要职责，包括任务的频率、重要性、复杂程度等。然后根据组织架构理论，分析产品经理通常属于哪个部门，以及他的直接汇报对象通常是什么职位。最后，请分析产品经理在公司和部门层面的核心目标是什么。

AI 输出内容略，读者可自行尝试。通过以上步骤，我们可以更有效地利用 AI 进行职位概述，为后续的分析工作打下坚实的基础。

3. 岗位职责：量化指标

如何判断量化指标是否合理，是职位需求分析中非常关键的一步，这直接影响着招聘的效率和员工的绩效评估。有很多判断量化指标是否合理的理论，可以把这些理论融入提示词中。

（1）提示词编写原则

1）循序渐进，逐步引导。不要一开始就要求 AI 给出完整的量化指标，而是要循序渐进地引导它进行分析。可以先让 AI 列举出岗位职责，然后逐步引导它进行量化，例如："请你详细列举［职位名称］的岗位职责。""请你使用具体的数字、频率或比例来描述［职位名称］的岗位职责，例如每月需要完成多少次客户拜访。"

2）结合理论，提高专业性。将相关理论融入提示词中，引导 AI 基于专业理论进行分析，例如："请你参考工作任务分析理论，从［具体的职责维度］视角分解［职位名称］的岗位职责，例如日常运营、项目执行、团队协作等。""请你描述［职位名称］的岗位职责，同时考虑如何将这些职责与公司现有的绩效考核指标进行关联。"

3）使用问题引导，鼓励思考。使用疑问句的形式，引导 AI 进行思考和分析，例如："请你分析一下，［具体指标］是不是一个合理的量化指标？它是否符合 SMART 原则？"

（2）示范案例

【案例：用 AI 量化岗位指标】

假设你想要分析一家中型电商公司的产品运营经理职位，可让 AI 帮助你设定量化指标。

步骤 1：明确目标职位

⊙= 提示词示例：

请你详细列举产品运营经理的岗位职责。

💬 Kimi 的输出：

产品运营经理的主要职责包括：

负责制定和执行产品运营策略，提升产品用户体验和用户黏性。

负责产品数据分析，监控产品运营效果，并根据数据进行优化调整。

负责产品推广活动策划和执行，提升产品曝光度和用户转化率。

负责与产品研发、市场营销等部门进行沟通协作，推动产品运营目标的实现。

步骤 2：使用量化指标

⊙= 提示词示例：

请你使用具体的数字、频率或比例来描述产品运营经理的岗位职责，例如每月需要完成多少个产品运营项目。

💬 Kimi 的输出：

产品运营经理的岗位职责可以量化描述如下：

每月至少策划并执行 2 个产品运营活动，例如促销活动、用户调研、产品优化等。

每周分析一次产品数据，并根据数据制定产品运营策略，至少进行 1 次产品功能优化或策略调整。

每月至少提升 1% 产品用户留存率，至少提升 2% 产品用户转化率。

每月与产品研发、市场营销等部门至少进行 3 次沟通协作，并达成至少 2 个产品运营目标。

步骤 3：结合工作任务分析

💬 提示词示例：

请你参考工作任务分析理论，从日常运营、项目执行、团队协作等维度分解产品运营经理的岗位职责，并尽可能使用量化指标来描述每个职责。

📧 Kimi 的输出：

根据工作任务分析理论，我们可以从以下几个维度分解产品运营经理的岗位职责：

日常运营：

每周分析一次产品数据，并根据数据制定产品运营策略，至少进行 1 次产品功能优化或策略调整。

每月至少进行 2 次用户调研，了解用户需求和反馈。

每月更新产品运营计划，并定期进行调整。

项目执行：

每月策划并执行至少 2 个产品运营活动，例如促销活动、用户调研、产品优化等。

每个产品运营活动需要制订详细的计划和预算，并确保活动目标的达成。

每月至少完成 1 个产品功能优化项目，并进行效果评估。

团队协作：

每月与产品研发、市场营销等部门至少进行 3 次沟通协作，并达成至少 2 个产品运营目标。

参加产品研发、市场营销等部门的项目会议，提供产品运营方面的建议和支持。

负责协调产品运营团队成员的工作，确保团队目标的达成。

步骤 4：考虑绩效考核指标

💬 提示词示例：

请你在描述产品运营经理的岗位职责时，考虑如何将这些职责与公司现有的绩效考核指标进行关联，例如用户留存率、用户转化率、产品收入等。

💬 Kimi 的输出：

产品运营经理的岗位职责可以与以下绩效考核指标进行关联：

用户留存率：每月至少提升 1% 产品用户留存率。

用户转化率：每月至少提升 2% 产品用户转化率。

产品收入：每月至少提升 5% 产品收入。

用户满意度：用户满意度评分不低于 4.5 分。

活动效果：产品运营活动参与人数、转化率、活动目标完成率等。

项目完成率：产品功能优化项目完成率、产品运营项目完成率等。

团队协作：团队成员之间沟通协作的效率、团队目标达成率等。

通过以上步骤，我们可以使用 AI 来完成对产品运营经理岗位职责的描述，并设定量化指标。

4. 任职资格：区分重点

职位分析是确定任职资格的基础，它通过分析职位内容、工作要求、工作环境等信息，可以为我们提供设定任职资格的依据。胜任力模型（Competency Model）描述胜任特定职位所需的关键能力，它可以帮助我们更准确地设定任职资格，并为后续的人才评估和培养提供参考。我们可以把相关理论融入提示词中，让 AI 协助我们做好任职资格分析。

（1）提示词编写原则

1）明确目标职位：清晰地告诉 AI 你想要分析哪个职位，避免歧义。

2）区分必要条件和加分项：引导 AI 区分候选人必须具备的条件和可以加分的优势条件。

3）考虑行业和公司特点：引导 AI 考虑行业差异、公司文化、职位层级等因素，设定更精准的任职资格。

4）引导思考维度：引导 AI 从多个维度进行思考，例如学历和专业、工作经验、技能和知识、证书和资质、个人特质等。

5）参考岗位价值分析：引导 AI 参考岗位价值（Job Evaluation）分析理论，考虑职位在公司中的重要性，并设定合理的任职资格。

6）结合胜任力模型：引导 AI 根据胜任力模型，列出该职位所需的各种核心能力，并解释每项能力的重要性。

👤 提示词示例：

请你扮演一位资深 HR，帮我分析［目标公司］的［职位名称］的任职资格。

1）公司背景：［目标公司］是一家［公司规模］的［行业］公司，主营业务是［公司主营业务］，公司文化可以概括为［公司文化关键词］。

2）岗位价值：［职位名称］在［目标公司］属于［核心/重要/一般］岗位，该岗位对公司［目标/战略］的实现起着［重要/辅助］作用。

3）胜任力模型：请参考［胜任力模型名称，例如，通用胜任力模型、行业胜任力模型、公司自建胜任力模型］，列出该职位所需的各种核心能力，并解释每项能力在该岗位上的重要性。

4）任职资格：请你根据以上分析，并考虑以下因素，详细列出［职位名称］的必要条件和加分项：

❏ 学历和专业：是否要求特定学历？是否限制专业范围？

❏ 相关工作经验年限：需要多少年相关工作经验？是否要求有特定行业的经验？

❏ 必要的技能和知识：需要掌握哪些专业技能？需要具备哪些行业知识？

❏ 加分的证书或其他条件：是否要求持有特定证书？是否需要具备特定资质？

❏ 个人特质：是否需要具备特定的性格特点、沟通能力、团队合作能力等？请用表格形式清晰地呈现必要条件和加分项。

（2）示范案例

【案例：用 AI 分析电商公司产品运营经理任职资格】

案例背景：假如要分析一家中型电商公司的产品运营经理的任职资格，可以使用以下提示词：

请你扮演一位资深 HR，帮我分析 ×× 电商的产品运营经理的任职资格。

1）公司背景：×× 电商是一家中型电商公司，主营业务是服装销售，公司文化可以概括为结果导向、快速迭代、团队合作。

2）岗位价值：产品运营经理在 ×× 电商属于核心岗位，该岗位对公司提升用户规模和销售额起着重要作用。

3）胜任力模型：请参考电商行业产品运营胜任力模型，列出该职位所需的各种核心能力，并解释每项能力在该岗位上的重要性。

4）任职资格：请你根据以上分析，并考虑以下因素，详细列出产品运营经理的必要条件和加分项：

❏ 学历和专业要求：是否要求特定学历？是否限制专业范围？

❏ 相关工作经验年限：需要多少年相关工作经验？是否要求有特定行业的经验？

❑ 必要的技能和知识：需要掌握哪些专业技能？需要具备哪些行业知识？

❑ 加分的证书或其他条件：是否要求持有特定证书？是否需要具备特定资质？

❑ 个人特质：是否需要具备特定的性格特点、沟通能力、团队合作能力等？请用表格形式清晰地呈现必要条件和加分项。

AI 输出内容略，读者可自行动手实践。通过以上步骤，我们可以更有效地利用 AI 梳理岗位任职资格，为后续的人才筛选提供更精准的依据。

5. 人才画像：快速定位

任职资格像一道门槛，可以帮助我们快速地筛选简历；人才画像则更进一步，可以帮助我们更精准地定位目标人才，找到那些真正适合公司和职位的人才。

我们经常用到的模型有：

❑ 胜任力模型：定义胜任某个职位所需的知识、技能、能力和特质，帮助我们构建更完善的人才画像。

❑ 行为面试（Behavioral Interview）理论：通过引导候选人描述过去的行为事件，来评估其能力和潜力。STAR 法是行为面试中常用的技巧，可以帮助我们更有效地获取候选人的行为信息。

❑ 行为锚定评价量表（BARS）：将工作行为与绩效水平进行关联，以评估候选人的行为表现。

（1）提示词编写原则

1）明确目标职位：清晰地告诉 AI 我们想要分析哪个职位，避免歧义。例如："请你描述一位理想的［职位名称］的人才画像。"

2）多维度刻画：引导 AI 从多个维度进行描述，例如教育背景、工作经验、专业技能、软技能、个人特质等。例如："请你从［具体维度］角度描述理想的［职位名称］的人才画像。"

3）使用 STAR 法则：引导 AI 使用 STAR 法则来描述理想候选人的典型项目经验，以展现其能力和潜力。例如："请你使用 STAR 法则，描述一下理想的［职位名称］在过去项目中的出色表现。"

4）结合胜任力模型：引导 AI 根据胜任力模型，评估人才画像中各种能力和特质对职位成功的影响。例如："请你根据胜任力模型，分析［具体能力或特质］对［职位名称］成功的影响。"

5）强调软技能和个人特质：除了专业技能之外，还需要关注候选人的软技能和个人特质，例如沟通能力、团队合作能力、学习能力、抗压能力等。例如："请你描述一下理想的［职位名称］需要具备哪些关键的软技能和个人特质。"

6）结合行为评价锚定量表：引导 AI 使用 BARS 理论，描述不同层级的行为表现，以更准确地评估候选人的能力和潜力。例如："请你根据 BARS 理论，描述一下［具体软技能］的不同层级行为表现，例如低级、中级、高级的表现。"

提示词示例：

请描述一位理想的［职位名称］的人才画像，包括：

教育背景：请你描述一下理想的［职位名称］应该拥有怎样的学历和专业背景。

工作经验：请你描述一下理想的［职位名称］应该拥有多少年相关工作经验，他们曾在哪些类型的公司工作过。

专业技能：请你描述一下理想的［职位名称］应该掌握哪些专业技能，是否应该拥有相关证书。

软技能：请你描述一下理想的［职位名称］应该具备哪些关键的软技能，例如沟通能力、团队合作能力、学习能力、抗压能力等。请使用 STAR 法则描述一下他们过去在软技能方面的出色表现。请你根据 BARS 理论，描述一下［具体软技能］的不同层级行为表现，例如低级、中级、高级的表现。

个人特质：请你描述一下理想的［职位名称］应该拥有哪些独特的个人特质，例如积极主动、善于沟通、快速学习等。

STAR 式项目经验：请你使用 STAR 法则描述一下理想的［职位名称］在过去项目中的出色表现，例如曾经如何克服困难，取得成功。

（2）示范案例

【案例：用 AI 描述产品运营经理的人才画像】

我们可以使用以下提示词描述产品运营经理的人才画像：

请你描述一位理想的产品运营经理的人才画像，包括：

他们的教育背景：请你描述一下理想的产品运营经理应该拥有怎样的学历和专业背景，例如市场营销、管理学等相关专业。

他们的工作经验：请你描述一下理想的产品运营经理应该拥有多少年产品运营相关工作经验，他们曾在哪些类型的公司工作过，例如电商公司、互联网公司等。

他们的专业技能：请你描述一下理想的产品运营经理应该掌握哪些产品运营相关的工具和技能，例如数据分析工具、产品推广策略、用户研究等。

他们的软技能：请你描述一下理想的产品运营经理应该具备哪些关键的软技能，例如沟通能力、团队合作能力、学习能力、抗压能力等。请使用 STAR 法则描述一下他们过去在软技能方面的出色表现。请你根据 BARS 理论，描述一下沟通能力、团队合作能力、学习能力、抗压能力的不同层级行为表现，例如初级、中级、高级的表现。

他们的个人特质：请你描述一下理想的产品运营经理应该拥有哪些独特的个人特质，例如积极主动、善于沟通、快速学习等。

请你使用 STAR 法则描述一下理想的产品运营经理在过去的产品运营项目中的出色表现，例如曾经如何克服困难，取得成功。

AI 输出内容略，读者可自行动手实践，以获得更好的学习效果。通过以上步骤，我们可以更有效地利用 AI 描绘人才画像，为后续的人才筛选和面试提供更精准的依据。

6. 核心能力：分层构建

对于一些职责较为简单的职位，例如文员、客服等，可能不需要进行核心能力分析。但如果需要进行更深层次的人才分析和培养，制定更完善的招聘策略，或者进行更有效的绩效评估，则这部分不可以省略。

核心能力是指胜任某个职位或岗位所需的关键技能和特质，是区分优秀员工和一般员工的关键因素。核心能力通常包含知识、技能、能力和特质四个方面。

这部分经常用到的理论有：

1）胜任力模型：胜任力模型是进行核心能力分析的基础。它定义了胜任某个职位或岗位所需的关键能力，包括知识、技能、能力和特质。

2）能力金字塔（Competency Pyramid）模型：能力金字塔模型是将核心能力进行分层构建的常用模型。它将核心能力按照层次结构进行排列，从基础能力、核心能力到领导力，层层递进。

3）人才测评理论：人才测评理论可以帮助我们设计更科学、更有效的人才测评工具，以评估候选人的核心能力，例如能力倾向测试、性格测试、情景模拟测试等。

4）绩效管理理论：绩效管理理论可以帮助我们制定更有效的绩效评估指标，并利用这些指标来评估员工的核心能力。

5）人才发展理论：人才发展理论可以帮助我们设计更有效的人才培养计划，以提升员工的核心能力，例如培训计划、导师制、轮岗制度等。

根据这些原则来设计有效的提示词，可以引导 AI 更准确地分析核心能力。

（1）提示词编写原则

1）明确目标职位：清晰地告诉 AI 你想要分析哪个职位，避免歧义。例如："请你分析［职位名称］所需的核心能力。"

2）结合胜任力模型：引导 AI 根据胜任力模型，列出该职位所需的各种核心能力。例如："请你根据胜任力模型，分析［职位名称］所需的核心能力。"

3）使用能力金字塔模型：引导 AI 将核心能力按照层次结构进行排列，并解释不同层级的能力要求。例如："请你使用能力金字塔模型，将 [职位名称] 的核心能力进行分层，并解释不同层级的能力要求。"

4）解释能力的重要性：除了列出核心能力之外，还可以要求 AI 解释每项能力为什么重要，以及如何评估该能力。例如："请你解释一下，[特定核心能力] 为什么对 [职位名称] 至关重要，以及如何评估该能力。"

5）考虑公司的实际情况：引导 AI 考虑公司文化、发展阶段、业务特点等因素，设定更合理的核心能力要求。例如："请你根据 [公司文化] 和 [公司发展阶段]，分析 [职位名称] 需要具备哪些核心能力。"

（2）提示词示例

请使用能力金字塔模型，分析胜任 [职位名称] 所需的核心能力，并解释每项能力的重要性。可以参考以下结构：

1. 基础能力：例如……

2. 核心能力：例如……

3. 领导力（如果适用）：例如……

通过以上步骤，我们可以更有效地利用 AI 完成核心能力分析，为后续的人才培养和招聘策略提供更精准的依据。

7. 报告生成：一键生成专业报告

在完成前面 6 个步骤的分析之后，我们需要将所有信息整理成一份完整的职位需求分析报告，以更好地进行招聘和人才管理工作。

AI 可以利用其强大的语言模型和信息处理能力，帮助我们快速生成一份结构完整、内容清晰的职位需求分析报告。它可以根据我们的指示，整合之前的所有分析结果，并以清晰、简洁的语言进行表达。

提示词示例：

请帮我生成一份 [职位名称] 的招聘需求分析报告，包括职位概述、岗位职责、任职资格、人才画像、核心能力等内容。

请你帮我生成一份 [职位名称] 的招聘需求分析报告，按照以下结构进行组织：摘要、引言、职位概述、岗位职责、任职资格、人才画像、核心能力、结论。

实际操作建议如下：

❑ 提供详细的信息：将之前分析的所有信息，例如职位概述、岗位职责、任职资格、人才画像、核心能力等，整理好并输入 AI。

❑ 设定报告结构：可以要求 AI 按照一定的逻辑顺序，例如步骤顺序、重要程度等，来组织报告内容。

❑ **设定报告格式**：可以要求 AI 使用特定的格式，例如表格、图表等，来展示信息。

❑ **进行内容修改**：AI 生成的报告可能需要进行一些修改和完善，例如调整语言风格、添加一些细节信息等。

总的来说，掌握以上提示词编写技巧后，我们可以轻松地驾驭 AI，让它成为我们的职位需求分析专家，帮助我们高效地完成工作！

5.3　用 AI 设计吸引人才的招聘文案

在激烈的人才市场竞争中，如何撰写出吸引人的招聘文案并制定有效的候选人吸引策略，是每个招聘者必须面对的挑战。

5.3.1　撰写吸引人才的招聘文案

想要用 AI 写出优秀的招聘文案，仅仅输入"帮我写一份招聘文案"是远远不够的。我们需要化身为提示词工程师，用清晰、具体的指令，引导 AI 理解我们的需求，最终输出我们想要的结果。以下是用 AI 设计招聘文案的步骤、技巧，以及示例。

1. 明确招聘需求

在开始引导 AI 之前，我们需要明确自己的招聘需求。

1）目标岗位：你要招聘什么岗位？例如，新媒体运营经理、软件工程师、人力资源专员。

2）目标人群：你想吸引什么样的人才？例如，应届毕业生、有经验的专业人士、特定技能的人才等。

3）岗位画像：岗位职责是什么？需要哪些技能和经验？提供什么样的薪酬福利？有哪些发展机会？

4）公司文化：你的公司有什么样的文化和价值观？例如，扁平化管理、注重创新、团队合作等。

5）文案风格：你想用什么样的语气和风格来吸引目标人群？例如，专业严谨、活泼有趣、温暖人心等。

2. 编写提示词

明确招聘需求后，我们就可以开始编写提示词了。以下是一些常用的提示词编写方法：

1）角色扮演法：为 AI 设定一个角色，例如"资深 HR""招聘专家"等，并告诉它你的目标。

例如："你是一位资深的 HR，请帮我写一份招聘文案，用于吸引优秀的新媒体运营人才加入我们公司。"

2）任务分解法：将"写招聘文案"的任务分解成更小的步骤，引导 AI 逐步完成。

例如：

请先帮我列出新媒体运营这个岗位的核心职责和技能要求。

然后，根据我们公司扁平化的管理风格和注重员工发展的文化，帮我提炼出3 个最吸引人的雇主品牌亮点。

最后，将以上内容整合起来，帮我写一份不超过 300 字的招聘文案，要突出岗位的挑战性和发展空间，以吸引有创造力的年轻人。

3）示例学习法：提供一些我们认为写得好的招聘文案作为参考示例，帮助 AI 学习我们的偏好。

例如："请参考以下招聘文案的风格和内容，帮我写一份招聘新媒体运营的文案：（粘贴示例文案）。"

4）思维框架法：运用一些思维框架，引导 AI 进行更有逻辑、更有深度的思考。文案撰写有很多经典的思维框架，例如，AIDA 模型、FABE 法则、STAR 法则、SCQA 法则、PAS 法则等。不同的思维框架适用于不同的场景和目标，在选择时需要考虑以下因素：

❑ 目标人群：不同人群的关注点不同，例如，应届毕业生更看重发展机会，有经验的专业人士则更关注薪酬福利和平台资源。

❑ 公司和岗位特点：需要根据公司和岗位的特点选择合适的框架来突出优势，例如，创业公司可以用 STAR 法则强调挑战和机遇，大型企业则可以用 FABE 法则强调实力和品牌。

❑ 文案风格：不同的框架对应着不同的文案风格，例如，AIDA 模型适用于简洁明了的招聘文案，而 SCQA 法则适用于逻辑性强、层层递进的叙事型文案。

选择合适的思维框架并结合有效的提示词技巧，可以让 AI 帮助我们生成更精准、更具吸引力的招聘文案。

3. 示范案例

为了更好地说明如何将思维框架融入提示词中，我们以下面三种常见的招聘需求为例，分别设计相应的提示词。

【案例一：招聘应届毕业生】

目标岗位：新媒体运营；

目标人群：应届毕业生。

提示词示例：

你是一位专业的招聘专家，请帮我用 AIDA 模型写一份招聘新媒体运营的文案，目标人群是应届毕业生，要求如下：

标题要吸引眼球，可以使用 0-1 成长、快速晋升等关键词。

内容要突出公司年轻化的氛围、完善的培训体系，以及清晰的晋升通道，激发应届毕业生的职业渴望。

最后用一句简洁有力的口号引导行动，例如："加入我们，开启你的职业新篇章！"

公司介绍：我们是一家专注于互联网教育的创业公司，致力于用科技改变教育，目前正处于快速发展阶段，团队氛围融洽，期待你的加入！

限于篇幅，AI 输出内容略，读者可自行动手操作，以更好地掌握 AI 技能。

【案例二：招聘资深技术人才】

目标岗位：Java 架构师；

目标人群：5 年以上工作经验的资深 Java 开发工程师。

提示词示例：

你是一位专业的技术招聘专家，请帮我用 FABE 法则写一份招聘 Java 架构师的文案，目标人群是有 5 年以上工作经验的资深 Java 开发工程师，要求如下：

F（特征）：描述 Java 架构师的岗位职责，例如，负责公司核心系统架构设计、技术难题攻关等。

A（优势）：阐述这些特征带来的优势，例如，技术挑战大、成长空间大、有机会带领团队等。

B（利益）：说明这些优势能为求职者带来哪些具体的利益，例如，高薪酬、快速晋升、期权激励、个人影响力提升等。

E（证据）：提供证据支持以上观点，例如，公司过去成功的项目案例、员工的职业发展路径、技术团队的规模和实力等。

公司介绍：

我们是一家金融科技公司，致力于用技术驱动金融创新。我们拥有行业领先的技术实力和广阔的市场前景，期待你的加入！

限于篇幅，AI 输出内容略，读者可自行动手操作，以更好地掌握 AI 技能。

【案例三：招聘销售总监】

目标岗位：销售总监；

目标人群：10 年以上销售经验、有团队管理经验的销售精英。

提示词示例：

你是一位专业的猎头顾问，请帮我用 SCQA 法则写一篇招聘销售总监的文案，目标人群是有 10 年以上销售经验、有团队管理经验的销售精英，要求如下：

S（背景）：可以介绍当前市场竞争激烈，优秀的销售人才成为企业争夺的焦点。

C（冲突）：提出很多企业面临销售团队管理难、业绩提升难的问题。

Q（疑问）：抛出疑问。例如，如何打造一支高效的销售铁军？如何带领团队突破业绩瓶颈？

A（回答）：通过介绍公司实力、产品优势、激励机制，以及销售总监的职责和发展空间来回答疑问，吸引目标人才加入。

公司介绍：我们是一家快速发展的医疗器械公司，拥有行业领先的产品和技术。我们致力于为客户提供最优质的产品和服务，期待你的加入，带领我们一起开拓更广阔的市场！

限于篇幅，AI 输出内容略，读者可自行动手操作，以更好地掌握 AI 技能。

以上只是几个简单的示例，我们可以根据实际的招聘需求，选择合适的思维框架，并结合具体的提示词技巧，引导 AI 生成更精准、更具吸引力的招聘文案。

在输入提示词时，我们需要尽量提供详细的信息，例如，公司介绍、岗位职责、任职资格、薪酬福利、企业文化等。同时，可以尝试不同的提示词和参数设置，例如，文案长度、语气风格等，以找到最适合你的组合。

5.3.2 撰写适应多平台的招聘文案

在多平台上发布招聘信息时，为了让 AI 生成更符合平台特性的文案，提示词的编写需要遵循以下原则。

1. 明确平台用户画像，精准定位目标人群

不同平台的用户群体有很大差异，例如：传统招聘网站用户目标明确，更关注岗位匹配度和招聘效率；社交平台用户注重人脉关系和行业资讯，对公司文化

和个人发展更感兴趣；新媒体平台用户偏好轻松有趣的内容，对创意和互动性要求更高；企业官网用户则目标明确，会主动了解公司信息，关注公司实力和文化，寻求信任背书。

在提示词中要体现用户画像，例如：

❑ 针对传统招聘网站，可以强调"简洁明了、突出重点信息"。

❑ 针对社交平台，则可以强调"突出公司文化、使用互动式语言"。

❑ 针对新媒体平台，可以强调"创意吸睛、内容有趣、引发互动"，例如要求使用更轻松活泼的语言、加入热点话题、设计互动环节等。

❑ 针对企业官网，则可以强调"信息全面、突出优势、增强信任"，并引导用户深入了解公司。

2. 结合不同平台的特性，调整文案风格和内容

针对不同平台，可以在 AI 提示词中明确风格要求，引导其生成更符合平台特性的文案内容，如表 5-1 所示。

表 5-1　根据平台特性选择合适的文案风格

平台类型	平台特性	文案风格	AI 提示词示例
传统招聘网站	用户目标明确，关注岗位匹配度和招聘效率，平台风格偏正式、严肃	简洁干练：避免冗长描述，语言精练，重点突出 重点明确：突出岗位职责、任职资格、薪资福利等 专业规范：使用行业规范用语，避免网络流行语	使用简洁干练的语言，避免使用网络流行语，重点突出岗位职责和任职要求 使用清晰的段落结构和项目符号，方便用户快速浏览关键信息 避免使用过于夸张或情绪化的词汇，保持客观、专业的语气
社交平台	用户注重人脉关系和行业资讯，对公司文化和个人发展更感兴趣，平台风格相对轻松、活泼	专业而不失亲和力：使用专业的语言，可适当加入 emoji 表情 突出雇主品牌：强调公司文化、团队氛围、个人发展等 互动性强：可以使用问句、感叹句等，引发互动	使用专业的语言风格，但可以适当加入一些 emoji 表情，例如 ❤️👍💪👏🙌❤️🙏👏，以提升文案的亲切感 可以分享一些公司内部照片、员工活动照片等，以展现公司文化和团队氛围 在文案结尾，可以引导用户关注公司官方账号，了解更多公司资讯和招聘动态
新媒体平台	用户偏好轻松有趣的内容，对创意和互动性要求更高，平台风格更活泼、更注重视觉效果	创意吸睛：使用新颖的创意、有趣的文案、精美的图片或视频 轻松活泼：可以使用更活泼的语气，例如使用感叹号、问号等，并加入一些表情符号 互动性强：设计互动环节，例如问答、投票、挑战赛等	可以使用更活泼的语气，例如使用感叹号、问号等，并加入一些表情符号，以提升文案的趣味性和互动性 可以尝试用讲故事的方式来介绍公司和岗位，并使用一些幽默元素，以吸引用户的注意力 在视频结尾，可以引导用户关注公司账号，参与抽奖活动，例如：关注并 @ 三位好友，抽取一位幸运用户送出 iPhone

（续）

平台类型	平台特性	文案风格	AI 提示词示例
企业官网	信息权威可信，用户目标明确，平台风格更正式、更注重专业性	正式严谨：使用正式、专业的语言风格，避免使用口语化表达和网络流行语 信息全面：详细介绍公司信息、岗位职责、任职资格、薪资福利等 突出优势：强调公司实力、品牌优势、发展前景、员工福利等	使用正式、专业的语言风格，避免使用口语化表达，确保文案内容的准确性和严谨性 可以展示公司荣誉、合作伙伴等信息，以增强用户对公司的信任感 可以分享员工故事、职业发展路径等，以展现公司的企业文化和人文关怀

在不同平台上发布招聘信息时，要根据平台的用户画像和内容风格，调整文案的表达方式和内容，以吸引目标人才的关注。

3.突出平台优势，引导用户行为

在不同平台上发布招聘信息时，除了要根据平台特性调整文案风格外，还要充分利用平台优势，引导用户执行特定的行为，最终达成招聘目标。

针对不同平台，可以在提示词中设置行动指引，如表 5-2 所示。

表 5-2　根据平台优势设置行动指引

平台类型	平台优势	行动指引目标	AI 提示词示例
传统招聘网站	用户求职意向明确，平台功能完善，可以直接投递简历	引导用户查看完整职位描述、投递简历	在文案结尾，引导用户点击"申请职位"按钮，并强调简历投递截止日期 提醒用户在邮件主题中注明应聘岗位和姓名，例如："应聘—高级 Java 工程师—张三"
社交平台	用户活跃度高，互动性强，可以进行私信交流	引导用户关注公司账号、私信咨询职位信息、参与话题讨论	在文案结尾，引导用户关注公司官方账号，了解更多公司资讯和招聘动态 鼓励用户在评论区留言提问，并说明 HR 会及时回复 引导用户转发评论点赞，例如："转发本条微博，抽取 3 位幸运用户送出精美礼品"
新媒体平台	内容传播速度快，形式多样化，可以进行更生动有趣的互动	引导用户点赞、评论、转发、参与挑战赛、@ 好友等	在视频结尾，引导用户关注公司账号，参与抽奖活动，例如："关注并 @ 三位好友，抽取一位幸运用户送出 iPhone" 在文案中设计互动话题，引导用户在评论区分享观点，例如："你认为［岗位］最重要的能力是什么？" 引导用户使用特定话题标签转发，例如：#［公司名称］招聘##［岗位］#梦想开始的地方
企业官网	信息权威可信，可以全面展示公司实力和雇主品牌	引导用户查看更多公司信息、了解企业文化、投递简历	在文案结尾，引导用户点击链接，查看完整职位描述、公司介绍，以及其他招聘岗位 提供 HR 联系方式，例如：邮箱地址、微信公众号等，方便用户直接咨询 展示公司环境照片、员工活动照片等，提升公司吸引力，并引导用户投递简历

在不同平台上发布招聘信息时，要充分利用平台优势，设计不同的行动指引，引导用户执行特定的行为，以最大化招聘效果。在编写 AI 提示词时，要明确行动指引目标，并使用清晰、简洁、有吸引力的语言，引导用户做出我们期望的行为。

4. 示例参考，模仿输出

与其告诉 AI "要专业"，不如给它看一篇专业的文案，让它自己学习和模仿。不同平台的文案风格差异很大，提供优秀示例可以帮助 AI 更快地理解平台调性。例如，我们想在抖音上发布招聘信息，就应该找到抖音上点赞量高、评论多的招聘文案作为参考。告诉 AI 我们想让它学习哪些方面的优势，例如：标题的写法、内容的组织方式、行动指引的设计等。

🧏 提示词示例：

参考以下这篇发布在 [平台名称] 上的招聘文案，学习其标题的写法和内容的组织方式：[粘贴文案链接或内容]

模仿以下文案的风格和语气，但要根据我提供的公司和岗位信息进行改写：[粘贴文案链接或内容]

为了更直观地说明如何将用户画像和平台特性融入 AI 提示词中，下面列出一些不同平台的提示词示例。

【案例：招聘高级产品经理（电商方向，5 年以上经验）】

（1）传统招聘网站（例如：智联招聘）提示词示例

你是一位专业的招聘网站文案编辑，请帮我写一份发布在智联招聘上的招聘文案，目标岗位是高级产品经理，要求如下：

标题简洁明了，突出岗位、薪资、地点等关键信息，例如：[公司名称] 招聘高级产品经理 25k～40k 上海。

内容要突出岗位职责、任职资格、福利待遇等信息，并使用行业关键词和岗位关键词，例如：电商产品、用户增长、数据分析等。

文案长度控制在 300 字以内，使用清晰的排版格式，方便用户快速浏览。避免使用网络流行语，保持专业、规范的语言风格。

公司介绍：[公司简介，例如：我们是一家专注于……]

AI 输出内容略，请读者自行动手实操。

（2）社交平台（例如：脉脉）提示词示例

你是一位资深的 HR，请帮我写一份发布在脉脉上的招聘文案，目标岗位是高级产品经理，要求如下：

以一个吸引人的问题开头，例如：想打造千万级用户的产品？想带领团队实现指数级增长？

突出公司文化、团队氛围、个人发展等方面，例如：扁平化管理、结果导向、快速成长、股票期权激励等。

使用 1～2 个 emoji 表情，以提升文案的亲切感。

在文案结尾，引导用户关注公司官方账号，了解更多公司资讯和招聘动态。

公司介绍：［公司简介，例如：我们是一家……］

AI 输出内容略，请读者自行动手实操。

（3）新媒体平台（例如：抖音）提示词示例

你是一位经验丰富的短视频编导，请帮我写一份发布在抖音上的招聘短视频脚本，目标岗位是高级产品经理，要求如下：视频时长不超过 60 秒，开头 5 秒要足够吸睛，可以使用热门音乐、特效或转场；视频内容可以参考其他公司招聘视频的风格，例如，［参考视频链接］；突出公司和岗位的吸引力，例如，年轻化的团队、轻松的工作氛围、有竞争力的薪酬等；在视频中加入一些趣味元素，例如，表情包、热门梗等，以提升视频的趣味性和传播性；最后用一句简洁有力的口号引导用户关注或私信，例如，"加入我们，一起打造爆款产品！"

公司介绍：［公司简介，例如：我们是一家……］

AI 输出内容略，请读者自行动手实操。

（4）企业官网提示词示例

你是一位专业的 HR，请帮我写一份发布在公司官网上的招聘文案，目标岗位是高级产品经理，要求如下：

文案要详细介绍公司情况、岗位职责、任职资格、薪酬福利、职业发展路径等信息。

突出公司优势，例如，技术实力强、发展前景好、福利待遇优厚、培训体系完善等，并提供相应的证据支持，例如，获得的荣誉、参与的项目等。

可以分享一些员工故事或成功案例，增强用户信任感和归属感。

在文案结尾，引导用户点击链接查看更多信息或投递简历。

使用正式、专业的语言风格，避免使用口语化表达，确保文案内容的准确性和严谨性。

公司介绍：［公司简介，例如：我们是一家……］

AI 输出内容略，请读者自行动手实操。

综上所述，多平台招聘文案的提示词编写的核心在于"因平台制宜"，要根据平台的用户画像、内容风格和传播特点，制定相应的文案策略，并将其体现在提示词中，引导 AI 生成更精准、更有效的招聘文案。

5.4　用 AI 做面试准备与模拟

在现代人力资源管理中，面试是评估潜在候选人最重要的环节之一。随着人工智能技术的发展，为了提高面试的效率和准确性，越来越多的企业开始尝试利用 AI 进行面试准备与模拟。本节将重点讲解如何利用 AI 进行面试准备和模拟，以提高面试的效率和效果。

5.4.1　面试流程的设计与优化

在人才招聘中，面试是评估候选人能力和适应性的重要环节。一个合理且高效的面试流程，不仅能帮助企业更全面地了解候选人，还能提升候选人的面试体验，从而提高招聘成功率。因此，面试流程的设计与优化是提高招聘效率和质量的关键。借助 AI，企业可以更加科学、合理地设计与优化面试流程，确保每个环节都能全面评估候选人的能力和潜力，提升候选人的面试体验，更精准地选拔出符合岗位需求的人才，为企业的长远发展打下坚实基础。

一般来说，面试流程包括以下 5 个环节。

1. 面试前准备

1）明确招聘需求：确定职位描述、职责和技能要求，以便在面试中准确评估应聘者。

2）制订面试计划：根据招聘需求和时间安排，制订合理的面试计划。

3）准备面试材料：包括应聘者简历、职位描述、面试评分表等。

4）安排面试环境：确保面试环境安静、整洁、舒适，以利于应聘者正常发挥其实际水平。

2. 面试接待与开场

1）接待应聘者：热情接待应聘者，引导其就座，并简要介绍公司和职位情况。

2）自我介绍：面试官进行自我介绍，建立信任感。

3. 正式面试环节

1）初步了解：询问应聘者的个人背景、职业规划等，了解其求职动机。

2）专业技能测试：根据职位要求，对应聘者进行专业技能测试，如案例分析、作品展示等。

3）行为面试：通过询问应聘者过去的经历和行为，了解其解决问题的能力、团队协作能力等。

4）压力测试：在必要时，对应聘者进行一定程度的压力测试，观察其在压力下的表现。

4. 面试互动环节

1）应聘者提问：给予应聘者提问的机会，了解其对公司和职位的关注点和疑虑。

2）讨论与交流：针对应聘者提出的问题或观点，进行一定程度的讨论和交流。

5. 面试结束与后续跟进

1）面试总结：面试官向应聘者简要总结面试内容，并感谢其参与面试。

2）告知后续流程：向应聘者说明下一步的安排，如等待通知、参加复试等。

3）记录与评估：面试官在面试结束后及时记录面试内容和评分，以便进行后续的评估和比较。

4）结果通知：在合适的时间内通知应聘者面试结果，无论是否录用都应给予明确的答复。

在实际面试过程中，我们需要根据企业的实际情况、职位的要求，对面试流程进行优化调整，以便全面评估候选人的能力和潜力，帮助企业更精准地选拔出符合岗位需求的人才。

【案例：Java 开发工程师的面试流程设计】

案例背景：某科技公司正在招聘 Java 开发工程师，想通过 AI 设计一套完整的面试流程，目的是全面考核候选人的专业技术能力和团队适应能力。

我们向 AI 输入关键信息，包括岗位信息、面试考察目的等，并要求 AI 设计一套完整的面试流程，目的是全面考核候选人的专业技术能力和团队适应能力。AI 会输出一套面试流程，以便我们充分评估应聘者的 Java 技术能力，同时深入了解其团队合作和应变能力，为招聘决策提供依据。

利用 AI 优化面试流程可以提高招聘效率和选拔准确性，为企业节省大量时间和精力，同时还能让候选人获得更好的面试体验，增强他们对企业的好感度和信任度，进而帮助企业吸引和留住更多的优秀人才。

在未来的招聘工作中，随着技术的不断进步和应用场景的拓展，相信 AI 等智能工具在面试流程设计与优化方面的应用将会更加广泛和深入，成为企业提升招聘竞争力的重要手段之一。

5.4.2　面试问题的准备

面试问题的准备是面试过程中的关键环节，它直接关系到企业能否全面、深入地了解候选人的能力、经验和潜力，从而选拔出真正合适的人才。借助 AI 这一智能工具，我们可以更加科学、系统地准备面试问题，提高面试的针对性和有效性。

在传统的面试问题准备中，面试官通常需要根据职位要求和候选人简历来设计一系列问题。然而，限于面试官的知识储备和主观因素，往往难以确保问题的全面性和针对性。AI 则可以通过对大量职位要求和候选人简历的学习和分析，智能地生成一系列高质量、具有针对性的面试问题。

那么，如何借助 AI 准备面试问题呢？我们可以分 3 步完成。

1. 理解职位需求

对职位需求的深入理解是准备面试问题的前提。我们要对职位要求进行深入的分析和理解，提取出职位所需的关键技能、经验和素质要求，然后让 AI 生成一些基础性的问题，用以了解候选人的基本情况和背景。这些问题通常包括候选人的教育背景、工作经历、专业技能等方面。通过这些问题，面试官可以对候选人的基本情况有一个初步的了解。

2. 设计问题框架

在设计面试问题框架时，我们需要考虑多方面的因素，以确保问题能够全面、准确地评估候选人的能力、经验和潜力。一个基本的面试问题框架包括以下内容。

（1）开场问题

开场问题用于营造轻松的氛围，让候选人感到舒适并愿意分享信息。可以包括一些简单的自我介绍、对候选人的兴趣爱好或背景进行提问等。例如：请简单介绍一下你自己。

（2）基础性问题

基础性问题用于了解候选人的基本情况、背景和技能水平。这些问题通常涉及候选人的教育背景、工作经历、专业技能等方面。例如：你的学历和专业背景是什么？你曾经从事过哪些与这个岗位相关的工作？

（3）专业性问题

专业性问题用于深入考察候选人在特定领域或行业中的专业能力和经验。这些问题应该根据岗位要求和候选人的简历定制，以确保问题的针对性和有效性。例如（针对软件开发岗位）：请描述一个你过去参与过的最具挑战性的软件开发项目，并详细说明你在项目中的角色和贡献。

（4）行为面试问题

行为面试问题用于了解候选人在过去的工作或生活中遇到的实际情境和案例，以及他们在这些情境下的行为表现和决策过程。这些问题有助于评估候选人的价值观、团队合作能力和问题解决能力等。例如：请回忆一个你过去在工作中遇到的团队冲突的例子，并描述你是如何处理的。

（5）情景模拟问题

情景模拟问题用于模拟实际工作中可能遇到的情境，考察候选人的应变能力、创新思维和问题解决能力。这些问题可以根据岗位特点和需求进行设计。例如（针对销售岗位）：假设你正在向一个潜在客户推销我们的产品，但是客户对价格表示担忧，你如何回应并说服客户？

（6）总结性问题与提问环节

在面试的最后阶段，可以问一些总结性问题，让候选人有机会回顾并强调他们的关键技能和经验。此外，也要给候选人提供提问的机会，以了解他们对公司、岗位或工作流程的任何疑问。例如：你认为自己最符合这个岗位的哪些要求？为什么？你有什么想问我们的问题吗？（关于公司文化、团队结构或者这个职位的具体工作内容等。）

3. 让 AI 生成面试问题

我们输入职位需求、面试考察目的、面试问题框架等信息，让 AI 生成面试问题。

🔲 提示词示例：

某科技公司需要招聘一名高级软件工程师，该职位要求候选人具备扎实的编程基础、丰富的项目经验和良好的团队协作能力。请按照以上框架，设计完整的面试问题，以达到全面考察候选人的目的。

AI 会根据我们提供的信息，生成高级软件工程师的面试问题，如开场问题、基础性问题、专业性问题、行为面试问题、情景面试问题、总结性问题等。当然，作为示例，我们提供的信息比较简单，AI 回复的内容也比较宽泛。限于篇幅，AI 输出结果略，读者可自行尝试。

在实际工作中，我们可以让 AI 根据企业文化特点、职位特殊要求、候选人的过往经历等，生成更为精准的面试问题，以达到全面考察候选人的能力、经验和潜力，为企业选拔出真正合适的人才的目的。

5.4.3　面试模拟的实施

面试问题准备完以后，我们可以在面试前跟 AI 来一场面试模拟，请它扮演面试官，我们扮演求职者。由 AI 提出问题，我们来回答，并做出面试点评，告诉我们在面试中有哪些方面可以继续优化。

1. 提示词编写原则

为了实现与 AI 的面试模拟，我们需要告诉 AI 以下信息：

1）任务说明：我们要进行一场面试模拟。

2）设定角色：你是一名资深面试官，而我是一名求职者。

3）设定规则：你应该按照什么格式，回复什么内容。

4）设定起点和终点：明确这次面试模拟如何开始和结束。

2. 提示词编写示例

基于以上四步，我们可以这样写提示词：

我想与你进行一场面试模拟。你是一名资深的面试官，负责招聘高级 Java 开发工程师，而我是一名求职者。你将根据上面生成的面试问题向我提问，我会做出回答，你按照【面试点评】、【改进建议】的格式进行反馈。

当我说"面试开始"时，模拟面试即开始，我说"面试结束"时，这次模拟便结束，如果你清楚我的要求，请回复"好的"。

把以上内容输入 AI，AI 会开始询问第一个专业技术问题，在我们回答之后，它会按照格式要求做出相应点评，给出相关改进建议，并抛出下一个问题。

限于篇幅，我们不再继续互动。你可以根据以上步骤，通过 AI 对公司的关键岗位进行面试模拟。

通过以上案例我们可以看到，利用 AI 进行面试模拟不仅能提高面试效果，也能显著提升企业的人才选拔质量。

5.5　用 AI 进行候选人筛选与面试评估

在本节中，我们将深入探讨如何用 AI 进行候选人筛选与面试评估。AI 的智能分析能力使其能够高效地处理大量简历，准确识别符合岗位需求的优质候选人，同时在面试评估、反馈管理以及背景调查等环节提供有力支持。这不仅提升了招聘效率，也为企业带来了更精准的人才匹配度，优化了整体招聘流程。

5.5.1　候选人简历筛选与管理

在招聘流程中，候选人简历筛选与管理是首要且关键的环节。随着技术的发展，如今我们已不再满足于传统的人工筛选方式，而是积极寻求各类 AI 工具的协助。利用这些 AI 工具，我们能够更加高效地筛选出海量简历中的优质候选人，确保每一位进入面试环节的应聘者都具备与岗位相匹配的潜力和能力，为企业带来更高质量的人才储备。

在面试前做候选人的简历筛选与管理的目的是快速、准确地识别出最符合职位需求的候选人，提高招聘工作效率。候选人简历筛选通常按照以下步骤进行。

1. 明确职位要求

在开始筛选简历之前，我们要明确职位的具体要求，包括工作职责、必备技能、教育背景等。明确的职位要求可以帮助我们在海量投递的简历中初步定位出符合职位基本要求的候选人。

2. 快速浏览，初步筛选

面对大量的简历，我们需要快速浏览每份简历的关键信息，如教育背景、工作经验和技能等。通过初步筛选，可以淘汰那些明显不符合职位要求的简历。过去我们都是靠招聘人员一份一份地阅读简历并初步筛选，这个过程不但耗时耗力，而且很容易出现差错。现在，我们可以将设定的筛选标准提供给 AI，同时，将候选人简历也提供给它，让 AI 根据筛选标准快速地剔除不合格的简历。

【案例：用 AI 对财务经理进行岗位描述及候选人简历分析】

某消防设备公司要招聘财务经理，职位任职要求如下：

1. 财经类专业本科以上学历。

2. 10 年以上相关工作经验，具备全盘账务处理能力，5 年以上财务管理工作经验，熟悉一般纳税人、小微企业、高新企业税务申报等操作流程。

3. 具备一定的管理能力，能带领团队完成交办的工作。

4. 熟练使用财务软件及 Excel、Word 等办公软件。

5. 积极上进，主动学习，能吃苦耐劳，不计较得失。

我们将以上信息输入 AI，并附上简历，AI 会快速分析候选人简历并简要说明它的判断依据。

3. 评估简历质量

我们对 AI 筛选出的简历进行质量评估，主要关注候选人的工作经历、成果展示、教育背景等。这里我们可以将通过初选的简历再提供给 AI，让它通过分析，筛选出与职位要求匹配度更高的简历，然后邀约候选人面试。

现在我们对上一步选出来的符合职位要求的候选人简历做进一步筛选，可以将职位要求的工作职责作为筛选标准。

【案例：用 AI 筛选和分析财务经理简历】

我们将工作职责信息提供给 AI，让 AI 以财务经理工作职责为标准，对初筛的简历做进一步的筛选分析。

上面提到的某消防设备公司要招聘财务经理，工作职责要求如下：

1. 全面统筹和管理公司财务核算和管理工作，建立健全财务管理制度。

2. 负责公司资金管理、预算管理、税务筹划等财务工作。

3. 负责财务分析工作，提供财务数据支持管理决策。

4. 监督公司财务制度的执行、优化和改进财务流程。

5. 负责公司对外关系维护、资金渠道拓展等工作。

这里要特别说明，在简历初筛过程中，对于学历、工作年限等不完全符合职位要求的简历，我们会依据工作职责做进一步筛选，只有在进一步筛选中仍不符合要求的，我们才会做出简历不符合要求的判断。这是因为，企业在用人时，更看重的是候选人的工作能力与潜能，学历与工作年限要求都可以适当放宽。

4. 关注简历细节

在筛选高质量的简历时，我们要特别注意候选人在简历中描述的工作细节，如项目经验、团队合作、解决问题的能力等。这些细节往往能反映候选人的实际能力和工作态度。我们可以让 AI 来分析候选人的简历是否存在疑点，并针对疑点设计面试问题，以确保招聘人员能全面了解候选人，判断是否安排面试。

还是以上述某消防设备公司招聘财务经理为例，我们让 AI 分析已通过筛选的候选人简历是否存在明显的逻辑漏洞，有哪些内容是需要我们在面试中特别注意并通过面试题目验证的。

我们还可以让 AI 针对需要通过面试验证的内容设计面试问题，前文已经详细介绍了如何让 AI 设计面试问题，这里不再做演示。

候选人简历筛选与管理是一个系统性、持续性的过程。通过明确岗位需求、制定筛选标准、使用 AI 工具辅助筛选等措施，可以提高招聘效率和质量。

5.5.2　面试评估意见的撰写

过去，我们要耗费大量时间撰写面试评估意见，受面试官的个人偏好、专业能力等因素影响，评估意见并不能确保客观性与公正性。现在，借助 AI，我们能够快速地生成针对候选人的个性化评估报告，撰写面试评估意见，这不仅提高了评估的效率和准确性，还确保了评估结果的客观性和公正性，为企业选拔优秀人才提供有力支持。

我们在撰写面试评估意见时，要按照以下 3 步进行。

1. 收集面试信息

在面试评估的第 1 步，招聘人员需要全面地收集每位候选人的面试资料，包括候选人的回答内容、非语言行为表现（如肢体语言、眼神交流和面部表情等），以及面试官的初步观察和直观感受等。

【案例：用 AI 进行高级 Java 开发工程师候选人的面试评估】

我们要对某科技公司的高级 Java 开发工程师候选人的面试表现进行评估。首先，我们收集高级 Java 开发工程师候选人对评估其核心能力的 10 个面试问题的回答。接着，我们收集面试官对候选人面试表现的评价：

研发总监："在面试中，我特别留意了这位候选人在回答问题时的表现。首先，他回答问题时挺自信的，手势、肢体语言都挺有力量，这让我觉得他对自己的技术很有信心。特别是他讲解复杂的技术时，手势帮了不少忙，让人更容易懂他的意思。然后，他在看我的时候很专注，这让我觉得他不仅听得懂问题，还能深入地思考。谈到自己做过的项目时，他看上去很自豪，挺有热情的样子。面对难题时，他又能认真思考。总的来说，这个人给我留下了深刻印象，既专业又自信，这正是咱们技术团队需要的。"

人力资源负责人："在面试过程中，我特别注意到这位候选人在整个面试中都保持着很好的姿态，这表示他很重视这次机会，态度很专业。他坐得很端正，显得专注而认真。从跟他的眼神交流中，我觉得他是一个很真诚的人，而且他跟其他面试官的眼神接触也挺自然的，这表明他自信又诚实。讨论技术问题或团队合作时，他表情活泼、愉快，给人一种好相处、有团队协作意识的感觉。提到挑战时，他又显得很专注，认真对待工作。总体来说，我对他的印象很好，既专业又懂得如何与人交流，这对于团队合作和融入公司文化来说很重要。"

2. 评估候选人能力

接下来，可以利用 AI 分析候选人对面试问题的回答，判断候选人的专业技能、团队协作能力以及问题解决能力是否符合职位需求，这可以确保评估意见的全面性、客观性与公正性。

3. 整合评估意见

将上述候选人能力的分析结果与面试官对候选人的面试表现记录整合起来，让 AI 撰写出一个完整的面试评估报告。在评估报告中，我们除了撰写评估意见之外，还可以基于候选人的表现提出具体的发展建议。

提示词示例：

请根据候选人的面试问题回答评估分析结果与面试官对候选人的面试表现评价，参照标准模板，撰写出一个完整且详细的面试评估报告，报告中不仅要有面试评估意见，还要基于候选人的表现提出具体的发展建议。

撰写的面试评估报告在经过与其他面试官讨论后，要根据讨论结果进行修改，以确保所有参与面试的人员对评估意见的客观性与一致性达成共识。

综上所述，借助 AI 撰写面试评估意见是一种高效、准确且客观的方法。它不仅能提升招聘流程的效率，还能确保评估结果的公正性、客观性与个性化。在未来的人才选拔过程中，我们要充分发挥 AI 等工具的优势，为企业的招聘工作注入新的活力。

5.6　用 AI 进行招聘数据分析与管理

在当今数据驱动的时代，招聘数据分析与管理已成为企业优化招聘流程、提升人才选拔效率的重要手段。ChatGPT、Kimi 及文心一言等 AI 工具在招聘数据分析领域的应用潜力巨大。通过 AI 的智能处理和深度学习能力，我们能够更加高效地收集、整理和分析招聘数据，洞察其中的规律和趋势。这不仅有助于企业精准地把握市场需求和人才动向，还能为招聘决策提供有力支持，推动企业招聘工作的数字化转型和智能化升级。

5.6.1　招聘数据的收集与整理

招聘数据的收集与整理是进行有效招聘数据分析的基础。在这一环节中，我们需要确保数据的准确性、完整性和及时性，以便为后续的分析工作提供可靠的支持。借助 AI 工具，我们可以更加高效地收集各种招聘渠道的数据，并进行自动化的整理和分类，从而大大提高数据处理的效率和质量。

1. 招聘数据的收集

招聘数据的收集是第一步，也是整个招聘流程的基础。这一阶段的目标是从各种渠道获取潜在候选人的信息，为后续的筛选和面试提供充足的数据资源。

首先，确定招聘渠道是关键。企业可以通过线上招聘平台、社交媒体、校园招聘、内部推荐等多种途径来收集简历。每种渠道都有其特点，例如线上招聘平台覆盖面广，可以吸引大量应聘者；内部推荐则更容易找到与企业文化契合的候选人。因此，根据企业需求和目标受众选择合适的招聘渠道至关重要。

其次，在收集数据的过程中，保证信息的准确性和完整性也十分重要。这要求招聘人员在筛选简历时细致入微，对候选人的教育背景、工作经历、技能特长等进行全面的了解。同时，还需要注意保护应聘者的隐私，确保个人信息的安全。我们在前文已经详细介绍了如何借助 AI 做候选人简历筛选与管理，这里不再展开。

2. 招聘数据的整理

招聘数据的整理是招聘流程的第二步，也是确保招聘效率和质量的关键环节。在这一阶段，招聘人员需要对收集到的简历进行分类、筛选和归档，以便后续的面试和评估工作。

（1）简历分类

根据不同的岗位需求和候选人特点，将简历分为不同的组别，如"初选合格""待面试""不合适"等。这有助于快速筛选出最有潜力的候选人，提高面试效率。我们可以按照前文介绍的步骤，利用 AI 来完成候选人简历的分类工作。

（2）简历筛选

除了关注候选人的基本条件是否符合岗位要求外，还要关注其工作经历、项目经验、技能特长等是否与企业的实际需求相匹配。同时，对于简历中的疑点或不清楚的地方，要及时与候选人沟通确认，避免在后续环节中出现麻烦。

（3）简历归档

建立完善的简历数据库，按照不同的岗位和候选人特点进行分类存储，方便以后查询和调用。同时，还要定期更新数据库，保持信息的时效性和准确性。

我们可以让 AI 根据要求生成招聘数据统计表，将经过收集与整理的招聘数据录入表格模板，为后续招聘数据的分析做好准备。

提示词示例：

请根据招聘流程设计详细的招聘数据统计表，要求完整记录招聘过程中的数据。

　　AI 根据提示词生成招聘数据统计表的初稿后，我们可以根据需求对表格进行修改，比如增加应聘比、有效简历数、初试通过率等内容，可以让 AI 继续修改表格，也可以直接在 Excel 表中手动修改。

　　招聘数据的收集与整理是一个系统性、复杂性的工作，需要招聘人员具备丰富的专业知识和细致的工作态度。通过科学的方法和手段，借助 AI 高效地收集和整理招聘数据，可以为企业选拔优秀人才提供有力保障，推动企业的持续发展和竞争力提升。

5.6.2　招聘效能分析

　　招聘效能分析旨在评估招聘流程和结果，以衡量招聘活动的有效性，并找出可以改进的地方。这可以帮助企业提高招聘质量，降低招聘成本，最终提升企业的整体效益。然而，招聘效能分析也面临着一些挑战，例如：不同企业、不同岗位、不同阶段的招聘目标和重点可能不同，如何选择合适的指标做分析；数据收集需要覆盖招聘流程的各个环节，如何做好大量的数据分析，根据分析结果解释问题和提出改进建议。AI 的出现，为招聘效能分析提供了多方面的支持。本节我们一起来看看如何使用 AI 进行招聘效能分析。

　　1. 操作步骤

　　步骤 1：确定招聘效能分析指标

　　向 AI 提供公司信息，例如行业、公司规模、岗位类型等，并询问其推荐的指标。

　　提示词示例：

　　请根据公司情况，为我提供一些招聘效能分析指标的参考建议。我的公司是［公司类型］，主要业务是［公司业务］，员工规模是［员工规模］。

　　也可以根据公司绩效需求，让 AI 输出匹配的指标。

　　提示词示例：

　　请参考平衡计分卡理论，帮我制定招聘效能分析指标体系，涵盖财务、客户、内部流程和学习与成长 4 个维度，并针对每个维度设置相应的指标。

　　步骤 2：收集和整理数据

　　收集与指标相关的数据，例如招聘时间、招聘成本、招聘渠道、新员工入职时间、新员工离职率、新员工绩效评估等。收集数据的工作需要我们自己来完成，收集完毕后，可以让 AI 帮我们整理数据。

  提示词示例：

  请帮我识别数据中是否存在缺失值、错误数据和异常数据，并提供相应的处理建议。

  步骤 3：分析数据并识别问题

  利用 AI 对数据进行分析，并识别招聘中存在的问题。

  提示词示例：

  请使用［统计分析方法］，例如［具体方法］，帮我分析招聘时间、招聘成本和新员工留存率之间的关系，并识别影响招聘效能的关键因素。

  步骤 4：制定改进方案

  让 AI 根据分析结果生成可行的改进方案，并提供方案的详细步骤和可行性分析。

  提示词示例：

  请根据数据分析结果，为我生成一些可行的改进方案，并提供方案的详细步骤和可行性分析。

  请根据流程优化理论，帮我优化招聘流程，例如［具体流程］，以提高招聘效率和质量。

  请参考精益管理思想，帮我制定减少招聘成本的方案，例如［具体方案］。

2. 示范案例

【案例：用 AI 做招聘效能分析】

  案例背景：一家以科技创新为驱动的互联网公司，员工规模约 500 人，主要业务为移动互联网应用开发。过去一年，公司通过官网、猎头公司和在线招聘平台招聘了 20 名 Java 软件工程师，平均招聘时间为 30 天，平均招聘成本为 1 万元 / 人，新员工留存率为 70%。公司发现招聘时间长，招聘成本高，想借助 AI 做招聘效能分析。

  具体操作步骤示范如下。

  步骤 1：确定招聘效能分析指标

  提示词示例：

  一家以科技创新为驱动的互联网公司，员工规模约 500 人，主要业务为移动互联网应用开发。过去一年，公司通过官网、猎头公司和在线招聘平台招聘了 20 名 Java 软件工程师，平均招聘时间为 30 天，平均招聘成本为 1 万元 / 人，新员工留存率为 70%。请参考平衡计分卡理论，帮我制定招聘效能分析指标体系，涵盖财务、客户、内部流程和学习与成长 4 个维度，并针对每个维度设置相应的指标。

💬 Kimi 的输出：

1. 财务维度（Financial Perspective）

招聘成本效益比：计算每位新员工的平均招聘成本与他们为公司带来的预期收益之比。

招聘成本控制：监控实际招聘成本与预算的对比，确保成本可控。

招聘成本降低率：与上一年相比，招聘成本降低的百分比。

2. 客户维度（Customer Perspective）

候选人体验满意度：通过问卷调查等方式，收集候选人对招聘流程的满意度。

新员工满意度：现有员工对新招聘的 Java 软件工程师的工作表现和团队融合度的满意度。

市场招聘品牌认知度：通过市场调研，了解公司对潜在员工的吸引力。

3. 内部流程维度（Internal Process Perspective）

招聘周期缩短率：与上一年相比，招聘周期缩短的百分比。

招聘流程效率：招聘流程中各个环节的时间消耗和效率。

招聘渠道效率分析：分析不同招聘渠道（官网、猎头公司、在线平台）的效率和成本效益。

招聘流程自动化程度：评估招聘流程中自动化工具和系统的应用程度及其对效率的影响。

职位填补速度：职位从空缺到填补的平均时间，并与行业标准进行比较。

4. 学习与成长维度（Learning and Growth Perspective）

新员工培训周期：新员工从入职到完全胜任工作的平均时间。

新员工技能提升率：新员工在入职后一定时间内技能提升的比率。

内部推荐率：通过内部员工推荐成功招聘的比例，反映员工对公司的忠诚度。

员工留存率提升：与上一年相比，员工留存率提升的百分比。

多元化招聘指标：招聘过程中对多元化因素的考量，如性别、年龄、种族等。

步骤 2：收集和整理数据

我们手动收集了以下数据：

❏ 招聘渠道：官网，5 人；猎头公司，10 人；在线招聘平台，5 人。

❏ 招聘时间：官网，平均招聘时间为 25 天，最短 15 天，最长 40 天；猎头公司，平均招聘时间为 35 天，最短 20 天，最长 50 天；在线招聘平台，平均招聘时间为 28 天，最短 18 天，最长 45 天。

❏ 招聘成本：官网，平均招聘成本为 5000 元 / 人；猎头公司，平均招聘成本为 15000 元 / 人；在线招聘平台，平均招聘成本为 8000 元 / 人。

❏ 新员工留存率：新员工留存率为 70%，但部分新员工离职原因未记录。

❏ 新员工绩效：新员工入职 6 个月后，绩效评估结果显示，7 人表现优秀，8 人表现良好，5 人表现一般。

步骤 3：分析数据并识别问题

提示词示例：

请帮我分析招聘时间、招聘成本和新员工留存率之间的关系，并识别影响招聘效能的关键因素。

❏ 招聘渠道：官网，5 人；猎头公司，10 人；在线招聘平台，5 人。

❏ 招聘时间：官网，平均招聘时间为 25 天，最短 15 天，最长 40 天；猎头公司，平均招聘时间为 35 天，最短 20 天，最长 50 天；在线招聘平台，平均招聘时间为 28 天，最短 18 天，最长 45 天。

❏ 招聘成本：官网，平均招聘成本为 5000 元 / 人；猎头公司，平均招聘成本为 15000 元 / 人；在线招聘平台，平均招聘成本为 8000 元 / 人。

❏ 新员工留存率：新员工留存率为 70%，但部分新员工离职原因未记录。

❏ 新员工绩效：新员工入职 6 个月后，绩效评估结果显示，7 人表现优秀，8 人表现良好，5 人表现一般。

Kimi 的输出：

影响招聘效能的关键因素：

招聘流程效率：招聘流程的简化和自动化可能会缩短招聘时间。

招聘渠道选择：选择成本效益最高的渠道可能会降低招聘成本。

候选人筛选：提高筛选过程的准确性可以提高新员工的绩效和留存率。

候选人体验：改善候选人体验可能会提高候选人接受 Offer 的意愿，缩短招聘时间。

新员工培训和发展：有效的入职培训和职业发展计划可能会提高新员工的留存率和绩效。

市场定位和品牌影响力：公司作为潜在雇主的吸引力可能会影响招聘的难易程度。

步骤 4：制定改进方案

提示词示例：

请根据以上所有数据分析结果，为我生成一些可行的改进方案，并提供方案的详细步骤和可行性分析。

📑 Kimi 的输出：

改进方案一：优化招聘流程

目标：缩短招聘时间，提高招聘效率。

步骤：

流程审查：审查当前招聘流程，识别瓶颈和冗余步骤。

自动化工具：引入自动化工具，如在线申请跟踪系统（ATS），以简化申请和筛选过程。

内部协调：确保各相关部门在招聘过程中的协调一致。

快速反馈：建立快速反馈机制，确保候选人及时收到面试结果。

可行性分析：

通过自动化和流程优化，可以显著缩短招聘时间，提升候选人体验。

需要投资技术和培训，但长期来看可以节省时间和成本。

改进方案二：成本效益分析

目标：降低招聘成本，提高成本效益。

步骤：

成本分析：分析不同招聘渠道的成本效益，确定最有效的渠道。

渠道优化：减少对成本较高渠道的依赖，使用成本效益高的渠道。

内部推荐计划：加强内部推荐机制，利用员工网络以降低招聘成本。

预算管理：严格控制招聘预算，确保成本控制在合理范围内。

可行性分析：

通过优化招聘渠道和加强内部推荐，可以有效降低招聘成本。

需要对现有招聘策略进行调整，可能需要一段时间来观察效果。

改进方案三：提高新员工留存率

目标：通过改善新员工体验和绩效，提高留存率。

步骤：

入职培训：设计全面的入职培训计划，帮助新员工快速融入公司文化。

职业发展：为新员工提供清晰的职业发展路径和晋升机会。

绩效管理：建立有效的绩效评估和反馈机制。

员工参与：鼓励员工参与决策过程，提高工作满意度和忠诚度。

可行性分析：

通过改善新员工体验和提供职业发展机会，可以提高员工的满意度和留存率。

需要投入时间和资源来设计和实施培训与发展计划。

改进方案四：多元化招聘策略

目标：通过多元化招聘，增加团队的多样性和提高团队的创新能力。

步骤：

多元化政策：制定和实施多元化招聘政策。

市场调研：了解不同群体的招聘需求和偏好。

渠道拓展：拓展多元化的招聘渠道，如大学招聘会、行业会议等。

包容性文化：建立包容性的工作环境，吸引和留住多元化人才。

可行性分析：

多元化招聘可以提高团队的创新能力和市场竞争力。

需要对公司文化和招聘策略进行长期投资和承诺。

改进方案五：数据分析和持续改进

目标：利用数据分析来持续优化招聘策略。

步骤：

数据收集：系统地收集招聘过程中的所有相关数据。

定期分析：定期进行数据分析，识别趋势和问题。

反馈循环：基于分析结果，调整招聘策略和流程。

技术投资：投资数据分析工具和技术，提高分析效率和准确性。

可行性分析：

数据驱动的决策可以提高招聘策略的有效性和适应性。

需要投资数据分析工具和技术，以及培训相关人员。

我们可以根据需要选择匹配的方案，并细化方案。

👤 提示词示例：

请参考精益管理思想，帮我制定降低招聘成本的方案，例如减少对猎头公司的依赖。

💬 Kimi 的输出：

精益管理思想强调通过消除浪费、提高效率和增加价值来优化流程。以下是根据精益管理思想制定的降低招聘成本的方案：

1. 识别并消除浪费

浪费识别：识别招聘流程中的非增值活动，如冗长的面试轮次、重复的沟通、无效的候选人筛选等。

2. 优化招聘渠道

减少猎头依赖：分析猎头公司的成本效益，考虑减少对高价猎头服务的依赖。

增强内部推荐：鼓励员工推荐，通过内部推荐奖励机制来降低招聘成本。

利用社交媒体：利用 LinkedIn 等社交媒体平台进行招聘，这些平台通常成本较低。

3. 改进候选人筛选

自动化筛选：使用自动化工具进行初步筛选，降低人工成本。

精准定位：通过精准的职位描述和要求，确保吸引合适的候选人，减少不合适候选人的面试。

4. 提高面试效率

结构化面试：实施结构化面试流程，确保每次面试都高效且有目的。

集体面试：在可能的情况下，安排多位候选人同时面试，减少面试官的时间投入。

5. 建立人才储备库

人才库建设：建立和维护人才储备库，以便在需要时快速联系潜在候选人。

6. 精简招聘流程

简化流程：审查并简化招聘流程，去除不必要的步骤。

7. 利用技术工具

招聘软件：使用招聘管理软件来跟踪候选人状态，自动化流程，以减少人为错误，缩短招聘时间。

8. 培训招聘团队

精益培训：对招聘团队进行精益管理培训，让他们了解如何识别和消除浪费。

9. 持续改进

持续审查：定期审查招聘流程和成本，寻找改进机会。

反馈循环：建立反馈机制，收集候选人和招聘团队的意见，不断优化流程。

10. 强化雇主品牌

品牌建设：通过强化雇主品牌吸引更多候选人主动申请，减少对外部招聘渠道的依赖。

根据实际工作需要，我们还可以进一步细化招聘效能分析。通过以上步骤，我们可以利用 AI 进行深入的数据分析和科学的评估，准确把握招聘工作的实际情况，发现存在的问题和不足之处，并据此制定出切实可行的优化策略。

5.6.3　招聘趋势预测

在快速变化的市场环境中，准确预测招聘趋势对于企业制定人力资源战略至关重要。招聘趋势预测不仅能帮助企业提前布局，优化招聘策略，还能帮助企业在激烈的市场竞争中抢占先机，吸引和留住优秀人才。借助 AI 工具，我们能够更加精准地分析历史数据，洞察行业发展趋势，从而为企业的招聘工作提供有力的决策支持。

1. 操作步骤

步骤 1：收集和分析数据

首先，使用 AI 对企业的历史招聘数据进行深入分析。这包括职位需求的变化、招聘渠道、招聘周期、招聘成本等。关键是要确保数据的完整性、准确性和时效性。进行数据验证，排除不准确或不相关的数据，确保分析结果的可靠性。

步骤 2：预测未来需求

让 AI 根据过往数据分析结果来预测未来的招聘需求。这应该基于公司发展、行业趋势、技术发展和市场变化进行详细分析。

步骤 3：制定招聘战略

基于 AI 的预测结果，人力资源团队可以制定更加精准的招聘战略。这包括定义目标人才群体、选择合适的招聘渠道，以及优化职位描述，使其更符合市场趋势和预测结果。

步骤 4：优化招聘流程

AI 可以帮助企业优化招聘流程，使招聘流程更高效、更能适应未来趋势。例如，使用自动化简历筛选系统，采用在线编程测试和视频面试，同时确保流程的人性化，平衡效率和候选人体验。

2. 示范案例

我们通过案例来演示如何用 AI 做招聘趋势分析。

【案例：用 AI 进行科技公司的招聘趋势分析】

以下是某科技公司 2018 年的招聘数据统计表，我们将完整的表格（如图 5-1 所示）传入 AI（限于篇幅，这里仅展示部分表格内容），请 AI 根据表格数据做出招聘趋势分析。

附上表格后输入提示词：

根据以上数据，做出招聘趋势分析。

AI 在接到指令后，会先对表格数据进行数据清洗，处理缺失值和异常数据，然后再开始分析。

使用 AI 进行招聘趋势预测不仅可以提高招聘的准确性和效率，而且可以帮助企业更好地适应快速变化的市场和技术环境，从而在人才竞争中占据优势。

招聘趋势预测是企业制定前瞻性人力资源战略的关键环节。借助 AI 工具，我们能够更加准确地把握市场动态和人才流向，为企业的招聘工作提供科学的决策依据。

部门	岗位类型	岗位	需求人数	招聘开始时间	到岗时间	招聘周期	简历渠道
人力资源部	P	培训专员		2018/3/4	2018/5/6	63	51JOB
人力资源部	P	培训专员		0	0	0	智联招聘
人力资源部	P	培训专员	3	2018/3/4	2018/6/6	94	人才网
人力资源部	P	培训专员		0	0	0	招聘
人力资源部	P	培训专员		0	0	0	内部推荐
人力资源部（总）	P（总）	培训专员（总）	3	0	0	52.33	0
销售部	M	销售经理		0	0	0	51JOB
销售部	M	销售经理		2018/2/4	2018/7/6	152	智联招聘
销售部	M	销售经理	0	0	0	0	人才网
销售部	M	销售经理		2018/2/4	2018/6/3	119	猎聘
销售部	M	销售经理		2018/2/4	2018/5/12	97	内部推荐
销售部（总）	M（总）	销售经理（总）	10	0	0	92.00	0
财务部	P	财务会计		0	0	0	51JOB
财务部	P	财务会计		2018/1/4	2018/4/6	92	智联招聘
财务部	P	财务会计	0	2018/2/4	201/3/3	27	人才网
财务部	P	财务会计		0	0	0	猎聘
财务部	P	财务会计		1900/1/0	1900/1/0	0	内部推荐
设计部（总）	P（总）	财务会计（总）	5	0	0	29.75	0
设计部	P	设计部		2018/3/4	2018/4/6	33	51JOB
设计部	P	设计部		0	0	0	智联招聘
设计部	P	设计部	0	2018/3/4	2018/5/4	61	人才网
设计部	P	设计部		0	0	0	猎聘
设计部	P	设计部		0	0	0	内部推荐

图 5-1　某科技公司 2018 年的招聘数据统计表（部分展示）

将 AI 应用于招聘数据分析与管理是企业迈向智能化招聘的关键一步。通过 AI 强大的数据处理和分析能力，我们能够更加深入地了解人才市场、候选人和招聘流程本身，从而做出更加明智和高效的决策。未来，随着技术的不断进步和应用场景的不断拓展，AI 将在招聘领域发挥更加核心的作用，推动企业招聘工作变得更加敏捷和高效。

AI 赋能培训与人才管理

本章深入挖掘了 AI 在培训与人才管理领域的应用，尤其是培训需求调查、培训计划制订、培训课程开发、培训效果评估及人才管理等关键环节。本章揭示了如何利用 AI 开展精准的培训需求调查，覆盖从调查计划的制订、问卷设计到需求分析的全过程。本章也探讨了如何借助 AI 制订与组织战略紧密结合的培训计划，包括课程设计、资源规划、预算制定以及人才发展和团队合作的策略。

6.1　用 AI 做培训需求调查

在企业培训需求调查中，准确捕捉员工需求是确保培训效果的关键环节。这不仅有助于我们快速识别并应对潜在问题，还有助于确保整个培训过程更加符合员工的实际需求。本节将详细说明如何借助 AI 快速高效地开展培训需求调查，进而实现对员工培训需求的精准把握。

6.1.1　制订调查计划

制订培训需求调查计划时可能面临多种挑战，其中如何确定明确的目标和范围最为重要。如果未能明确定义调查的目标，可能导致收集到的数据无法满足实际的培训需求，从而影响后续的培训计划制订。借助 AI 工具，我们可以更好地明确培训需求目标，高效地制订出切实可行的培训需求调查计划，从而确保培训的有效性和针对性。

1. 了解培训需求调查计划的关键内容

假设你是一个刚从事培训工作不久的新人，当你的领导让你制订一份培训需求调查计划，而你之前从来没有接触过时，你该如何制订培训需求调查计划呢？

你首先需要做的是了解培训需求调查计划需要包含哪些关键内容。之前的常规操作是在网上搜索，如今有了 AI，你可以直接询问它：“你是企业培训专员，要做一份培训需求调查计划，请告诉我调查计划该怎么制订，包含哪些关键内容？”

根据指令，AI 可以很快地回复我们调查计划需要包括的内容，如调查目标、目标群体、关键技能、调查方法、问题设计、数据收集与分析、时间表、反馈和报告计划等信息，还对每一项做了解释说明。限于篇幅，这里不会展示 AI 输出结果，读者可自行尝试。

2. 收集关键内容信息

注意，我们需要尽可能地提供准确、翔实及量化的信息，这样才更容易得到准确的内容。

【案例：用 AI 设计培训需求调查计划大纲】

作为示范，我们此处提供的信息相对简单，在实际操作时，你可能需要根据实际情况做相应调整。以下是我们为 AI 提供的企业基础信息，根据提示词，AI 将生成培训需求调研计划的大纲内容。

你是一名培训专家，请按照以下信息生成培训需求调查计划的大纲内容。

公司名称：A 科技有限公司

所在行业：信息技术

员工数量：约 500 人

主要业务：提供云计算和大数据解决方案

组织结构：包括研发、销售、客户服务、人力资源、财务等部门

近期挑战：技术快速发展，市场竞争加剧，需要提高员工的技能和创新能力

培训需求调查计划关键内容：

目标与目的：针对近期面临的挑战，确定员工当前的技能水平，识别技能缺口。

目标群体：全体员工，重点是研发和客户服务部门。

调查工具和方法：在线问卷调查结合部门经理深度访谈。

关键问题：评估现有技能水平、需求新技能类型、学习偏好、过往培训的反馈。

时间框架：调查期限定为一周。

资源分配：人力资源部门负责调查的实施和数据分析。

数据分析计划：使用统计软件分析问卷结果，整合访谈内容。

反馈报告：制作详细报告，提供给管理层，并在员工大会上反馈。

AI 输出内容略。AI 生成的大纲提供了一个全面的框架，用于指导培训需求调查计划的制订和实施。根据这个大纲，你可以进一步细化每个部分的具体内容，并确保调查计划能够满足公司的需求和目标。

3. 输入关键内容信息，并让 AI 生成培训需求调查计划初稿

AI 会根据输入的关键内容信息，生成培训需求调查计划的初稿，涵盖培训需求调查计划的概述、详细实施步骤、预期成果、注意事项等内容。

4. 优化迭代：对培训需求调查计划初稿进行针对性优化

为了提升培训需求调查计划的可实施性，我们还需要对它进行优化。优化的核心可以归纳为一点：基于你的需求对关键内容提出针对性优化要求。

提示词示例：

请对 A 科技有限公司培训需求调查计划做进一步优化，要求：详细描述实施步骤，列出每个实施步骤的责任人，工作完成时间（整体时间为一周），关键交付结果。并将修改后的内容融入原来的方案中，形成一个完整的培训需求调查计划后输出。

根据提示词，AI 会很快地为我们生成培训需求调查计划。你也可以按照以上步骤方法，来制订一个自己公司的培训需求调查计划。

6.1.2 设计调查问卷

在获取培训需求信息的调查中，我们常用的调查工具 / 方法包括面谈法、问卷调查法、小组讨论法、综合观察法、工作任务分析法。而在众多培训需求调查工具 / 方法中，问卷调查法因操作简单、覆盖范围广成为企业最常用的培训需求调查工具。

1. 设计调查问卷的难点

1）设计问卷时，问题描述要清晰、避免歧义、尽量少用专业术语。

2）问卷的完成时间控制在 15 分钟内。

3）问卷中的封闭式问题与开放式问题要结合使用。

过去，我们通常会在网上搜索并下载培训调查问卷直接使用，不会考虑问卷

的内容是否与公司的本次培训需求调查的目的、参与调查的人群相匹配。

2. 用 AI 设计调查问卷的步骤

现在我们可以借助 AI，快速设计调查问卷，具体步骤如下。

（1）了解培训需求调查问卷的关键内容

提示词示例：

你是培训专家，你要设计一份培训需求调查问卷，请告诉我培训调查问卷包含哪些关键内容。

AI 可以很快地回复我们需要的内容，包括受训者基本信息、工作能力评估、培训需求识别、培训期望与目标、培训时间、培训建议等，并对每一项做了详细说明。

（2）基于上述关键内容生成培训需求调查问卷

通过 AI，我们快速了解了培训需求问卷包含的关键内容，接下来我们让 AI 根据关键内容生成一份培训需求调查问卷。

提示词示例：

请基于以上关键内容设计一份培训需求调查问卷，需要确保问卷能够全面而有效地收集到相关信息，以便为培训的规划和实施提供指导。

（3）优化迭代：对培训需求调查问卷初稿进行针对性优化

为了提升培训需求调查问卷的精准度，我们还需要对它进行优化迭代。我们提供的企业信息越准确、翔实，通过 AI 得到的培训需求调查问卷就越准确、越有针对性。

6.1.3　培训需求分析

培训需求分析是整个培训工作的出发点，它的准确性直接决定了整个培训工作的有效性。简而言之，培训需求分析就是了解与掌握企业培训的目的、培训的对象、培训的内容及培训需要达成的效果等的重要过程。

如何借助 AI 来完成培训需求分析？

1. 了解如何开展培训需求结果分析及识别

提示词示例：

在完成培训需求调查后，需要对培训需求结果进行分析及识别，请问该如何开展培训需求结果的分析及识别？

AI 可以很快地回复我们一些进行培训需求调查结果分析及识别的常用步骤和

方法，并对每一种步骤和方法做了详细说明。

2. 收集整理数据做定量、定性分析

根据 AI 提供的培训需求结果分析及识别的步骤和方法，对企业培训调查数据进行收集、整合、归纳，并做定量和定性分析。

【案例：用 AI 对培训结果进行定量与定性分析】

案例背景：一家名为"凯特"的中型软件开发公司，拥有约 200 名员工。该公司希望提高自身的软件开发和项目管理能力，以应对市场竞争和客户需求的变化。调查基本信息如下：

1）本次参加培训调查的人员：全体员工，包括开发人员、项目经理、销售团队和行政支持团队。

2）主要调查问题：技术技能、软技能和项目管理能力。

3）采用在线问卷调查和小组访谈相结合的培训调查方法：

本次参与问卷调查的人员有 200 人，回收有效问卷 180 份。

本次参与小组访谈的人员：10 名项目经理和 5 名高级开发人员。

4）根据问卷与访谈结果，我们得出定量与定性分析结果如下：

定量分析结果：

75% 的开发人员表示需要进一步的编程语言培训（特别是 Python 和 Java）。

60% 的项目经理希望提高他们的敏捷项目管理能力。

80% 的销售和行政支持团队成员想提高他们的团队沟通和时间管理能力。

定性分析结果：

多数高级开发人员表达了对最新技术趋势（如人工智能和机器学习）的兴趣。

项目经理普遍认为需要增强风险管理和客户沟通的能力。

3. 将分析结果输入 AI，并让其分析生成培训需求调查报告

AI 会根据输入的分析结果，生成培训需求调查报告初稿，包括培训需求识别、建议与行动计划等信息。

4. 优化与迭代，对培训需求分析结果进行针对性优化

初稿的培训需求分析结果比较简单，我们还需要对它进行优化迭代。我们提出的优化迭代要求越详细，通过 AI 得到的培训需求分析结果就越详细。

作为示范，此处我们提供的优化迭代要求相对简单，在实际操作时，你可能需要根据企业实际情况做相应调整。以下是我们提出的优化迭代要求。

提示词示例：

这份培训调查结果分析报告不够完整，请进一步分析完善，特别注意，请增加"优先级和资源考量"的分析内容，并将优化迭代后的内容以完整的培训需求调查分析报告的形式输出。

AI 输出结果略。对比初稿，优化的培训需求结果的分析内容会更全面，增加了优先级和资源考量，员工在技术、项目管理和软技能方面的需求，并提出了基于优先级和资源考量的培训实施建议。

经过深入的探索和实践，我们发现借助 AI，可以快速且准确地制订培训需求调查计划、设计调研问卷、分析调研数据、给出调研结果，让我们能够更好地理解并满足员工的个性化发展需求，同时确保培训内容与企业的长远目标同步。

6.2　用 AI 制订培训计划

在现代组织发展中，制订高效且切合实际的培训计划对于组织的长远发展至关重要。随着 AI 技术的不断进步，AI 作为一种先进的自然语言处理工具，为我们提供了一种全新的培训计划制订方法。利用 AI，我们能够更加准确地识别培训需求、设计课程内容、规划资源分配，并确保培训计划与组织目标和战略紧密相连。这不仅提高了培训计划的针对性和实用性，还为组织的人才培养工作注入了新的活力。

6.2.1　培训计划与组织目标和战略对齐

"培训工作要上接战略、下接绩效！"只有基于企业战略规划与实施培训工作，才能最大化其价值，使其成为推动企业发展的关键支柱。

根据吉尔伯特行为工程模型，影响企业绩效的因素众多。其中，环境因素占75%，包括企业资源、流程和员工激励等；员工个人因素占25%，如工作态度、知识技能和潜在天赋等。这表明，在组织中，员工培训不仅是提高个人技能的手段，更是实现组织战略目标的重要工具。

利用 AI 工具，我们能更高效、精准地规划和实施培训计划，确保员工技能与组织需求的一致性。为了通过 AI 实现这一目标，我们需要采取以下 4 个步骤。

1. 操作步骤

步骤 1：确定组织目标和战略

首先，组织需要明确自己的长远目标和短期战略。这一步是所有培训计划的基础。例如，公司的目标是在两年内成为行业领先者，战略则可能是提升产品创新能力和市场营销能力。

步骤 2：分析员工当前技能和未来需求

接下来，需要分析员工目前的技能水平及与组织目标所需的技能水平的差距。这可以通过员工技能评估和未来岗位需求分析来实现。例如，AI 可以帮助分析特定岗位所需的核心技能和知识。

步骤 3：使用 AI 设计和执行培训计划

基于前两步的分析，使用 AI 来设计符合组织需求的培训计划。这可能包括在线课程、工作坊、项目工作等。例如，AI 可以根据市场营销人员的需求，生成定制的课程大纲和学习材料。

步骤 4：监测和评估培训效果

最后，通过持续监测和评估来确保培训计划的效果。可以利用 AI 来收集反馈、进行技能评估和调整培训计划。

2.示范案例

我们通过一个案例来演示如何借助 AI 实现培训计划与组织战略目标对齐。

【案例：用 AI 制订公司的培训计划】

案例背景：某科技公司的战略目标是在新兴技术领域占据领先地位。因此，需要设计一系列培训计划，以提升员工在人工智能和大数据领域的技能。

ð 提示词示例：

你是一位经验丰富的培训设计专家，我需要为公司的员工设计一个人工智能和大数据技能提升的培训计划。请结合我们的战略目标和员工当前的技能水平，帮我制订一套完整的年度培训计划。

使用 AI 制订培训计划是一种高效且实用的方法。通过充分发挥 AI 在需求分析、课程设计、资源规划等方面的优势，我们能够制订出更加符合组织实际需求的培训计划。这不仅有助于提升员工的能力和素质，还有助于推动组织的目标实现和战略发展。

6.2.2　设计培训课程计划

培训课程的设计是培训计划中的核心环节，直接关系到培训的效果。借助 AI 的智能分析能力，我们可以更加精准地设计培训课程。AI 能够深入理解培训目标、受众特点和业务需求，从而帮助我们制定出符合实际需求的课程内容、教学方法和评估标准。这样的设计不仅能够吸引学员的学习兴趣，提升参与度，还能够确保培训成果的有效转化。

1. 操作步骤

步骤 1：明确课程目标

这个目标应该与组织的整体战略目标对齐，确保培训工作的方向正确。AI 可以帮助我们分析组织的需求和学员的特点，从而确定具体、可衡量的培训目标。例如，对于销售团队，我们可以将培训目标设定为提升销售技巧和团队协作能力，以更好地完成业绩指标。

步骤 2：根据目标设计课程内容

AI 可以协助我们搜集和整理相关的资料和信息，确保课程内容的全面性和准确性。在设计内容时，我们要注重实用性和针对性，以确保学员能够从中获得实际的工作技能和知识。同时，我们还要关注学员的学习需求和兴趣点，使课程内容更加生动有趣，激发学员的学习积极性。

步骤 3：设计多样化的教学方法

AI 可以根据课程内容的特点和学员的学习习惯，推荐合适的教学方法。例如，对于理论性较强的内容，我们可以采用讲授和案例分析相结合的方法；对于实践性较强的内容，我们可以采用模拟演练和小组讨论的方法。

步骤 4：制定科学的评估方式，检验培训成果

AI 可以帮助我们设计合理的评估标准和方法，如问卷调查、实际操作考核等。通过评估，我们可以了解学员对课程内容的掌握情况，以及培训目标是否达成。同时，评估结果还可以为我们提供有价值的反馈信息，帮助我们不断优化课程设计，提升培训质量。

在上一节中，我们根据组织的目标和战略，制订了年度培训计划。基于这个框架，我们利用 AI 来设计详细的培训课程计划。我们可以按季度或月份设定具体的培训目标，并据此设计相应的课程。每个课程计划将详细包括以下几个方面：具体的课程内容、采用的教学方法、预期达成的成果以及相应的实践活动。这样的设计旨在逐步提升员工的技能，同时确保与公司的战略目标相一致。

2. 示范案例

【案例：用 AI 设计培训课程计划】

案例背景：某科技公司的战略目标是在新兴技术领域占据领先地位。因此，需要设计一系列培训计划，以提升员工在人工智能和大数据领域的技能。

提示词示例：

请根据以上年度培训计划，设计培训课程计划。年度培训计划如下。

借助 AI 我们可以更加精准地设计培训课程。从明确培训目标、设计课程内容、采用多样化的教学方法到制定科学的评估方式，AI 都能够为我们提供有力的支持。未来，随着 AI 技术的不断发展和应用，我们有理由相信，AI 工具将在培训课程设计中发挥越来越重要的作用，为组织的人才培养工作带来更多的创新和价值。

6.2.3　培训资源规划与预算

培训资源的合理规划与预算分配是确保培训计划顺利实施的关键环节。借助 AI 我们能够更加精准地评估培训所需的各类资源，如人力、物力、时间等，并据此进行合理的预算分配。这不仅能够确保培训资源的充分利用，避免浪费，还能够为培训提供必要的保障，确保培训质量和效果。

1. 操作步骤

步骤 1：全面分析培训所需的资源

这些资源包括但不限于讲师资源、场地资源、设备资源、教材资源等。

- ❑ 对于讲师资源，我们需要考虑讲师的专业背景、教学经验、授课风格等因素，确保他们能够胜任培训任务。
- ❑ 对于场地资源，我们需要考虑场地的大小、布局、设施等因素，确保场地能够满足培训的需求。
- ❑ 对于设备资源，我们需要考虑所需的音响设备、投影设备、计算机等设备是否齐全，并确保它们的正常运转。
- ❑ 对于教材资源，我们需要根据培训内容和学员的实际情况，选择适合的教材或编写相应的讲义。

步骤 2：合理配置培训资源

在配置资源时，我们要充分考虑培训的实际需求和组织的财务状况，确保资源的合理配置和预算的科学分配。

- ❑ 对于讲师资源，我们可以根据培训的内容和难度，合理配置不同专业背景和经验的讲师，确保培训的质量和效果。
- ❑ 对于场地资源，我们可以根据培训的人数和形式，合理配置不同大小和设施的场地，确保培训的顺利进行。
- ❑ 对于设备资源，我们要确保各项设备的数量和性能满足培训的需求，并提前进行调试和测试，避免出现故障。

❑ 对于教材资源，我们要确保教材的充足供应，并根据学员的反馈和需求，及时更新和完善教材内容。

步骤 3：分配培训预算

预算分配是培训资源规划中的重要环节，它涉及培训经费的合理使用和管理。在分配预算时，我们要根据培训的实际需求和组织的财务状况，制订详细的预算计划，包括各项费用的预算和支出计划。这些费用包括但不限于讲师费用、场地费用、设备费用、教材费用、交通费用、餐饮费用等。

我们要确保各项费用的预算合理、支出有序，避免出现超支或浪费的情况。同时，我们还要建立有效的预算监控机制，对预算执行情况进行实时跟踪和监控，确保预算计划的顺利执行。

步骤 4：评估和总结培训资源规划与预算的实施效果

通过评估和总结，我们可以了解培训资源规划与预算的执行情况和实际效果，发现其中存在的问题和不足之处，为今后的培训工作提供有益的借鉴和改进方向。在评估和总结时，要注重数据的收集和分析，运用科学的方法和工具，确保评估结果的客观性和准确性。

一般来说，企业的年度培训预算与年度培训计划是同步编制的，会在每年的第四季度开展。培训部门在每年 12 月底前完成下一年度的培训经费预算编制工作，并与年度培训计划一并审批后下发执行。

在编制培训预算时，我们通常会参考以下数据：

❑ 企业过去三年的培训数据。
❑ 企业全年的总费用预算。
❑ 人力资源部门全年费用预算。
❑ 企业上年度销售额。
❑ 企业上年度净利润。
❑ 企业规定的人均培训经费和员工数量。

2. 示范案例

【案例：用 AI 做培训资源规划与预算】

我们还以某科技公司为例，根据这家科技公司的战略目标，在新兴技术领域占据领先地位，设计了年度培训框架及培训课程计划，以提升员工在人工智能和大数据领域的技能。现在，我们要通过 AI 做培训资源规划与预算。

将以下数据输入 AI：

首先，我们要收集企业背景信息，包括企业在册人数、计划引进人数、2023 年经营数据、2024 年费用预算、人均培训经费、过去三年培训数据等。

某科技有限公司

截至 2023 年 12 月 31 日在册员工总数：220 人

2024 年计划招聘：50 人，其中专业技术人员 30 人，其余人员 20 人

2023 年度员工离职率：12%

2024 年度目标离职率：10%（不高于）

2024 年度总费用预算：1000 万元

2024 年度人力资源部门预算：200 万元

2023 年度销售额：5000 万元

2023 年度净利润：500 万元

2024 年度企业规定的人均培训经费：3000 元 / 人

企业战略目标：在新兴技术领域占据领先地位。

2024 年培训目标：提升员工在人工智能和大数据领域的技能。

过去三年的培训数据：

年度	2021 年	2022 年	2023 年
年度培训费用	150 万元	180 万元	200 万元
参与培训员工人数	145 人	160 人	185 人
培训效果评估	75	83	88

然后，附上提示词：

请分析企业背景信息，根据企业年度培训框架、培训课程计划，制定合理的培训资源规划与预算方案。

AI 会根据已设计出的年度培训框架及培训课程计划，制定合理的培训资源规划与预算方案。然而，在此方案中，关于具体培训资源的划分和预算分配的细节尚未得到充分阐述。为了解决这一问题，我们进一步利用 AI 细化这两方面的内容。

🗣 提示词示例：

请将培训资源的划分与培训预算的分配，按照培训课程计划细化。

AI 会细化这两方面的内容。

在 AI 的协助下，我们初步完成了培训资源的规划与预算分配。在这个过程中，我们综合考虑了培训的具体需求和公司的财务状况，确保了资源的合理配置，同时实现了预算的科学分配。这不仅为培训的有效进行打下了坚实的基础，而且为公司的长期发展提供了稳固的支撑。

然而，需要注意的是，我们的预算估算是基于当前市场状况和行业标准所做的一般性预测，实际费用可能会因地区差异、讲师的知名度、设备的先进性等多种因素而有所不同。因此，在运用 AI 进行培训资源规划与预算分配的过程中，我们必须结合公司的实际情况和专业判断来进行必要的调整，保持一定的预算灵活性，以应对可能出现的意外变化。同时，我们也应当密切关注培训投资的回报率，确保每一笔投入都能与公司的战略目标和员工的成长需求相匹配。

6.2.4　人才发展规划

企业人才发展规划包括哪些核心内容？我们怎样才能制定出一份科学的、合理的、具备可行性的人才发展规划呢？借助 AI，可以分以下三步来完成。

1. 了解人才发展规划的核心要素

向 AI 发出指令"企业人才发展规划方案包含哪些核心要素。"，AI 可以很快地回复我们规划需要的内容，包括组织目标与战略定位、人才需求分析、人才盘点和评估、培训发展计划、绩效激励等信息，并对每一项做了详细说明。通过综合规划和执行这些要素，企业可以制定出更有效的人才发展规划方案。

2. 基于关键内容生成人才发展规划方案

通过 AI 我们快速了解了人才发展规划方案包含的关键内容，接下来收集企业关键信息，让 AI 根据关键内容生成一份人才发展规划方案。

【案例：用 AI 设计人才发展规划方案】

我们以某金融科技公司为例，该公司的背景信息如下：

公司概述：总部位于中国上海，是一家提供全方位金融科技服务的公司。公司专注于开发智能投资分析工具、先进的风险管理系统和创新的数字支付平台。公司结合人工智能、大数据分析和区块链技术，为银行、保险公司和个人消费者提供定制化金融解决方案。

市场环境和趋势：根据市场研究，全球金融科技市场正处于快速增长阶段，预计未来几年内将持续扩大。中国市场特别重视金融科技的发展，政府支持和市场需求强劲，特别是在移动支付和财富管理等领域。公司面临来自国内外的激烈竞争，需要不断创新和优化服务以保持竞争力。

技术投入和创新：公司在人工智能和大数据分析方面投入显著，力求在金融行业中保持技术领先地位。公司注重产品创新和用户体验，不断优化现有服务并探索新的技术应用。

竞争和挑战：面临来自大型科技公司和创新型企业的竞争。需要应对快速变化的金融环境和技术进步带来的挑战。

企业文化和价值观：注重创新和团队协作，鼓励员工持续学习和个人成长。倡导灵活和开放的工作环境，支持员工探索新的技能和职业路径。

关键岗位分析：

数据分析师：目前拥有基础的数据处理和分析能力，熟悉金融市场基本动态。需要提升在复杂数据集上的高级分析技能，如机器学习和预测建模。

项目经理：擅长项目规划和团队管理，具备良好的沟通和协调能力。需要加强在多变环境中的领导力和创新项目管理能力。

我们将以上信息输入 AI，并输入提示词"请分析企业基本信息，制定一份详细的人才发展规划。"，AI 会很快地制定出这家金融科技公司的人才发展规划初稿。

3. 优化迭代：对培训计划进行针对性优化

根据输入的信息，AI 生成了人才发展规划初稿。这份规划会覆盖人才战略、人才需求盘点、培训与发展、继任计划、职业路径规划、员工保留与激励，以及监测与反馈等多个方面。

然而，规划初稿显得较为简略和概括，我们需要对它进一步优化和细化。我们提出的优化迭代要求越详细，通过 AI 得到的人才发展规划方案就越详细。

作为示范，此处我们提供的优化迭代要求相对简单，在实际操作时，你可能需要根据企业实际情况做相应调整。

上面的方案内容太宽泛了，请给我更详细的人才发展规划。

对比初稿，优化后的人才发展规划方案专注于针对数据分析师和项目经理这两个关键岗位，提供了更为具体的发展策略，其主要目标是有效提升这些关键岗位的专业技能和管理能力。

人才发展规划不仅是一个多维度的战略计划，还需综合考虑企业的战略发展目标和当前的人力资源状况等多种因素。企业在应用 AI 辅助生成的人才发展规划时，应首先结合自身情况和人才发展专家的专业建议进行相应的调整。

6.2.5 专项培训计划

专项培训计划作为组织内部培训的重要组成部分，它的制定过程需要充分考虑组织的战略目标、员工的实际需求以及市场的发展趋势。借助 AI 工具，我们可以更加高效、精准地制订专项培训计划，从而提升组织的竞争力和员工的个人技能水平。

1. 明确专项培训的目标与需求

在制订专项培训计划之前，首先要明确培训的目标和需求。通过分析组织内部的业务需求、员工的技能差距以及市场的发展趋势，AI 可以提供有价值的见解和建议，帮助我们确定专项培训的目标和需求。

例如，我们可以向 AI 输入组织内部的业务需求、员工技能差距等关键信息，并附上提示词："根据我们公司的业务发展和市场需求，哪些技能或知识领域是我们需要重点关注的？"AI 在分析数据后，会为我们提供一份详细的技能需求清单。这份清单可以作为我们制订专项培训计划的重要参考。同时，可以根据 AI 给出的公司业务发展和市场需求，需要重点关注的技能或知识领域，以及公司的战略发展目标与员工技能差距，让 AI 给出更精准的技能需求清单。

👤≡ 提示词示例：

你是培训专家，我们公司所在行业是信息技术与软件开发行业，主要业务是软件开发、数据分析、云计算服务，员工有 300 人，根据我们公司的业务发展和市场需求，哪些技能或知识领域是我们需要重点关注的？我们公司未来 3 年计划在人工智能领域、云计算服务方面加速发展，目前急需提升员工在人工智能和大数据处理方面的技能。根据我们公司的业务发展、市场需求和员工差距，哪些技能或知识领域是我们需要重点关注的？

2. 设计专项培训的内容与形式

在明确了专项培训的目标和需求后，接下来要设计培训的内容和形式。AI 可以帮助我们搜集和整理相关的培训资源，包括课程资料、案例研究、行业报告等。同时，AI 还可以根据需求为我们定制个性化的培训内容，确保培训的针对性和实用性。

在设计培训形式时，我们可以采用线上课程、线下研讨会、工作坊等多种形式。AI 可以为我们提供这些形式的具体实施方案和注意事项，帮助我们选择最适合的培训形式。例如，对于需要实践操作的技能培训，AI 可能会建议我们采用工作坊的形式，让员工在实际操作中学习和掌握技能。

我们在前文中借助 AI 得到了某科技公司员工提升人工智能和大数据处理方面的技能，以及需要重点关注的技能和知识领域。现在，我们继续借助 AI 来设计专项培训的内容和形式。

👤≡ 提示词示例：

你是培训专家，请根据以上提升员工在人工智能和大数据处理方面的技能和需要重点关注的技能或知识领域，帮助我们搜集和整理相关的培训资源，包括课程资料、案例研究、行业报告等，设计为期一年的提升人工智能和大数据处理方面技能的专项培训的内容和形式。

3. 规划培训资源与预算

制订专项培训计划时，资源和预算的规划也是非常重要的一环。AI 可以帮助我们评估所需的培训资源，包括培训师、培训场地、教学设备等，并为我们提供合理的资源配置方案。同时，AI 还可以协助我们制订详细的预算计划，确保培训计划的顺利实施。

例如，我们可以向 AI 提问："你是培训专家，根据我们的专项培训计划，需要多少培训师和培训场地？预算应该如何分配？" AI 会根据我们的培训需求和资源状况，提供一份详细的资源和预算规划方案。这份方案可以作为我们后续实施培训计划的重要依据。

4. 制定实施与评估方案

为了确保专项培训计划的顺利实施和有效评估，我们需要制定详细的实施与评估方案。AI 可以帮助我们制定培训的时间表、人员分工以及实施步骤等具体细节。同时，它还可以协助我们设计评估指标和方法，以便对培训效果进行全面、客观地评估。

例如，在培训实施过程中，我们可以利用 AI 进行实时的进度跟踪和问题反馈。AI 可以根据收集到的数据为我们提供实时的进度报告和问题解决方案，帮助我们及时调整培训计划以确保其顺利实施。在培训结束后，它还可以协助我们进行效果评估，为我们提供详细的评估报告和改进建议。

🧑‍💻 提示词示例：

你是培训专家，请按照专项培训计划帮助我们制定详细的培训时间计划表、人员分工以及实施步骤。同时，设计评估指标和评估方法，对培训效果进行全面、客观地评估。

基于 AI 的输出，我们可以根据企业实际状况进一步细化，确保专项培训计划的顺利实施和有效评估。

5. 持续优化与迭代专项培训计划

专项培训计划需要持续优化。借助 AI，我们可以对培训计划进行定期的回顾和更新，确保其始终与组织的战略目标和员工的实际需求一致。AI 可以收集和分析员工的反馈意见、培训效果数据以及市场的发展趋势等信息，为我们提供有价值的优化建议。

例如，在专项培训计划实施一段时间后，我们可以向 AI 提问："根据最近的员工反馈和市场趋势，我们的专项培训计划需要进行哪些调整？"AI 会分析相关数据并为我们提供一份详细的优化方案。这份方案可以作为我们后续调整培训计划的重要参考。

借助 AI 制订专项培训计划可以帮助我们更加高效、精准地满足组织和员工的培训需求。同时，AI 的灵活性和智能性也为我们提供了更多的可能性和创新空间，让我们在培训领域取得更大的成功。

6.3　用 AI 开发培训课程

随着人工智能技术的持续进步和日益普及，将 AI 工具应用于培训课程开发，已逐渐成为培训行业的新兴趋势。利用 AI，我们能够更加高效地创建教材和教具、编撰详尽的培训手册，并设计科学合理的课程评估工具。这种做法不仅极大地提升了课程开发的效率，还能确保课程内容更精确地满足学员的个性化需求，为教育培训领域带来创新性的变革。

一个优秀的培训课程的重要性不仅在于传授知识，更在于激发创造力和学习热情。高质量的培训课程开发是帮助企业有效实施培训计划的关键。本节将专注于探讨如何利用 AI 来优化培训课程的开发，深入理解如何通过 AI 制作教材与教具、编制全面的培训手册，以及设计高效的课程评估方法。

6.3.1　培训教材与教具制作

培训教材与教具是传递知识、辅助教学的重要工具，也是培训课程的重要组成部分。在传统的培训教材与教具制作中，通常需要消耗大量的时间和人力成本，而且难以保证内容的针对性和实用性。现在，借助 AI 的智能文本生成技术，我们可以更加高效地制作培训教材与教具，大幅提升制作效率，还可以确保内容的高度个性化和实用性，从而为培训课程的成功实施奠定坚实的基础。

1. 基于培训目标和受众，输出课程大纲

在培训教材的开发中，我们可以首先确定培训的目标和受众，然后利用 AI 生成相应的章节和内容。

例如，我们要提升销售人员的销售技巧，通过输入提示词，AI 能够根据这个主题生成一系列相关的销售技巧、案例分析、实战演练等内容，这些内容可以直接作为培训教材的主体部分。

提示词示例：

你是企业培训专家，请根据销售技巧主题，生成一个培训课程的大纲，包括关键的理论知识点、案例分析和实战演练环节。课程培训对象为新入职员工及销售业绩不佳的员工。

2. 基于大纲，细化教材

有了培训大纲，我们继续让 AI 按照大纲，逐条生成培训课程教材内容。

提示词示例：

你是企业培训专家，请为"有效沟通技巧"生成详细的教学内容，包括沟通技巧的基本原则、实际对话例子和常见错误避免。

3. 基于教材输出 PPT 课件

除了生成文本内容外，AI 还可以帮助我们制作各种形式的教具，如图表、幻灯片、动画等。这些教具可以更加直观地展示培训内容，吸引学员的学习兴趣，提高他们的理解程度。例如，我们可以利用 AI+XMind 快速生成销售技巧的思维导图，帮助学员更好地梳理和记忆知识点；也可以利用 PPT 类 AI 工具生成产品演示的幻灯片，让学员更加直观地了解产品的特点和优势。

4. 基于反馈，优化课程

在制作培训教材与教具的过程中，AI 的智能优化功能也发挥着重要的作用。AI 能够根据学员的反馈和学习情况，对生成的内容进行实时的优化和调整，从而确保培训内容的针对性和实效性。如果学员对某个销售技巧的理解存在困难，AI 可以生成更加详细的解释和示例，帮助学员更好地掌握这个技巧。

比如，我们在培训过程中收集的学员对"有效沟通技巧"课程的反馈如下：

学员 A 的反馈："课程很好地概述了有效沟通的基本原则，但我觉得可以加入更多关于如何处理困难客户的实际策略。在日常工作中，我们经常遇到一些挑战性的对话场景，对此的具体指导会非常有帮助。"

学员 B 的反馈："我特别喜欢课程中的实际对话例子，它们让理论知识变得生动。不过，我建议能否增加一些角色扮演的练习？这样可以帮助我们更好地练习和体验课程内容。"

学员 C 的反馈："整体而言，课程内容非常全面。但我发现，在讲解避免常见沟通错误的部分，内容略显简单。如果能够提供一些具体的错误案例分析，比如通过案例展示如何在实际沟通中避免这些错误，将更加实用。"

我们将课程反馈输入 AI，并附上提示词，让 AI 根据反馈意见对课程内容优化和调整。

你是企业培训专家，请基于学员反馈意见优化调整"有效沟通技巧"的培训教材，并完整地输出优化调整后的培训教材。

在通过 AI 优化和调整之后，我们的"有效沟通技巧"培训教材会更加专注于实际应用、案例分析和互动练习，以确保学员能够在实际工作环境中有效地应用所学习的技巧。需要注意的是，不同企业的具体需求可能有所不同，我们可以继续利用 AI 对教材内容进行优化和调整，使得教材能够更好地适应不同企业的培训目标和效果，从而提升整体的教学质量和培训效果。

6.3.2　培训课程手册制作

制作培训课程手册是一项复杂的系统工程，涉及培训目标设定、内容规划、教学方法选择、评估机制设计等多个环节。在传统的手册编制过程中，我们通常需要组建一个由专业人员构成的团队，投入大量时间和精力进行深入讨论和反复修改，以形成一份完善的手册。这种做法不仅效率低下，而且往往难以确保手册内容的全面性和准确性。AI 作为一种先进的智能文本生成工具，在培训课程手册制作中展现出了独特的优势。

1. 操作步骤

步骤 1：培训目标设定

我们可以向 AI 描述培训的目标和期望效果，让 AI 根据这些信息生成相应的培训目标描述，确保目标的明确性和可衡量性。

步骤 2：内容规划

我们可以利用 AI 生成相应的章节和知识点，确保内容的全面性和系统性。同时，AI 还可以帮助我们设计各种教学活动和互动环节，提高学员的参与度，提升学习效果。

步骤 3：教学方法选择

AI 可以根据我们的需求和学员的特点，推荐相应的教学方法和策略，如讲解、示范、案例分析、小组讨论等，从而提高教学的针对性和实效性。

步骤 4：评估机制设计

我们可以利用 AI 生成相应的评估指标和方法，如问卷调查、知识测试、技能评估等，从而全面评估学员的学习成果和教学效果。

除了以上几个方面外，AI 还能够帮助我们进行手册的排版和编辑工作。AI 可以生成清晰明了的目录结构、图表和插图等，使得手册更加直观、易懂。同时，AI 还可以帮助我们检查手册中的语法错误和拼写错误等，确保手册的专业性和准确性。

2. 示范案例

接下来，我们将通过具体案例展示如何运用前文提及的方法，借助 AI 技术为企业量身定制培训课程手册。

【案例：用 AI 定制培训手册】

1）通过提示词得到一份培训目标。首先输入以下背景信息：

企业背景信息：一家大型跨国零售企业，业务包括多元化的消费商品和服务，如日用品、电子产品、服装及在线服务等。该企业员工总数超过 10000 人，遍布全球多个国家和地区。

业务特点：强调客户体验和服务质量，重视直接与客户的互动；大量员工直接面对客户，包括销售代表、客服人员和前线工作人员。

市场竞争：面临激烈的市场竞争，尤其是在客户服务质量方面；顾客对服务效率和质量有较高的期望。

企业文化：重视员工的专业成长和技能提升；强调团队协作和积极的工作环境。

培训目标：提升全体客服团队的服务技能，特别是在面对困难客户情境下的沟通和问题解决能力；加强员工在处理复杂和挑战性客户互动中的应变能力和策略运用能力。

培训受众：全体客户服务人员，包括前线销售代表、客服中心员工以及其他直接面对客户的员工。

期望成果：员工在客户服务中展现更高的专业性和自信；客户服务相关投诉减少，客户满意度显著提升；员工能更有效地管理和解决客户问题，提升整体服务水平。

然后输入如下提示词，让 AI 给出详细的培训目标。

你是企业培训专家，请基于以上企业基本信息，给出详细的培训目标描述，确保目标的明确性和可衡量性。

2）通过提示词规划出具体的教学内容和章节，确保内容的全面性和系统性。同时，设计各种教学活动和互动环节，提高学员的参与度，提升学习效果。

🗣 提示词示例：

你是企业培训专家，请基于以上培训目标，为提升客户服务技能的培训课程设计具体的教学章节和内容概要。要求：①确保内容的全面性和系统性；②内容中要设计各种教学活动和互动环节，提高学员的参与度，提升学习效果。

3）通过提示词让 AI 根据培训受众的特点，推荐适合的教学方法和策略，如讲解、示范、案例分析、小组讨论等，以提高培训的针对性和实效性。同时，针对受众的特点设计互动练习和案例研究。

🧑‍💻 提示词示例：

你是企业培训专家，请基于本次培训受众：一线销售代表、客服中心员工，选择合适的培训教学方法与策略，并设计一些互动练习和案例研究，以帮助学员实践和理解客户服务中的有效沟通技巧和处理困难客户的方法。

4）生成一个评估和反馈机制，以确保学员能够掌握关键技能。

🧑‍💻 提示词示例：

你是企业培训专家，请为客户服务技能培训课程生成一个评估和反馈机制，以确保学员能够掌握关键技能。

这里 AI 生成的客户服务技能培训课程的评估和反馈机制内容较为宽泛，在实际应用中，我们可以根据企业的具体培训目标和培训受众的需求，对课程的评估和反馈机制进一步细化。这样的调整将使评估和反馈更加精准，更有效地满足企业特定的培训要求。

5）生成一份完整的培训课程手册草案。

🧑‍💻 提示词示例：

你是企业培训专家，请基于以上内容生成一个完整的客户服务技能培训课程手册草案，包括：①所有教学内容、互动练习、案例研究；②评估机制。

AI 会提供一套完整的客户服务技能培训课程手册框架，我们可以根据企业自身的实际需求对框架进一步细化。

通过运用 AI 的智能文本生成与编辑功能，我们能够更有效地编制培训课程手册，确保手册内容具备科学性、实用性以及前瞻性。

6.3.3　设计课程评估工具

课程评估是确保培训效果和质量的重要环节，评估工具的设计则是评估过程中的关键一步。传统的评估工具常常缺乏必要的灵活性和针对性，难以满足多样化的培训需求。AI 的智能文本生成与处理技术给课程评估工具的设计带来了全新的思路和方法。它能够根据具体的培训目标和内容，快速生成定制化的评估工具，从而更加全面、准确地评估培训效果，为培训质量的持续改进提供有力支持。

AI 的智能文本生成功能在评估工具设计中具有独特的优势。它可以根据我们的需求，快速地生成各种形式的评估工具，如问卷调查、知识测试、技能评估表等。这些工具不仅可以覆盖多个评估维度，还可以根据学员的实际情况进行个性化的调整和优化。

1. 输出培训评估调研问卷

我们可以利用 AI 生成针对培训内容、教学方法、教师表现等方面的具体问题，通过学员的回答来收集意见和建议。AI 还可以对学员的回答进行智能分析和处理，帮助我们快速了解学员的需求和反馈，从而为培训改进提供有利依据。

&= 提示词示例：

你是企业培训专家，请创建一个问卷调查，用于评估员工对客户服务技能培训课程内容的理解和对教学方法的满意度。

AI 依照提示词快速地创建了一份评估员工对客户服务技能培训课程内容理解程度和对教学方法满意度的调研评估问卷。我们可以根据企业的具体需求对问卷内容进行优化和调整，也可以参考提示词示例，创建其他课程的调研评估问卷。

2. 输出培训测试试题

在知识测试中，AI 可以生成各种形式的测试题，如选择题、填空题、简答题等。这些测试题不仅可以检验学员对知识点的掌握情况，还可以帮助我们发现学员在学习过程中存在的问题。通过对测试结果的统计和分析，我们可以及时了解学员的学习状况，为后续的教学调整提供数据支持。

&= 提示词示例：

你是企业培训专家，请设计一套完整的知识测评试卷，用以评估员工对客户服务关键知识点的掌握情况。试卷要求：①总分 100 分；②题型包括：单选题、多选题和简答题；③题目数量为 20 道；④测评时间为 40 分钟。请按照单选题、多选题和简答题三个部分，分别输出完整的知识测评试卷。

AI 根据提示词快速提供了一份客户服务知识测评试卷，试卷中包括单选题、多选题和简答题三种题型，以及答案与评分标准。这里需要注意的是，受 AI 文字处理字数的限制，在提示词中要注明"请按照单选题、多选题和简答题三个部分，分别输出完整的知识测评试卷。"，否则，AI 给出的试卷将是不完整的。

3. 输出情景模拟

我们可以利用 AI 生成模拟场景或实际案例，让学员在模拟环境中进行实践操作。通过这种方式，我们可以更加全面地评估学员的技能水平和应用能力，同时也可以为学员提供更加真实、有趣的学习体验。

⚇ 提示词示例：

你是企业培训专家，请模拟一个客户服务情景中的困难场景，并设计技能评估表，用于评估员工在模拟情景中的表现。

注意，在演示示例中，我们给出的指令比较简单，在实际工作中，则需要根据企业遇到的实际问题，让 AI 模拟场景，设计技能评估表，用以评估员工在模拟情景中的表现。

借助 AI 的智能文本生成与处理技术，我们可以更加高效地设计课程评估工具，确保评估的全面性和准确性。利用 AI 生成各种形式的评估工具，如问卷调查、知识测试、技能评估表等，我们可以更加深入地了解学员的需求和反馈，为培训质量的持续改进提供有力支持。

在本节，我们详细讨论了利用 AI 技术来优化培训课程开发流程的方法。这一过程涵盖从教材制作、课程实施到评估的各个阶段，每个环节都经过了精心的规划和设计。我们的目标是提供信息量充足、易于理解且能够应用于实践的培训内容。这种方法能有效地提升培训的效果，同时提升学员的学习体验。

在培训课程开发中，AI 扮演了至关重要的角色。AI 的潜力和价值在于它能够简化传统培训材料的制作过程，并显著提高课程手册制定的效率。更重要的是，通过设计高效的课程评估工具，AI 可以实现对培训课程进度的实时监控和反馈，确保学员能够获得最优的学习成果。

6.4　用 AI 做培训效果评估

在培训项目的最后阶段，效果评估显得尤为重要，它是衡量培训价值的关键环节。通过 AI，我们可以全面、客观地评估学员的绩效，更准确地了解培训内容的吸收和应用情况。本节将探讨如何运用 AI 进行全面且高效的培训效果评估。

6.4.1　学员绩效评估

学员绩效评估作为培训效果评估的核心部分，旨在全面、客观地衡量学员经过培训后的知识、技能及态度等方面的变化。在传统的培训评估中，我们往往依赖于问卷调查、考试等方式来获取学员的反馈和学习成果。然而，这些方法存在着主观性强、反馈不及时等问题，难以真实反映学员的绩效情况。随着人工智能技术的发展以及不同 AI 工具的应用，我们可以更加便捷地收集学员的意见和建议，及时发现培训中存在的问题，从而有针对性地进行改进。

1. 学员绩效评估的核心

（1）明确评估的目标和标准

在培训开始前，我们应与学员明确培训的目标和期望成果，以便在评估时有一个清晰的对照标准。同时，评估标准应具有可衡量性和可操作性，以便于对学员的绩效进行量化分析。

（2）注重过程性评估

培训是一个持续的过程，学员的绩效也会随着培训的深入而不断变化。因此，我们需要在培训过程中定期进行评估，以便及时了解学员的学习情况和进度，发现潜在的问题并及时解决。AI 工具可以帮助我们实现过程性评估的自动化和实时化，提高评估的效率和准确性。

（3）关注学员的个体差异

每个学员的学习背景、能力和兴趣不同，他们在培训中的表现也会有所差异。因此，在评估学员绩效时，我们需要充分考虑学员的个体差异，采用个性化的评估方式和标准。

（4）注重评估结果的反馈和应用

评估的目的不仅是了解学员的绩效情况，更重要的是指导后续的培训改进和学员的个人发展。因此，我们需要将评估结果及时反馈给学员，以便他们了解自己在培训中的表现和不足，并制定相应的改进措施。同时，评估结果还可以作为学员个人发展规划的重要依据，帮助他们明确自己的职业发展方向和目标。

2. 示范案例

接下来，我们将通过具体案例展示如何运用前文提及的方法，借助 AI 技术，进行学员绩效评估。

【案例：用 AI 进行学员绩效评估】

我们仍以前文提到的某科技公司为例：

某科技公司希望提高企业软件开发团队的云计算技能，特别是使用 AWS 服务进行项目开发方面的能力。

培训目标：提升软件开发团队在云计算技术，尤其是 AWS 服务（如 EC2、S3、Lambda）的应用开发能力，以支持公司向云平台迁移的战略目标。

团队人员能力现状：软件开发团队由 30 名软件开发人员组成，他们在传统软件开发方面有丰富的经验，但在云计算和 AWS 服务应用方面缺乏经验。

基于以上信息，我们向 AI 输入提示词，示例如下：

你是某科技公司的企业培训专家，请参考以上内容，设计学员绩效评估维度与评估方法，全面客观地衡量学员经过培训后的知识、技能及态度等方面的变化，科学评估学员绩效。

　　AI 会从知识、技能、态度等维度对学员做绩效评估，全面客观地衡量学员在培训前后的知识、技能及态度等方面的变化，从而科学地评估学员绩效水平，为团队在云计算和 AWS 服务应用开发方面的能力提升提供有效支持。

　　我们可以通过提示词让 AI 依据以上学员绩效评估维度与评估方法，设计学员绩效评估表。

提示词示例：

　　请根据以上内容设计学员绩效评估表，要有评价标准，有权重，有分数。

　　AI 会根据提示词设计出学员绩效评估表，若评价标准过于简单，还可以通过调整提示词，让 AI 对学员绩效评估表中的评价 / 评分标准做出详细的描述。

　　我们需要详细描述评价标准，提示词示例：

　　请根据以上内容设计学员绩效评估表，要求：有详细的评价 / 评分标准，有权重，有分数。

　　在实际工作中，我们可以通过提示词让 AI 对表格进行调整，以便更好地反映学员的绩效评估效果。

　　借助 AI 工具，我们可以更加全面、细致地评估学员的绩效情况，为培训改进和学员个人发展提供有力支持。在未来的培训实践中，我们应积极探索 AI 在学员绩效评估中的应用潜力，不断提升评估的准确性和有效性。

6.4.2　ROI 分析与改进措施

　　ROI 分析作为培训效果评估的关键环节，旨在量化培训投资与回报之间的关系，为企业决策提供有利依据。本节将深入探讨如何利用 AI 工具进行 ROI 分析，包括数据收集与整理、成本效益计算与分析、结果解读及改进措施制定等方面。通过科学的 ROI 分析，我们能够更加精准地评估培训效果，优化资源配置，促进培训成果的转化与应用。

1. 操作步骤

步骤 1：数据收集与整理

　　在进行 ROI 分析时，首先需要收集与培训相关的各类数据，包括培训成本数据、员工绩效提升数据、业务增长额数据等。利用 AI，我们可以实现数据的收集、整理和分析，提高数据处理的效率和准确性。

　　1）培训成本数据：包括培训课程开发费用、讲师费用、场地租赁费用、设备购置费用等。这些数据可以通过企业的财务系统或培训管理系统进行收集。

2）员工绩效提升数据：通过对比培训前后员工的工作表现，可以量化培训对员工绩效的提升效果。这些数据可以通过员工绩效评估系统或工作成果展示平台进行收集。

3）业务增长额数据：培训的目的是提高员工的业务能力和企业的竞争力，从而推动业务增长。因此，业务增长额是衡量培训效果的重要指标之一。这些数据可以通过企业的销售系统或市场分析报告进行收集。

步骤 2：成本效益计算与分析

收集到相关数据后，接下来需要进行成本效益的计算与分析。这一步是为了量化培训投资与回报之间的关系，为后续的决策提供依据。

1）培训成本计算：将收集到的培训成本数据进行汇总和计算，得出总的培训成本。

2）效益计算：根据员工绩效提升数据和业务增长额数据，计算培训带来的直接效益和间接效益。直接效益可以通过员工绩效提升带来的额外收益进行衡量，间接效益则可以通过业务增长额、客户满意度提升等长期指标进行衡量。

3）ROI 计算：将效益与成本进行对比，计算出培训的 ROI 值。ROI 的计算公式为（培训收益—培训成本）/ 培训成本 ×100%。通过 AI，我们可以自动完成这个计算过程，并得出一个具体的 ROI 数值。ROI 值越高，说明培训的投资回报越大，培训效果越好。

步骤 3：结果解读与改进措施制定

在完成 ROI 计算后，我们需要对结果进行深入解读，并针对存在的问题制定相应的改进措施。

1）结果解读：根据 ROI 值的大小和变化趋势，我们可以判断培训效果的好坏以及改进方向。例如，如果 ROI 值较低且呈下降趋势，说明培训可能存在内容不实用、方法不当等问题；如果 ROI 值较高且呈上升趋势，则说明培训效果较好，可以继续保持和优化。

2）改进措施制定：针对存在的问题，我们可以制定具体的改进措施以提升培训效果。例如，针对内容不实用的问题，我们可以调整培训课程的内容和结构，使其更加贴近员工实际工作需求；针对方法不当的问题，我们可以尝试引入新的教学方法和技术手段，提高培训的互动性和趣味性。

步骤 4：持续跟踪与反馈

为了确保改进措施的有效性并持续优化培训方案，我们还需要持续跟踪与反馈。

1）跟踪实施情况：在实施改进措施后，我们需要持续跟踪措施的实施情况并收集相关数据以评估效果。这可以通过定期的调查问卷、员工访谈等方式进行。

2）反馈与调整：根据跟踪结果和员工反馈，我们可以对改进措施进行必要的调整和完善。同时，我们也可以将成功的经验和做法进行总结和推广，以推动整个培训体系的持续改进和优化。

2. 示范案例

接下来，我们将通过具体案例展示如何借助 AI 技术进行企业 ROI 分析，并给出改进措施。

【案例：如何用 AI 进行 ROI 分析】

我们仍以前文提到的某科技公司为例，把以下内容输入 AI：

为了提高企业软件开发团队的云计算技术，特别是使用 AWS 服务进行项目开发方面的能力，公司计划针对软件开发团队的 30 名软件开发人员组织一场培训，以帮助他们学习云计算和 AWS 服务方面的知识。

培训总时长：8 周；培训频率：每周两次，每次 4 小时；培训模式：结合线上自学和线下实践操作。

培训结束后，经汇总统计，相关数据如下：

培训成本数据：培训课程开发费用为 20000 元；讲师费用为 30000 元；场地租赁费用为 10000 元；设备购置费用为 6000 元。

员工绩效提升数据：培训前平均绩效评分为 6.5（满分 10 分）；培训后平均绩效评分为 8.5（满分 10 分）。

业务增长额数据：培训前三个月公司销售额为 300000 元；培训后三个月公司销售额为 350000 元。

然后附上如下提示词，让 AI 做 ROI 分析，并给出分析结果与改进措施。

你是某科技公司的企业培训专家，请参考以上内容，进行 ROI 分析并给出改进措施。

通过改进措施的实施，我们可以进一步提升培训的效果，确保措施能够持续地为企业带来价值，并实现更高水平的 ROI。这不仅有助于提高企业培训的质量和效率，还能为企业的持续发展和竞争力提升提供有力保障。

6.4.3　人才成长评估

人才成长评估是培训效果评估的重要组成部分，它关注员工在培训后的个人发展和职业成长。通过 AI 的应用，我们能够更加全面、深入地了解员工的成长轨迹和发展潜力，为企业的人才培养和梯队建设提供有力支持。本节将详细阐述如何利用 AI 进行人才成长评估，包括评估维度的设定、数据的收集与分析，以及评估结果的应用等方面。

1. 操作步骤

步骤 1：评估维度的设定

在进行人才成长评估时，首先需要明确评估的维度。这些维度应该能够全面反映员工的个人素质、工作能力，以及职业发展潜力。利用 AI，我们可以从以下几个方面设定评估维度：

1）知识与技能：评估员工在培训过程中学到的知识和技能，以及这些知识与技能在实际工作中的应用情况。这可以通过员工的工作成果、项目完成情况，以及技能考核成绩等方面进行衡量。

2）工作态度与价值观：评估员工的工作态度和价值观，包括是否积极主动、是否有责任心、是否具备团队合作精神等。这可以通过员工在日常工作中的表现、同事和上级的评价等方面进行了解。

3）创新能力与学习能力：评估员工的创新能力和学习能力，以判断其是否具备持续学习和适应变化的能力。这可以通过员工在解决问题、应对挑战时的表现，以及他在培训过程中的学习进步情况进行考察。

4）职业发展潜力：评估员工的职业发展潜力，以预测其在未来可能达到的职业高度。这可以通过对员工的职业规划、职业目标以及他在职业发展方面的努力程度进行了解和分析。

步骤 2：数据的收集与分析

在明确了评估维度后，接下来需要收集员工在各方面的相关数据。这些数据可以来自员工的工作记录、培训记录、绩效考核结果等多个方面。利用 AI 的数据分析能力，我们可以对这些数据进行深入挖掘和分析，从而得出更加客观、准确的评估结果。

1）工作记录分析：通过员工的工作记录，我们可以了解其工作内容、工作量、工作难度等方面的情况，进而评估其在工作中的表现和能力。

2）培训记录分析：员工的培训记录反映了他在培训过程中的学习情况和进步程度。通过对培训记录的分析，我们可以了解员工的学习态度、学习能力以及对知识技能的掌握情况。

3）绩效考核结果分析：绩效考核结果是员工工作成果的直接体现。通过对绩效考核结果的分析，我们可以了解员工在工作中的优点和不足，以及需要改进的地方。

步骤 3：评估结果的应用

人才成长评估的最终目的是促进员工的个人发展和职业成长。因此，评估结果的应用是至关重要的一环。利用 AI，我们可以实现以下几个方面的应用：

1）个性化发展规划：根据员工的评估结果，我们可以为其制定个性化的发展规划，包括职业目标、能力提升计划、培训计划等，以帮助员工明确发展方向和路径。

2）人才选拔与培养：企业可以将人才成长评估结果作为人才选拔和培养的重要依据，通过对员工的综合表现进行评估和比较，选拔出具有潜力和优秀表现的人才进行重点培养。

3）激励与奖励：根据员工的评估结果，企业可以给予相应的激励和奖励，以鼓励员工继续努力和进步。这可以包括晋升机会、薪酬调整、奖金发放等形式。

2.示范案例

我们将通过具体案例展示如何运用前文提及的方法，借助 AI 技术，进行人才成长评估，形成人才成长评估记录表。

【案例：如何用 AI 进行人才成长评估】

案例背景：某科技公司要提升软件开发团队在云计算技术，尤其是 AWS 服务（如 EC2、S3、Lambda）的应用开发能力，以支持公司向云平台迁移的战略目标。要做软件开发人员的人才成长评估。

我们向 AI 输入如下提示词：

你是某科技公司的人才发展专家，为了提升企业软件开发团队的云计算技术，特别是 AWS 服务的应用开发方面的能力，请设计软件开发人才成长评估方案，通过系统性评估，识别并培养具有高潜力的软件开发员工，为公司的未来发展储备关键人才。

AI 会根据提示词，设计人才成长评估方案。

我们可以继续通过提示词让 AI 根据方案，生成人才成长评估表。

提示词示例：

请根据以上内容，设计软件开发人员的人才成长评估表。

AI 会根据方案内容生成评估表模板，在实际使用时，可以根据实际情况调整评估内容和细节。

本节详细阐述了如何利用 AI 进行人才成长评估。通过评估维度的设定、数据的收集与分析，以及评估结果的应用等步骤，我们能够更加全面、客观地了解个体在培训过程中的成长情况，并为其提供更有针对性的发展支持。这不仅有助于促进人才的持续成长与提升，还能为组织的长期发展提供有力的人才保障。

综上所述，AI 在培训效果评估中发挥了重要作用。它不仅提高了评估的效率和准确性，还为我们提供了多维度、深层次的洞察。通过对学员绩效、ROI 和人才成长的综合评估，我们能够更加精准地优化培训方案，促进知识的传递和转化，为组织的持续发展注入源源不断的动力。

6.5　用 AI 做人才管理

本节将深入探讨如何利用 AI 进行企业内部人才盘点、人才梯队建设以及继任者计划等关键人才管理活动。通过智能化的人才管理，企业能够更加高效、精准地识别和发展内部人才，优化人力资源配置，提升组织整体竞争力。

6.5.1　企业内部人才盘点

企业内部人才盘点是一个系统性的过程，它的主要目的是全面、系统地评估企业内部的人力资源状况，包括员工队伍的规模、结构、能力和潜力等，为企业战略目标的实现提供人力资源支持。本节将详细阐述利用 AI 进行企业内部人才盘点的具体步骤，为企业优化人力资源配置提供有力支持。

1. 操作步骤

企业内部人才盘点包括以下 4 个步骤。

步骤 1：明确人才盘点的目的和标准

在进行企业内部人才盘点之前，首先需要明确盘点的目的和标准。目的不同，盘点的侧重点和方法也会不同。例如，盘点的目的是优化人力资源配置，那么就需要重点关注员工的技能、经验和工作表现等方面；盘点的目的是制订人才培养计划，那么就需要更加关注员工的发展潜力和学习能力等方面。同时，为了确保盘点的客观性和准确性，还需要制定明确的评估标准，如技能等级标准、绩效表现标准等。

步骤 2：利用 AI 收集和分析数据

在明确了盘点的目的和标准后，接下来需要利用 AI 收集和分析相关数据。这些数据可以包括员工的个人信息、工作经历、培训记录、绩效表现等。借助 AI，我们可以对这些数据进行深入挖掘和分析，提取出有价值的信息。

例如，可以利用 AI 对员工的工作经历进行分析，了解他们的工作内容、职责以及所取得的成绩；可以利用 AI 对员工的培训记录进行分析，了解他们的学习情况和技能提升情况；可以利用 AI 对员工的绩效表现进行分析，了解他们的工作效率和工作质量等。通过这些分析，我们可以更加全面、客观地了解员工的实际情况和潜力。

步骤 3：制定人才盘点报告

在收集和分析完相关数据后，接下来需要制定人才盘点报告。人才盘点报告应该包括以下内容：

1）企业内部人才总体情况：包括员工的数量、结构、分布等基本情况，以及员工的整体素质和潜力等。

2）关键岗位人才分析：针对企业中的关键岗位，分析该岗位上的人才储备情况、技能需求以及人才缺口等，为后续的人才培养和引进提供参考。

3）人才发展建议：根据盘点结果，针对不同类型的员工提出个性化的发展建议，如培训计划、晋升路径等，以促进员工的持续成长和发展。

步骤 4：实施人才盘点结果

制定了人才盘点报告后，最重要的是将盘点结果付诸实践。这包括根据报告中的建议制订具体的人才培养计划、优化人力资源配置等。同时，还需要建立持续的跟踪和反馈机制，确保人才盘点结果的有效实施和持续改进。

在实施过程中，我们可以利用 AI 工具进行持续的数据收集和分析，以便及时了解实施效果并进行调整。此外，还可以通过定期的沟通和反馈会议等方式，鼓励员工积极参与和反馈，共同推动人才盘点结果的落实和改进。

2. 示范案例

接下来，我们将通过具体案例展示如何按照以上步骤，借助 AI 进行企业内部人才盘点。

【案例：如何用 AI 进行企业内部人才盘点】

案例背景：某科技公司希望优化其软件开发团队的人力资源配置，提高团队的整体效率和创新能力。公司决定进行一次人才盘点，以识别关键技能缺口、评估员工的发展潜力，并制订相应的培训和人才发展计划。这是一个复杂任务，需要逐步拆分提示词。

1）根据公司的人才盘点目标，设计人才盘点标准，提示词示例：

你是某科技公司的人才发展专家，公司希望优化软件开发团队的人力资源配置，提高团队的整体效率和创新能力。公司决定进行一次人才盘点，以识别关键技能缺口、评估员工的发展潜力，并制订相应的培训和人才发展计划。请根据公司的人才盘点目标，设计人才盘点标准。

2）生成人才盘点表，提示词示例：

你是某科技公司的人才发展专家，请根据以上内容，设计人才盘点表。

3）详细阐述人才盘点表中的人才盘点维度与标准，提示词示例：

请详细阐述人才盘点表中每个人才盘点维度的重点盘点内容、盘点标准、评分 / 评价标准、数据来源。

4）分析数据并生成人才盘点报告。我们可以根据 AI 设计的人才盘点标准，收集与整理数据，然后让 AI 分析数据并生成人才盘点报告。提示词示例：

你是某科技公司的人才发展专家，请根据以下统计收集的数据，做一份详细的软件开发人员的人才盘点报告。

员工编号	姓名	职位	部门	加入日期	最后一次绩效评估等级	技能评估	项目贡献	创新能力	学习与发展潜力	团队合作与沟通	领导力与潜在成长	备注
001	李一	后端工程师	研发部	2021-03-01	A	5	5	4	4	4	4	核心技术贡献者
002	王二	前端工程师	研发部	2020-06-15	B	4	4	3	4	4	3	用户体验优化
003	张三	项目经理	项目管理部	2019-01-10	A	4	5	4	5	5	5	项目交付率高
004	李四	测试工程师	质量保证部	2022-01-07	B	4	3	3	3	4	2	质量把控
005	王五	数据分析师	数据分析部	2018-04-20	A	5	4	4	5	4	3	数据驱动决策
006	吴八	UI 设计师	设计部	2022-05-16	B	4	3	4	4	4	2	设计思维突出
007	郑九	前端工程师	研发部	2018-11-20	A	4	5	4	5	5	3	前端技术栈全面
008	黄十	后端工程师	研发部	2020-02-14	B	4	4	3	4	4	3	后端稳定性保障
009	周十一	DevOps 工程师	技术支持部	2019-09-07	A	5	5	5	5	5	4	DevOps 流程优化
010	吕十二	产品经理	产品部	2018-04-21	B	4	3	4	4	3	5	产品规划与市场洞察

AI 会基于我们输入的相关资料，输出人才盘点报告。

通过明确人才盘点的目的和标准、利用 AI 收集和分析数据、制定人才盘点报告以及实施人才盘点结果等步骤，我们能够更加全面、客观地了解企业内部的人力资源状况，为优化人力资源配置提供有力支持。这不仅有助于提升企业的整体绩效和竞争力，还能为员工的个人发展提供更加广阔的空间和更多的机会。

6.5.2　人才梯队建设

人才梯队建设是企业持续发展的重要保障，旨在为企业培养和储备具备不同技能和经验的人才，确保企业在关键时刻拥有合适的人选来填补岗位空缺或承担新的职责。本节将深入探讨如何利用 AI 进行人才梯队建设，包括识别潜力人才、制订个性化发展计划、实施培训与轮岗以及建立持续跟踪与反馈机制等环节，为企业打造一支高素质、具备持续发展潜力的人才队伍。

企业人才梯队建设一般包括以下 4 个方面。

1. 识别潜力人才

在进行人才梯队建设时，首先需要识别具备潜力的员工。这些员工通常具备较高的学习能力、创新能力和团队协作能力等特质，有望在未来成为企业的中坚力量。利用 AI 工具，我们可以从以下几个方面识别潜力人才：

（1）工作表现分析

通过对员工的工作绩效进行评估，了解他们的工作效率、质量以及解决问题的能力等，筛选出表现优秀的员工。

（2）360 度反馈评价

利用 AI 收集员工的上级、同事、下属等不同角色对他的反馈意见，全面了解员工的优点和不足，发现具备潜力的员工。

（3）潜力测评

通过设计一系列测评题目，利用 AI 对员工的潜力进行评估，如逻辑思维能力、创新能力、领导力等，挖掘出具备高潜力的员工。例如，我们可以向 AI 发出指令，让它分析员工的潜力测评结果。

 提示词示例：

你是人才发展专家，你熟悉各类测评工具，请对附件中的三份人员测评报告分析员工的管理潜力。

2. 制订个性化发展计划

识别出潜力人才后，接下来需要为他们制订个性化的发展计划。这些计划应该根据员工的个人特点、职业规划和企业需求来制订，确保员工能够在未来的职业发展道路上不断成长。利用 AI 工具，我们可以从以下几个方面为员工制订个性化发展计划：

（1）职业规划指导

根据员工的兴趣和优势，为他们提供职业规划建议，帮助他们明确未来的职业发展方向和目标。

（2）培训课程设计

针对员工在知识和技能方面的不足，为他们定制个性化的培训课程，包括线上课程、线下实践等，以提升他们的综合素质。

（3）导师制度建立

为潜力员工分配经验丰富的导师，提供一对一的指导和帮助，促进他们在工作中不断学习和成长。

提示词示例：

你是人才发展专家，请为包某制订个性化发展计划。

3. 实施培训与轮岗

制订了个性化发展计划后，接下来需要实施具体的培训和轮岗等措施，帮助员工在实践中不断提升和锻炼自己。利用 AI 工具，我们可以从以下几个方面实施培训与轮岗计划：

（1）在线培训平台搭建

搭建在线培训平台，方便员工随时随地进行学习，提高培训效率和效果。

（2）轮岗计划制订与执行

根据员工的职业规划和发展需求，为他们制订轮岗计划，提供在不同部门和岗位工作的机会，以拓宽他们的视野，积累经验。

（3）培训效果评估与反馈

定期对员工的培训效果进行评估和反馈，了解他们的学习情况和进步程度，及时调整培训计划和方法。

提示词示例：

你是人才发展专家，请设计包某的轮岗计划。

4. 建立持续跟踪与反馈机制

为了确保人才梯队建设的持续性和有效性，还需要建立持续跟踪与反馈机制。利用 AI，我们可以实现以下几个方面的跟踪与反馈：

（1）定期进展报告

要求员工定期提交进展报告，反映他们在培训、轮岗等方面的情况和收获，以便及时了解他们的成长动态。

（2）绩效评估与调整

定期对员工的绩效进行评估和调整，根据他们的实际表现和发展需求调整发展计划和措施。

（3）反馈与激励

鼓励员工提供反馈意见和建议，及时给予肯定和激励，激发他们的积极性和创造力。

6.5.3　继任者计划

继任者计划是企业为了确保领导层的连续性而制订的关键战略，旨在识别和培养有潜力的员工，以便在现有领导者离职或晋升时，能够顺利接任并保持企业的稳定运营。本节将详细探讨如何利用 AI 制订和实施有效的继任者计划，包括潜力人才识别、领导力培养、继任计划制订与跟踪、持续跟踪评估等环节，为企业打造一套科学、系统的继任者培养体系。

1. 潜力人才识别

制订继任者计划的首要任务是识别具备潜力的员工。这些员工不仅应具备出色的工作表现，还应拥有成为未来领导者的潜质。利用 AI，我们可以通过分析员工的工作数据、绩效反馈、培训记录等信息，发现那些具备高潜力的人才。

AI 可以帮助我们收集并整理员工在各个方面的表现数据，如项目完成情况、团队协作能力、创新能力等。通过对这些数据的深入挖掘和分析，我们可以找出那些具备领导潜质的员工，为后续的领导力培养和继任工作奠定基础。

2. 领导力培养

识别出潜力人才后，接下来需要为他们提供领导力培养的机会。领导力培养是一个长期的过程，需要针对不同阶段的需求制订相应的培养计划。利用 AI 工具，我们可以根据员工的个人情况和职业发展目标，为他们量身定制合适的领导力培养计划。

例如，对于初级员工，我们可以安排他们参加领导力基础课程，学习基本的领导技能和管理知识；对于中级员工，我们可以安排他们参加高级领导力培训课程，提升他们的战略规划和团队协作能力；对于高级员工，我们可以安排他们参加领导力实践项目，通过实际操作锻炼他们的领导能力。

我们可以让 AI 根据员工特质定制合适的领导力培养计划，提示词示例如下："你是某科技公司的人才发展专家，请为公司的中层管理人员定制合适的领导力培养计划。"

我们以 AI 制订的模板化的领导力培养计划为起点，根据每位中层管理人员的具体情况进行调整和个性化设计，确保其与员工的职业发展目标和公司的战略需求紧密结合。

3. 继任计划制订与跟踪

制订完领导力培养计划后，我们需要为每位潜力人才制订具体的继任计划。继任计划应包括明确的继任时间、继任岗位、继任条件及相应的培养计划等内容。利用 AI 工具，我们可以实现继任计划的自动化管理和跟踪。

AI 可以帮助我们记录每位员工的继任计划执行情况，如培训完成情况、技能提升情况等。通过对这些数据的实时监控和分析，我们可以及时了解员工的继任准备情况，并为他们提供必要的支持和帮助。

例如，我们可以让 AI 为潜力人才制订具体的继任计划，包括明确的继任时间、继任岗位、继任条件以及相应的培养计划等内容。

🔲 提示词示例：

你是某科技公司人才发展专家，需要为市场部主管张三制订继任计划，继任时间：2025 年 1 月；继任岗位：市场部经理；继任条件：完成高级市场策略培训、至少 3 年相关工作经验、通过领导力评估。

4. 持续跟踪评估

在实施继任计划的过程中，建立一个持续的反馈和评估机制至关重要。因此，我们要定期组织沟通和反馈会议，这不仅可以为员工提供一个积极参与继任计划的平台，也有助于我们共同推动该计划的有效实施和持续改进。此外，利用 AI 工具来收集分析员工在继任过程中的意见和建议，能够让我们及时了解继任计划的实施效果，并据此调整继任策略，优化人才培养方案。

🔲 提示词示例：

你是人才发展专家，请设计一套继任计划的持续跟踪与反馈机制。

我们可以把 AI 设计的持续跟踪与反馈机制的框架作为一个起点，根据实际情况调整和完善框架的内容，以更好地适应组织继任计划的具体需求和目标。

本章深入分析了 AI 在培训与人才管理领域的广泛应用，结合理论与实践，揭示了 AI 多层次的价值。AI 不仅显著提升了培训需求调研的效率与精确性，还在培训计划的制订、课程开发及执行过程中发挥了关键作用。此外，AI 的数据分析功能在评估培训效果方面尤为重要，为企业的人才发展战略提供了可靠的数据支持。通过这些应用，AI 为企业的培训与人才管理奠定了坚实的基础，推动了人才管理的科学化与精细化。

第 7 章　*Chapter 7*

AI 赋能绩效管理

绩效管理是各级管理者和员工为了实现组织目标共同参与并制定的持续循环过程，包括绩效计划、绩效沟通辅导、绩效考核与评价、绩效结果应用以及绩效改进。绩效管理需要长期持续，并与企业战略目标保持一致。当前，常用的绩效考核方法主要包括目标管理（Management By Objective，MBO）、关键绩效指标（Key Performance Indicator，KPI）、目标与关键成果（Objectives and Key Result，OKR）、平衡计分卡（Balanced Score Card，BSC）、关键成功要素（Key Success Factor，KSF，也称薪酬全绩效模式）、个人业务 / 绩效承诺（Personal Business Commitment，PBC）以及未来成功的早期指标（Early Indicator of Future Success，EIOFS）等。本章将深入探讨 AI 在绩效管理各个环节的具体应用，重点以 KPI 为例，揭示 AI 如何赋能企业提升绩效管理水平，并助力企业实现可持续发展。此外，本章涉及的 AI 输出内容较多，限于篇幅，就不一一展示了，请读者自行实践。

7.1　用 AI 管理考勤

本节将探讨如何通过 AI 设计智能化的考勤管理流程、制定科学合理的考勤管理规定，以及快速准确地统计分析考勤结果。

7.1.1　设计考勤管理流程

在设计考勤流程时，我们首先需要明确企业的运营模式和岗位特点。AI 可以通过分析企业的历史考勤数据、员工岗位职责等因素，为企业量身定制一套符合实际需求的考勤流程。这一流程会充分考虑到企业的业务需求、员工的工作习惯以及考勤管理的目标，确保实用性和可操作性。我们可以借助 AI 按以下步骤设计企业考勤管理流程。

1. 需求分析与流程规划

在设计考勤流程之初，我们要与企业管理层进行充分沟通，了解企业的运营模式和考勤管理需求。通过对企业业务特点、员工岗位性质以及考勤数据的深入分析，让 AI 明确考勤流程的设计目标和关键点。在此基础上，我们可以让 AI 根据企业业务特点、员工岗位性质等规划出考勤流程的整体框架，包括考勤方式、考勤时间、异常情况处理等环节。

🧑‍💻 提示词示例：

你是某科技公司的人力资源经理，请根据以下信息，规划出公司考勤流程的整体框架，包括考勤方式、考勤时间、异常情况处理等环节。

公司专注于软件开发和云服务，拥有多样化的员工岗位，包括软件开发人员、销售人员、技术支持和行政管理人员。

（1）公司业务特点

快速变化的市场：市场需求变化迅速，研发周期短，发布频繁。

混合工作模式：支持远程工作和办公室工作两种工作模式，以提高工作效率和满足不同员工的需求。

团队合作：强调团队协作和灵活的工作时间以促进创新。

（2）员工岗位性质

软件开发人员：主要远程工作，需灵活调整工作时间以适应项目需求。

销售人员：远程和办公室工作，需要经常外出拜访客户。

技术支持：提供 24/7 服务，采用轮班制。

行政管理人员：主要在办公室工作，执行标准工作时间。

2. 流程细化与优化

在整体框架确定后，可以利用 AI 对考勤流程进行细化和优化。

（1）考勤方式

让 AI 根据企业的实际情况推荐合适的考勤方式，如指纹打卡、人脸打卡等考勤方式，或手机 App、网页端等远程考勤方式。这些方式的选择将充分考虑到员工的便利性和考勤数据的准确性。

（2）考勤时间规定

让 AI 结合企业的工作时间和员工的岗位特点，制定出合理的考勤时间要求。例如，对于需要弹性工作的岗位，可以设定核心工作时间和弹性工作时间，既保证员工的工作效率，又给予他们一定的自由度。

（3）考勤异常情况处理

让 AI 预设多种可能出现的异常情况，并给出相应的处理建议。这些建议将包括迟到、早退、旷工等违规行为的处理规则，以及因公出差、请假等特殊情况的考勤处理规则。通过明确这些处理规则，可以确保考勤流程的公平性和一致性。

接下来，我们向 AI 输入提示词，对考勤流程进行细化和优化，示例如下：

请对以上考勤流程中关于迟到、早退、旷工等违规行为的处理规则，以及因公出差、请假等特殊情况的考勤处理规则进行细化和优化。

3. 流程实施与调整

设计好的考勤流程需要在企业中实施和调整。在实施过程中让 AI 对流程的实施效果进行持续监控和评估，根据反馈数据进行必要的调整和优化。这种动态调整的方式可以确保考勤流程始终适应企业的实际需求和变化。

此外，在实施过程中，我们还要关注员工的反馈和建议。通过收集员工的意见和建议，借助 AI 不断完善考勤流程，使流程更人性化、更合理。这种员工参与的方式不仅可以增强员工对考勤流程的认同感，还可以激发他们的工作积极性，提升整体的工作效率。

通过本节的阐述，我们可以看到 AI 在设计考勤流程方面的应用。AI 不仅能根据企业实际情况量身定制考勤流程，还能对流程进行细化和优化，确保其实用性和可操作性。同时，在实施过程中，AI 还能持续监控和评估流程效果，根据反馈数据对流程进行必要的调整和优化。

7.1.2　制定考勤管理规定

在制定考勤规定的过程中，我们可以让 AI 深度分析企业的实际需求、员工的工作特性以及考勤管理的目标，生成一套系统、完善的考勤规定。这些规定不仅可以体现企业的管理理念和文化，还可以充分考虑员工的权益和利益，实现企业与员工的双赢。制定考勤管理规定包括以下步骤：

1. 明确考勤目的和原则

考勤不仅是为了记录员工的出勤情况，更是为了激励员工积极工作，提高工作效率。因此，在制定考勤规定时，我们应遵循公平、公正、公开的原则，确保每位员工都能在同样的标准下接受考勤管理。AI 能够协助我们明确这些原则，并将其贯穿到整个考勤规定中。

2. 细化考勤要求

这包括明确员工的上下班时间、迟到早退的定义及处理方式、请假流程等。例如，我们可以规定员工需按时上下班，并在规定时间内完成打卡；迟到或早退超过一定时间将视为违规，并给予相应的处罚；员工请假需提前申请，经过上级审批同意后方可执行。AI 能够帮助我们梳理这些要求，并确保其合理性和可操作性。

3. 考虑特殊情况

除了常规的考勤要求外，我们还需要考虑特殊情况下的考勤处理。例如，员工因公出差、参加培训或会议等原因无法按时打卡时，应如何处理？对于这些情况，我们可以制定灵活的处理规则，如允许员工提前申请免打卡、事后补打卡或提供相关证明材料等。AI 能够帮助我们预设这些特殊情况，并提供相应的处理建议。

4. 结合奖惩机制

为了激励员工遵守考勤规定，我们还需要结合奖惩机制。对于遵守考勤规定的员工，我们可以给予一定的奖励，如全勤奖、优秀员工奖等；对于违反规定的员工，我们可以给予相应的处罚，如扣除部分工资、取消评优资格等。AI 能够帮助我们制定合理的奖惩标准，并确保其公平性和有效性。

5. 持续更新与完善

随着企业的发展和市场环境的变化，我们需要对考勤规定进行持续更新与完善。AI 能够实时跟踪企业的变化情况，及时发现考勤规定中存在的问题和不足，并提出相应的改进建议。这种持续更新与完善的过程将确保考勤规定始终与企业的实际需求一致。

我们可以让 AI 按以上步骤制定考勤管理规定。

🧑 提示词示例：

你是某科技公司人力资源经理，请按照以上步骤制定公司考勤管理规定。

我们可以把 AI 制定的考勤管理规定草案作为一个起点，根据实际情况调整和完善规定的内容，以更好地适应组织的管理需求和目标。

通过本节的阐述，我们可以看到 AI 在制定考勤规定方面具有显著优势。它不仅能够明确考勤目的和原则，还能细化考勤要求、考虑特殊情况、结合奖惩机制以及持续更新与完善考勤规定。

7.1.3　统计分析考勤结果

统计分析考勤结果是考勤管理的核心环节，对于评估员工工作表现、优化考勤制度具有重要意义。借助 AI 的数据分析能力，我们可以高效、准确地完成考勤数据的统计分析，从而为企业提供有价值的决策依据。本节将深入探讨如何利用 AI 进行考勤结果的统计分析，以期为企业考勤管理带来实质性的提升。

1. 操作步骤

步骤 1：数据收集与整理

首先，我们收集与整理考勤数据。这些数据在经过 AI 的清洗和整理后，将形成规范化、结构化的数据集，为后续的分析工作奠定基础。

步骤 2：基本统计分析

在完成数据收集与整理后，让 AI 对考勤数据进行基本统计分析。这包括计算员工的出勤率、迟到早退次数、请假时长等指标，并生成相应的统计报表。通过这些报表，我们可以直观地了解每位员工及整个团队的考勤状况。同时，AI 还可以对历史考勤数据进行对比分析，帮助我们掌握员工考勤的长期变化趋势。

步骤 3：深入挖掘与问题诊断

除了基本统计分析外，AI 还能对考勤数据进行深入挖掘与问题诊断。例如，通过关联分析，我们可以发现员工迟到早退与工作效率之间的关系；通过聚类分析，我们可以识别出具有相似出勤模式的员工群体；通过异常检测，我们可以及时发现员工的异常考勤行为等。这些深入挖掘与问题诊断的结果将有助于我们更加全面地了解员工的工作状态，并为管理决策提供有力依据。

步骤 4：可视化展示与报告生成

为了方便企业管理层快速了解考勤统计分析结果，我们让 AI 生成可视化展示与报告。通过图表、仪表盘等可视化工具，我们可以将复杂的考勤数据以直观的方式呈现出来。同时，我们让 AI 根据管理层的需求定制生成各类考勤报告，如部门考勤汇总报告、员工考勤明细报告等。这些报告将为企业管理层提供全面、客观的考勤信息，助力企业做出科学的管理决策。

步骤 5：结果应用与优化建议

根据分析结果，我们可以对员工进行绩效评估、激励政策制定以及人力资源优化配置等操作。例如，对于出勤率高、工作表现优秀的员工，我们可以给予相应的奖励和晋升机会；对于频繁迟到早退、工作效率低下的员工，我们可以进行面谈和辅导，帮助其改善工作状态。此外，AI 还可以根据分析结果为企业提出优化建议，如调整工作时间安排、改进考勤管理制度等，以进一步提升企业的管理水平和运营效率。

2. 示范案例

【案例：借助 AI 统计企业考勤结果】

现在，我们将通过具体案例展示如何借助 AI 统计分析企业考勤结果。

图 7-1 是某消防公司工程和技术人员考勤数据示例，我们可以将该表格输入 AI 进行分析。

序号	部门	姓名	1 日	2 一	3 二	4 三	5 四	6 五	7 六	8 日
1	工程部	姜某	休息	休息	/	/	/	/	/	/
2		杨某	休息	休息	/	/	/	/	/	/
3		周某	休息	休息	◎-7H	◎-7H	/	/	休息	休息
4		韩某	休息	休息	/	/	/	/	/	/
5		孙某	休息	休息	/	/	/	/	/	/
6		邹某	休息	休息	◎-7H	/	/	/	/	/
7		金某	休息	休息	◎-7H	/	/	/	/	/
8	技术部	周某	休息	休息	/	A-1min /	A-11min /	/	休息	休息
9		胡某	休息	休息	/	/	/	/	休息	休息
10		杜某	休息	休息	/	/ PM	/	/	休息	休息

图 7-1 某消防公司工程和技术人员考勤数据表（部分展示）

我们让 AI 清洗并分析考勤数据，示例如下：

请对以上 10 个人的考勤数据进行清洗和处理后，做汇总分析，形成考勤分析报告。

这里我们可以将考勤数据的 Excel 原始表格以文件形式或表格形式输入 AI。AI 会给出一个简要的考勤分析报告。我们可以根据需要对报告做进一步扩展和细化分析内容。

提示词示例：

请从员工出勤率分析、迟到情况分析、加班情况分析、员工满意度调查、风险和改进措施等方面进一步扩展和细化分析内容。

通过本节的阐述，我们可以看到 AI 在考勤管理方面的应用优势。它不仅能够简化考勤流程、制定合理的考勤规定，还能高效且准确地统计分析考勤结果。这些功能的实现将有助于企业提升考勤管理水平，增强员工纪律性，从而为企业创造更大的价值。

7.2　用 AI 设计绩效考核指标

本节将详细阐述如何利用 AI 为业务人员、技术人员、职能人员以及管理层设计出更加科学、合理且具有针对性的绩效考核指标。这些指标将紧密围绕企业的战略目标和员工的实际工作内容，确保每一位员工都能在公平公正的环境中得到合理的评价，从而激发员工的潜力，推动企业的持续发展。

7.2.1　业务人员绩效考核指标设计

1. 操作步骤

设计业务人员的绩效考核指标是一个系统而细致的过程，需要遵循一定的步骤和方法。以下是具体的设计步骤。

步骤 1：明确考核目的和原则

在设计绩效考核指标之前，首先要明确考核的目的和原则。考核目的应该与企业的战略目标相一致：激励业务人员提升业绩、促进个人与企业的共同发展。同时，考核的原则应该包括公正、公平、公开和可操作性等，确保考核结果的客观性和准确性。例如：我们可以让 AI 基于企业年度战略目标，实施战略解码，分解出业务部门的战略目标，以确保后续指标设计与企业战略目标相一致。

步骤 2：分析业务人员的工作职责和特点

在明确考核目的和原则后，需要对业务人员的工作职责和特点进行深入分析。这包括了解业务人员的日常工作内容、工作流程、工作环境以及所需具备的技能和素质等。我们可以通过 AI 分析这些信息，生成一份详尽的职责分析报告，为后续的指标设计奠定基础。

步骤 3：设计关键绩效指标

基于业务人员的职业分析报告，按照 SMART 原则，设计关键绩效指标是考核指标体系的核心。关键绩效指标应该具有代表性、可衡量性和可控性等特点，能够全面反映业务人员的业绩和潜力。在设计关键绩效指标时，可以考虑销售业绩、客户管理、市场拓展、团队协作与沟通能力以及个人素质与发展等方面。

例如，我们可以让 AI 设计业务人员的关键绩效指标，它可能包括：

❑ 销售业绩指标，包括销售额、销售目标完成率、销售增长率等。

❑ 客户管理指标，包括客户满意度、客户回访率、客户流失率等。

❑ 市场拓展指标，包括新客户开发数量、市场占有率、市场调研与分析等。

❑ 团队协作与沟通能力指标，包括团队合作精神、沟通能力等。

❑ 个人素质与发展指标，包括专业知识与学习能力、创新能力、自我管理
与时间管理能力等。

步骤 4：确定指标权重和评分标准

在设计完关键绩效指标后，需要确定每个指标的权重和评分标准。权重反映
了不同指标在考核中的重要程度，可以根据企业的战略目标和业务人员的实际工
作特点进行分配。评分标准则明确了每个指标的具体要求和评价标准，可以采用
量化评分或定性评价等方式。

这里，我们可以借助 AI 清晰地描述每个指标的含义、计算方法和评估标准，
帮助业务人员理解考核要求，增强他们对考核指标的认同感和参与度。

例如，对于"客户满意度"，AI 可以帮助设定一个评分标准，如"90% 以上
的客户给出正面反馈为优秀，80%～90% 为良好，70%～80% 为一般，低于 70%
为不合格"。

步骤 5：制定考核周期和流程

为了确保考核的及时性和有效性，需要制定明确的考核周期和流程。考核周
期可以根据企业的实际情况和业务人员的工作特点来确定，如季度考核、半年考
核或年度考核等。考核流程则应该包括目标设定、过程监控、结果反馈和奖惩措
施等环节，确保考核的闭环管理和持续改进。例如，让 AI 帮我们制定业务人员
的绩效考核流程，包括目标设定、数据收集、评估打分、结果反馈和奖惩措施等
环节。

2. 示范案例

接下来，我们将展示如何通过 AI 设计业务人员的绩效考核指标。

【案例：通过 AI 设计业务人员的绩效考核指标】

我们把以下信息输入 AI：

某设计施工公司 2024 年对业务部门的业绩目标如下：

项目业绩：1 亿元。

回款额目标：剩余产值回款率不低于 80%；新增合同额的回款：工程完成产
值的 70%；团队新增成熟销售 4 人，销售助理 4 人。

业务部门负责人岗位职责如下：

❑ 根据公司对市场运营部的要求及指示，负责及时起草、完善市场运营部的工作流程。

❑ 负责业务信息的收集、整理、备案、评审、登记汇总、建库，并按规定公布相关信息。

❑ 及时掌握市场运营部的业务动态，使总经理及时掌握市场运营部工作推进进展及状态和计划目标节点。

❑ 做好市场运营部的建设，尽可能地整合公司各方资源，制作标准版的PPT 文件、标准版的资格预审文件，为市场运营部业务承接提供支持。

❑ 做好市场运营部的客户考察接待工作。

然后附上提示词：

你是某公司的人力资源负责人，请基于以上内容提取业务部门的关键绩效指标。

AI 会输出一份关键绩效指标，接下来，我们可以输入以下提示词，让 AI 将关键绩效指标内容转化为绩效考核表。

请将以上关键绩效指标内容转化为绩效考核表。

然后，我们就会得到一份根据上述关键绩效指标设计的业务部门负责人的绩效考核表，如表 7-1 所示。我们可以结合公司的实际业务情况对表格做调整，最后得出一个适合公司业务部门负责人绩效考核的表格。

表 7-1　业务部门负责人绩效考核表

绩效考核指标类别	绩效指标描述	权重	评估方法	目标	实际达成	得分
项目业绩	实现项目业绩 1 亿元	25%	年终总结对比	1 亿元		
回款额指标	剩余产值回款率不低于 80%	20%	计算实际回款额与剩余产值的比例	≥80%		
	新增合同额的回款：工程完成产值的 70%	20%	计算新增合同额中工程完成产值的回款额比例	≥70%		
团队建设指标	团队新增成熟销售 4 人，销售助理 4 人	15%	年终统计新增团队成员数量和质量	8 人		
市场运营支持指标	含及时起草和完善工作流程、业务信息管理、市场动态监控、资源整合能力、制作标准化文件和客户考察接待	15%	评估流程完善程度、信息管理准确性、资源整合效果等	高效率		

（续）

绩效考核指标类别	绩效指标描述	权重	评估方法	目标	实际达成	得分
综合评价指标	基于上述关键绩效指标的综合评价	5%	360 度反馈、自评、上级评价等多种方式	高满意度		

说明：
❑ 权重：各项指标根据其在业绩考核中的重要程度设定权重，总和为 100%。
❑ 目标：设定具体的目标值，以便与实际达成值进行比较。
❑ 实际达成：在考核周期结束时填写，记录实际达成的结果。
❑ 得分：根据评估方法和实际达成情况计算得分，可以设定具体的评分标准，如实际达成值与目标值相符则满分，未达到目标则按比例减分。

表 7-1 仅为一个示例，在实际应用中，我们可以根据公司的具体情况和考核需求进行调整。例如，可以根据需要对指标描述、目标 / 要求、评估方法进行更细致的定义，或根据实际情况调整权重分配，以更准确地反映业务部门负责人的绩效。

7.2.2 技术人员绩效考核指标设计

技术人员作为企业技术创新的核心，其工作表现直接关系到企业的技术水平和市场竞争力。我们在设计技术人员的绩效考核指标时需要确保指标的合理性、科学性和可操作性。以下是具体的设计步骤。

1. 操作步骤

步骤 1：明确考核目标

设计绩效考核指标的第一步是明确考核目标。企业需要清晰地界定技术人员的职责范围、期望成果以及考核周期等要素。技术人员的考核目标通常包括技术创新、产品研发、项目完成质量等。只有明确目标后，才能有针对性地设计考核指标。

AI 在这一阶段可以协助企业梳理和明确考核目标，分析企业需求，提供针对性的建议。

步骤 2：分析岗位职责

不同岗位的技术人员的职责和工作重点可能有所不同。因此，需要对各岗位的职责进行深入分析，了解每个岗位的工作内容和要求，以便设计出更加符合实际需求的考核指标。AI 可以帮助企业收集、整理和分析各岗位的职责信息，快速识别出关键职责和技能要求。

步骤 3：确定关键绩效指标

根据考核目标和岗位职责，确定每个岗位的关键绩效指标。这些指标是对技术人员工作绩效进行量化评估的基础，它们直接反映了技术人员在职责范围内的核心成果和贡献。AI 可以帮助企业梳理和分析技术人员的关键职责和核心任务，提取出关键职责中的关键词和短语，并转化为可衡量的核心绩效指标。

例如，对于研发人员，AI 可能会建议将产品质量、研发周期、专利申请数量等作为核心绩效指标；而对于技术支持人员，AI 可能会建议将客户满意度、问题解决速度、技术支持准确率等作为核心绩效指标。

步骤 4：设定权重和评分标准

在技术人员绩效考核指标设计中，设定权重和评分标准是确保考核体系公正性、客观性和准确性的关键环节。权重反映了各项指标在整体考核中的重要程度，而评分标准则提供了对技术人员绩效进行量化评估的依据。

（1）设定权重

权重应根据技术人员的工作职责、企业战略目标和业务发展需求来确定。AI 可以帮助企业进行权重分配的分析并给出分配建议。首先，AI 可以通过分析技术人员的岗位职责描述，识别出关键职责和核心任务。然后，结合企业的战略目标和业务重点，AI 可以评估各项指标对整体绩效的贡献程度，并给出相应的权重分配建议。

（2）设定评分标准

评分标准是衡量技术人员绩效表现的具体指标，它应该具备可衡量性、可操作性和可达成性。AI 可以分析技术人员的工作内容和要求，提取出关键绩效指标，并为每个指标设定具体的评分标准。这些标准可以包括完成工作的质量、效率、创新性等方面。

步骤 5：制定考核周期和流程

在制定考核周期和流程时，我们需要综合考虑多个因素，包括技术人员的工作性质、项目周期、企业战略目标等。AI 在这一阶段可以帮助企业制定合理且高效的考核周期和流程。

（1）制定考核周期

考核周期的设定对绩效考核效果具有重要影响。过短的考核周期可能导致技术人员过于关注短期目标，忽视长期发展；过长的考核周期则可能使技术人员失去对工作的持续关注和动力。因此，制定一个合适的考核周期至关重要。

AI 技术可以在这方面提供有力支持。通过分析技术人员的工作性质和项目周期，AI 能够提供关于考核周期的优化建议。例如，对于从事长期研发项目的技术人员，AI 可能会建议设定较长的考核周期，以便全面评估其工作成果和贡献；对于从事短期项目或支持性工作的技术人员，AI 则可能会建议设定较短的考核周期，以便及时跟踪和反馈其工作表现。

此外，AI 还可以通过数据分析和趋势预测，动态调整考核周期，确保其与实际工作情况和业务需求一致。这样不仅能提升绩效考核的准确性和公平性，还能增强技术人员的工作积极性和长远发展动力。总之，利用 AI 技术设定并优化考核周期，可以确保绩效考核体系更科学、合理，进而提升企业整体管理效能。

（2）制定考核流程

一个清晰、高效的考核流程有助于确保绩效考核的顺利进行和考核结果的准确性。在制定考核流程时，企业需要明确各个环节的职责、时间节点和操作要求。AI 技术在绩效考核中的应用可以显著提升流程的效率和精确度。具体而言，AI 能够帮助企业绘制详细的考核流程图，包括考核启动、自评、他评、结果汇总、反馈与面谈等环节。通过智能分析，AI 还能提供流程优化建议，例如简化流程步骤、提高处理效率等。

在设计考核流程时，需要避免"一刀切"的做法。应根据不同岗位和职责制定差异化的考核指标，既要关注过程，也要注重结果。同时，考核流程应包括反馈与调整机制，以确保在考核过程中能灵活地应对变化。此外，激励与约束相结合的机制也是必不可少的，以确保员工在明确目标的同时，保持高水平的动力和责任感。通过合理利用 AI 技术，企业可以构建一套科学合理、切合实际的绩效考核体系，为技术人员的绩效管理提供有力支持。

2. 示范案例

【案例：通过 AI 设计技术人员的绩效考核指标】

现在，我们将展示如何通过 AI 设计技术人员的绩效考核指标。把以下内容输入 AI：

某灯光照明设计施工公司 2024 年技术部门的业绩目标如下：

1. 市场份额提升：在国内 LED 照明市场中占据 20% 以上的市场份额；拓展海外市场，实现出口收入占比达到总营收的 30%。

2. 产品创新与品质提升：推出至少 3 款具有自主知识产权的新品，满足不同客户群体的需求；提升产品质量，确保产品合格率达到 99%，降低产品故障率至每百万小时不超过 0.1%。

3. 智能化照明技术：研发智能照明控制系统，实现对灯光亮度、色温等参数的智能调节和远程控制；推广智能化照明方案，提升智能产品销售占比至总销售额的 40%。

4. 绿色环保生产：降低能耗和排放，实现单位产品能耗降低 10%，减少生产过程中的环境污染。

5. 人才培养与团队建设：培养和引进专业人才，提升团队整体技术水平和创新能力；建设和完善员工培训体系，确保员工的职业发展和个人成长与企业发展相匹配。

技术部门负责人的岗位职责如下：

1. 技术战略规划：负责制定技术发展战略和规划，指导技术团队根据市场需求和公司战略目标进行技术研发和创新。

2. 产品研发管理：组织和管理研发团队，推动新产品的研发和推广，确保产品质量和性能满足市场需求。

3. 技术创新与应用：领导技术团队进行研究和创新，开发新技术、新产品和新应用，提升企业在行业中的竞争力。

4. 质量控制与标准制定：确保产品质量符合相关标准和要求，建立和完善质量管理体系，提升产品的可靠性和稳定性。

5. 团队建设与培训：培养和激励团队成员，提升团队的技术水平和创新能力，建设高效的团队合作机制。

6. 项目管理与执行：管理和执行项目计划，确保项目按时、按质完成，有效控制项目成本和风险。

7. 市场需求分析与产品定位：分析市场需求和竞争对手情况，为产品定位提供数据支持和技术指导，指导产品研发方向和策略。

你是某灯光照明设计施工公司的人力资源负责人，请依据企业目标，设计技术部门负责人的关键绩效指标。

AI 会输出一份行业技术部门负责人的关键绩效指标，然后我们可以让 AI 将以上关键绩效指标内容转化为绩效考核表，如表 7-2 所示。

表 7-2　技术部门负责人绩效考核表

绩效指标	目标设定	权重	评分标准	考核结果
市场份额提升		20%		
国内 LED 照明市场份额	达到 20% 以上		达到 20%：满分；未达到 20%：0 分	
海外市场出口收入占比	达到总营收的 30%		达到 30%：满分；未达到 30%：0 分	
产品创新与品质提升		20%		
推出具有自主知识产权的新品数	至少 3 款		达到或超过 3 款：满分；未达到 3 款：0 分	
产品合格率	达到 99% 以上		达到 99%：满分；未达到 99%：0 分	

（续）

绩效指标	目标设定	权重	评分标准	考核结果
产品故障率	每百万小时不超过 0.1%		不超过 0.1%：满分；超过 0.1%：0 分	
智能化照明技术		20%		
研发智能照明控制系统	实现远程控制功能		实现：满分；未实现：0 分	
智能产品销售占比	达到总销售额的 40%		达到 40%：满分；未达到 40%：0 分	
绿色环保生产		15%		
单位产品能耗降低	达到 10%		达到 10%：满分；未达到 10%：0 分	
减少生产过程中的环境污染			达成目标：满分；未达成目标：0 分	
人才培养与团队建设		25%		
培养和引进专业人才数	至少 3 人		达到或超过 3 人：满分；未达到 3 人：0 分	
员工培训体系完善度			达成目标：满分；未达成目标：0 分	

表 7-2 仅为一个示例，在实际应用中，我们可以根据公司的具体情况和考核需求进行调整。例如，可以根据需要对指标描述、目标/要求、评分标准进行更细致的定义，或根据实际情况调整权重分配，以更准确地反映技术部门负责人的绩效。

7.2.3 职能人员绩效考核指标设计

职能人员绩效考核指标设计应遵循战略性、可衡量性、公平性和激励性等原则。

首先，指标应与企业的战略目标保持一致，确保职能人员的工作方向与企业整体发展方向相吻合。

其次，指标应具有可衡量性，能够通过具体的数据或事实来评价职能人员的工作成果。

再次，公平性原则要求指标设计应考虑到不同岗位的工作性质和难度，确保考核结果的客观公正。

最后，激励性原则强调指标应能够激发职能人员的工作积极性和创新能力。

在具体指标构成上，可以根据职能人员的岗位特点和工作内容，将指标分为任务绩效指标、能力素质指标和态度行为指标三大类。

1）任务绩效指标主要衡量职能人员在工作任务完成方面的成绩，如工作量、工作效率、工作质量等。

2）能力素质指标重点评估职能人员的能力提升和素质发展情况，如专业技能、沟通协调能力、解决问题的能力等。

3）态度行为指标主要关注职能人员的工作态度和行为表现，如责任心、团队合作精神、创新意识等。

在实施过程中，企业应注意以下几点：

1）要确保考核指标的明确性和可理解性，避免模糊不清或容易产生歧义的指标。

2）要建立有效的数据收集和分析机制，确保考核结果的准确性和客观性。

3）企业还应重视与职能人员的沟通和反馈，帮助他们了解自身在绩效考核中的优势和不足，从而制订针对性的改进计划。

同时，企业在设计职能人员绩效考核指标时，还应关注以下几个方面：

一是要关注指标的动态性，要根据企业内外部环境的变化和职能人员工作内容的调整，及时对考核指标进行更新和优化。

二是要注重指标的平衡性，避免过于强调某一方面的指标而忽视其他方面的发展。

三是要关注指标的个性化，要根据职能人员的不同岗位特点和工作需求，设计具有针对性的考核指标。

在设计职能人员绩效考核指标的过程中，企业还可以采取一些具体的策略和方法。例如，可以采用关键绩效指标方法，通过明确关键业务领域的目标和期望成果，制定可衡量的绩效指标；还可以运用平衡计分卡等战略管理工具，将企业的战略目标分解为具体的职能人员绩效指标，确保绩效考核与企业的整体战略目标相一致。

现在，我们将展示如何通过 AI 设计职能人员的绩效考核指标。

【案例：用 AI 设计 HR 部门绩效考核表】

案例背景：根据某灯光照明设计施工公司 2024 年人力资源部门的部门战略目标设计部门考核表。

我们向 AI 输入提示词，示例如下：

你是一名绩效专家，需要制定公司人力资源部门的考核指标。公司 2024 年人力资源部门的部门战略目标内容分解如下：

人才招聘与培养：

制订并执行全面的人才招聘计划，确保各部门岗位的及时补充和优化，以支持公司的长期发展战略。

加强对人才的培养和发展，建立健全的员工培训体系，提升员工的综合素质和专业能力，以应对未来可能面临的挑战。

制度建设与规范化：

协助各部门负责人制定并完善相关部门标准和规范，如工程部的施工标准、设计部的出图标准等，以提高公司内部管理的规范性和效率。

参与园博园标准编制工作，提供人力资源支持，确保标准的制定和实施符合公司的长期战略目标。

人才管理与激励：

加强对各部门负责人的管理和指导，促进其增强管理意识和团队领导能力，以带动下属员工的工作积极性和创造力。

设计并实施激励机制，如绩效考核奖励制度和晋升机制，激发员工的工作动力和创新意识，提升整体团队的凝聚力和竞争力。

技能提升与适应性培训：

针对公司发展的需要和行业趋势，设计并实施相关的技能提升培训计划，帮助员工不断提升专业技能，适应市场变化。

加强对新技术和智能化应用的培训，提高员工的技术水平和创新能力，进而增强公司的核心竞争力，提升公司的市场地位。

时效性和管理效率提升：

通过流程优化和信息化建设，提高各项人力资源管理工作的时效性和管理效率，确保各项工作都能够及时响应公司战略目标和市场需求。

加强对各部门工作时效性低的问题的改进和解决，促进公司整体运营效率的提升，以支持公司长期发展战略的实施。

请结合人力资源部负责人的岗位职责，设计人力资源部负责人的关键绩效指标。

人力资源部负责人的主要岗位职责

1. 根据公司的发展方向引入、培育人才，建立相应的人才培养体系（招聘、培训、绩效、留用及员工发展），使得人才发展目标与公司发展相匹配。

2. 对公司资质、荣誉（含个人）规划进行管理以保障公司正常开展经营活动及符合行业未来需求规划。

3. 制度建设及推广：根据公司的实际情况，组织建立、调整公司各项人力资源管理制度，进行各项人力资源制度的宣传及推广活动。

4. 企业文化建设：宣传企业文化，开展公司企业文化的建设工作。组织重大活动，加强企业文化建设，提升企业形象。

输出结果细化成绩效考核指标，以表格形式输出。

Kimi 输出内容：

根据你提供的信息，以下是人力资源部负责人的关键绩效指标（KPI）表格：

KPI 编号	KPI 名称	目标描述	目标值 /范围	测量方法	责任人	数据来源	考核周期	备注
KPI-HR01	招聘计划完成率	完成招聘计划的岗位数量与计划数量的比率	100%	招聘完成率统计	人力资源部负责人	招聘系统	季度 /年度	
KPI-HR02	员工培训参与率	参与培训的员工人数与总员工人数的比率	90%	培训参与率统计	人力资源部负责人	培训记录	年度	
KPI-HR03	员工培训满意度	员工对培训内容和方法的满意程度	85%	培训满意度调查	人力资源部负责人	员工反馈	年度	
KPI-HR04	员工留存率	在一定时间内（如一年）员工的留存情况	90%	留存率计算	人力资源部负责人	人力资源信息系统	年度	
KPI-HR05	制度建设与执行率	新制定或修订的人力资源管理制度的数量及执行情况	至少2项 /年	制度审查和执行情况记录	人力资源部负责人	内部审计	年度	
KPI-HR06	企业文化活动参与度	员工参与企业文化相关活动的频率和积极性	80%	活动参与度统计	人力资源部负责人	企业文化部门	年度	
KPI-HR07	技能提升培训计划实施率	设计并实施的技能提升培训计划的完成情况	100%	培训计划完成率统计	人力资源部负责人	培训部门	年度	
KPI-HR08	绩效考核系统有效性	绩效考核结果与员工实际表现的一致性	90%	考核结果与工作表现一致性分析	人力资源部负责人	绩效考核系统	年度	
KPI-HR09	晋升机制实施效果	晋升机制的公平性、透明度和员工满意度	90%	晋升机制评估	人力资源部负责人	晋升记录	年度	
KPI-HR10	管理效率提升	通过流程优化和信息化建设提高管理效率	减少20%	流程优化前后效率对比	人力资源部负责人	流程优化报告	年度	

（续）

KPI 编号	KPI 名称	目标描述	目标值 / 范围	测量方法	责任人	数据来源	考核周期	备注
KPI-HR11	资质和荣誉管理	公司和个人资质、荣誉的获取和维护情况	100%	资质和荣誉审查记录	人力资源部负责人	资质管理系统	年度	
KPI-HR12	时效性改进	针对工作时效性低的问题进行改进和解决的效率	减少30%	问题解决时间对比分析	人力资源部负责人	问题解决记录	年度	

请注意，这些 KPI 的设定应基于公司的具体业务需求和实际情况，同时，应定期对目标值和测量方法进行审查和调整以确保其相关性和有效性。考核周期通常为年度，但某些指标可能需要更频繁的监控，如季度或月度。此外，备注栏可以用于提供额外的说明或特别关注点。

如果觉得以上指标过多，可以继续输入提示词进行优化：

对以上内容进行优化，只需要 5 个关键绩效指标即可，同样以表格形式输出。

读者可根据自己所在企业的实际情况修改相应的内容，多次尝试，最后一定会得到符合实际情况的内容。

我们可以用 AI 将以上关键绩效指标内容转化为绩效考核表。参考 AI 输出内容制定的人力资源部绩效考核表如表 7-3 所示。

表 7-3　人力资源部绩效考核表

绩效指标类别	绩效指标	评价标准	权重	得分
人才招聘与培养	完成招聘计划的百分比	≥95% 为优，90%～94% 为良，<90% 为需改进	10%	
	岗位空缺填补时间	≤30 天为优，31～60 天为良，>60 天为需改进	10%	
	新员工来源多样性评分	高度多样性为优，中等为良，低多样性为需改进	5%	
	员工培训参与率	≥90% 为优，80%～89% 为良，<80% 为需改进	10%	
	培训满意度评分	平均分≥4.5 为优，4.0～4.49 为良，<4.0 为需改进	5%	
制度建设与规范化	完成制度建设和更新的任务数	完成全部计划任务为优，完成75%～99% 为良，<75% 为需改进	10%	
	各部门制度落实的合规率	≥95% 为优，90%～94% 为良，<90% 为需改进	10%	

（续）

绩效指标类别	绩效指标	评价标准	权重	得分
人才管理与激励	部门负责人领导力评估分	平均分≥4.5 为优，4.0～4.49 为良，<4.0 为需改进	10%	
	员工对激励机制的满意度	平均分≥4.5 为优，4.0～4.49 为良，<4.0 为需改进	10%	
技能提升与适应性培训	参与技能提升培训的员工比例	≥90% 为优，80%～89% 为良，<80% 为需改进	5%	
	实际工作中应用新技术的案例数	≥5 个案例为优，3～4 个案例为良，<3 个为需改进	5%	
时效性和管理效率提升	流程优化前后工作效率的提升比例	提升≥20% 为优，10%～19% 为良，<10% 为需改进	10%	
综合类指标	企业文化活动的参与度	≥90% 为优，80%～89% 为良，<80% 为需改进	5%	
	政策宣传活动的覆盖率和执行监控的合规率	≥95% 为优，90%～94% 为良，<90% 为需改进	5%	

说明：

❑ 评价标准：基于绩效指标设定的具体评价标准，用于评估员工或部门的实际表现。

❑ 权重：表示该绩效指标在总评分中的比重，根据组织的战略重点和目标进行调整。

表 7-3 仅为一个示例，在实际应用中，我们可以根据公司的具体情况和考核需求进行调整。例如，可以根据需要对指标描述、评价标准进行更细致的定义，或根据实际情况调整权重分配，以更准确地反映人力资源部负责人的绩效。

7.2.4　管理层绩效考核指标设计

管理层绩效考核是一个复杂的过程，需要综合考虑多个因素，包括公司的战略目标、部门或团队的任务和职责、员工的个人表现等。本小节将深入探讨如何借助 AI 为管理层设计绩效考核指标，明确指标设计原则、具体指标构成以及实施过程中的注意事项，旨在为企业构建科学、有效的管理层绩效管理体系提供指导。

为了确保管理层绩效考核指标设计既具有理论性又具备实践性，我们将通过一个案例来阐述如何借助 AI 设计并实施管理层绩效考核指标。

某科技公司正处于快速扩张阶段，公司的战略目标是在未来三年内实现市场份额从原来的 10% 增长到 20%，并提升品牌影响力。为了实现这一目标，公司决定对管理层实施绩效考核，以激励他们更好地推动业务发展和组织效能提升。

我们向 AI 输入提示词，示例如下：

你是某科技公司的绩效专家，公司正处于快速扩张阶段，其战略目标是在未来三年内实现市场份额的从原来的 10% 增长到 20%，并提升品牌影响力。请设计管理层的关键绩效指标，以激励他们更好地推动公司业务发展和组织效能提升。

在 AI 输出关键绩效指标内容后，我们还可以让 AI 将这些指标内容转化为绩效考核表。限于篇幅，AI 输出结果略，读者可自行尝试。

在本节，我们揭示了 AI 在设计绩效考核指标中的重要作用。通过 AI，我们为不同岗位的员工设计了针对性的绩效考核指标。这些指标既体现了企业的战略导向，又充分考虑了员工的实际工作内容和发展需求，有助于实现企业与员工的双赢。未来，我们将继续优化和完善绩效考核体系，确保每一位员工都能在公平公正的考核环境中充分发挥自己的潜力，共同推动企业的持续发展和创新。同时，随着 AI 技术在企业管理应用中的不断深化，它将会为企业的科学管理和决策提供更多有力支持。

7.3　用 AI 评估绩效并提供反馈

在现代企业管理中，绩效评估与反馈是提升员工绩效、促进组织发展的关键环节。本节将详细探讨如何利用 AI 进行绩效评估及提供有效反馈，包括设计科学合理的绩效评估流程及反馈机制、高效收集与分析绩效数据、进行深入的绩效面谈，以及制定切实可行的改进建议和设定明确目标。通过这些措施，企业可以更加精准地识别员工绩效短板，提供针对性的指导与支持，激发员工潜能，推动企业整体绩效的持续提升。

7.3.1　设计绩效评估流程及反馈机制

绩效评估流程及反馈机制是企业管理中的关键环节，对于激发员工潜力、提升整体绩效具有重要意义。借助 AI 的智能分析和自然语言处理能力，我们可以设计出更加科学、客观、高效的绩效评估流程，并构建及时、具体、富有建设性的反馈机制。这不仅有助于确保绩效评估的公正性和准确性，还能为员工提供针对性的指导，促进他们的持续发展。

1.操作步骤

步骤 1：明确评估的目标和标准

利用 AI 的自然语言处理能力，企业可以将绩效评估的目标和标准转化为清晰、具体的语言描述，确保所有参与评估的人员对评估标准有统一、准确的理解。这有助于避免评估过程中的主观性和模糊性，提高评估结果的客观性和公正性。

步骤 2：选择合适的评估方法和工具

AI 的智能分析能力可以帮助企业根据员工的工作性质、岗位职责等因素，选择最合适的评估方法和工具。例如，对于销售人员，可以选择基于销售业绩的量化评估方法；对于研发人员，可以选择基于项目完成情况和创新能力的综合评估方法。同时，AI 还可以协助企业设计评估表格、制订评估计划等，提高评估工作的效率和准确性。

步骤 3：在构建反馈机制时，及时性、具体性和建设性是关键

AI 可以帮助企业对员工的绩效表现进行具体、深入的分析，找出员工的优点和不足，为员工提供针对性的改进建议。这种具体、富有建设性的反馈不仅能够帮助员工明确改进方向，还能够激发员工的工作积极性和自我提升意识。

2. 示范案例

接下来，我们用一个案例来展示如何借助 AI 设计出科学、客观、高效的绩效评估流程，并构建出及时、具体、富有建设性的反馈机制。

【案例：如何借助 AI 设计绩效评估流程与反馈机制】

案例背景：某互联网公司的销售团队的工作表现直接关乎公司的营收增长。为了更准确地评估销售人员的绩效，公司需要重新设计销售团队的绩效评估流程。

💬 提示词示例：

你是绩效专家，某互联网公司的销售团队的工作表现直接关乎公司的营收增长。为了更准确地评估销售人员的绩效，请为公司重新设计销售团队的绩效评估流程。

这样，我们就会获得 AI 为公司的销售团队重新设计的绩效评估流程。在具体实施过程中，我们可以根据评估效果与员工反馈意见对流程做优化调整。

接下来，我们借助 AI 来构建绩效反馈机制。

💬 提示词示例：

你是绩效专家，请继续为某互联网公司销售团队制定绩效反馈机制。

我们可以以这个绩效反馈机制为起点，在实际应用中，根据公司具体情况和考核反馈需求进行调整。

7.3.2 绩效数据收集与分析

1. 操作步骤

绩效数据收集与分析的具体操作步骤如下。

步骤 1：确定数据需求

在开始收集数据之前，必须明确需要收集哪些数据，以及这些数据将如何使用。这可能涉及确定具体的指标、关键绩效指标（KPI）或其他用于评估业务绩效的数据点。

步骤 2：选择数据来源

根据确定的数据需求，选择合适的数据来源。数据来源可以是员工的工作记录、客户的反馈、销售数据等。确保数据的准确性和完整性至关重要。

步骤 3：收集数据

可以通过面谈、问卷调查、系统记录等方式收集数据。具体来说：可以与员工进行一对一的交流，讨论工作表现、成果、目标完成情况等；可以设计问卷并发放给员工，让他们填写自己的意见和建议；可以通过企业的各类信息系统实时获取员工的工作数据、业绩指标等。

步骤 4：整理数据

将收集到的绩效数据进行整理和归档，按照绩效指标进行分类和梳理。这有助于为后续的数据分析做好准备，确保数据的条理清晰、易于理解。

步骤 5：分析数据

通过分析绩效数据，可以发现问题和趋势，了解员工的工作表现和团队的绩效水平。可以通过统计分析、图表分析等方法分析数据。可以根据绩效评级标准将绩效表现分为不同的等级。此外，还可以利用先进技术，如人工智能或机器学习算法，来更深入地分析数据并提取有价值的见解。

步骤 6：结果应用与反馈

将分析结果应用于决策制定和改进措施中。例如，根据员工绩效数据，可以制订个性化的培训和发展计划，以及调整团队的工作策略和目标。同时，将分析结果以清晰、具体的方式反馈给相关员工和团队，可以帮助他们了解自己的工作表现，并激发改进的动力。

2. 示范案例

接下来，我们通过案例展示如何借助 AI 对个人、团队和部门进行绩效分析，并制定针对性的改进措施和提升计划。

【案例：借助 AI 对个人、团队和部门进行绩效分析，制定针对性的改进措施和提升计划】

首先将公司的基本信息输入 AI：

某互联网公司销售团队共有 50 人，团队分为 5 个小组。公司希望通过绩效评估提升销售业绩，增加客户满意度。我们选取了其中 3 个小组，每组 3 个人的销售数据，进行绩效分析，并制定针对性的改进措施和提升计划。

1. 销售业绩数据

销售人员 ID	小组	销售额 / 元	客户数量	新客户获取数据
A1	A	665000	60	10
A2	A	735000	65	12
A3	A	700000	62	11
B1	B	770000	70	15
B2	B	805000	75	14
B3	B	756000	68	13
C1	C	840000	80	18
C2	C	875000	85	20
C3	C	826000	82	17

2. 客户反馈数据

销售人员 ID	客户满意度评分（1～5）	主要客户反馈
A1	4.2	服务响应迅速，但产品介绍可以更详细一些
A2	4.5	非常满意，销售人员很专业，解答了我的所有问题
A3	4.3	整体满意，期待更多产品更新
B1	4.6	服务态度很好，产品质量超出预期
B2	4.7	非常专业，从初次接触到成交过程非常顺畅
B3	4.5	解决了我们的需求，但希望交付时间可以更快
C1	4.8	卓越的客户服务，产品完全符合我们的需求
C2	4.9	非常满意，销售团队提供了极佳的定制服务
C3	4.7	产品和服务都非常好，未来会继续合作

3. 团队协作数据

小组	平均团队沟通评分（1～5）	平均项目协作效率评分（1～5）	团队协作亮点
A	4.3	4.2	团队成员之间沟通顺畅，有效地解决了项目中的问题

（续）

小组	平均团队沟通评分（1~5）	平均项目协作效率评分（1~5）	团队协作亮点
B	4.6	4.5	协作效率高，团队成员积极参与，共同推动项目进展
C	4.8	4.7	团队展现出高度的协作精神，快速响应市场变化，顺利完成目标

然后向 AI 输入提示词，示例如下：

你是绩效专家，请对销售业绩数据、客户反馈数据、团队协助数据做绩效分析，并根据分析结果制定针对性的个人及团队改进措施和提升计划。

AI 会给出一份绩效分析报告和针对个人及团队的改进措施和提升计划。限于篇幅，AI 输出结果略。读者可自行尝试。

在实际应用中，许多企业已经开始利用 AI 进行绩效数据的收集与分析。借助 AI 的智能化处理能力进行绩效数据的收集与分析，可以大大提高工作效率和数据准确性，同时为企业提供全面、深入的绩效洞察。这不仅有助于企业做出科学的管理决策，还能为员工的个人发展提供有力的数据支持。在未来的企业管理中，我们应该充分利用 AI 技术来优化绩效数据的收集与分析流程，为企业的持续发展注入新的动力。

7.3.3 绩效面谈

绩效面谈是绩效评估过程中不可或缺的一环，它不仅是评估结果的反馈环节，更是员工与管理者沟通与交流的重要桥梁。传统的绩效面谈往往存在着反馈不及时、沟通不顺畅、缺乏具体指导等问题，导致面谈效果不尽如人意。如今，借助 AI 我们可以对绩效面谈进行全新的设计与优化。

1. 操作步骤

步骤 1：AI 能帮助管理者进行充分的绩效面谈前准备

通过对员工的绩效数据进行深入分析，AI 能够提炼出员工在工作中的优点与不足，为管理者提供针对性的面谈指导。同时，AI 还能根据员工的个人特点和职业发展规划，为管理者提供合适的沟通策略与建议，确保面谈能够顺利进行并达到预期效果。

步骤 2：AI 能为绩效面谈提供具体的改进建议与发展计划

根据员工的绩效表现与个人发展需求，AI 能够生成个性化的改进方案与发展路径，帮助员工明确未来的努力方向与目标。这些建议与计划不仅具有针对性与可操作性，还能激发员工的积极性与自信心，促进他们的持续成长与发展。

步骤 3：AI 能为绩效面谈提供记录与整理服务

通过对话记录与分析，AI 能够生成详细的面谈报告与总结，为管理者提供全面的员工绩效信息与改进建议。这些报告与总结不仅有助于管理者对员工的绩效表现进行持续跟踪与评估，还能为组织制定人力资源决策提供有力支持。

2. 示范案例

接下来，我们通过案例展示如何借助 AI 做好员工绩效面谈。

【案例：如何借助 AI 做好员工绩效面谈】

我们收集了某互联网公司销售小王上个季度的销售业绩数据、客户满意度调查数据、团队协作反馈数据，具体数据信息如下：

- ❑ 销售业绩数据：销售额为 680000 元，客户数为 45 人，新客户获取数为 12 人，主要产品线为云计算服务。
- ❑ 客户满意度调查结果：客户满意度的各项评分标准的满分均为 5 分，其中，产品质量为 4.7 分，服务响应速度为 4.5 分，专业知识为 4.8 分，客户支持为 4.6 分。
- ❑ 代表性客户反馈："小王对产品的了解非常深入，给了我们很多宝贵的建议。""希望交付速度能够更快一些，但总体上非常满意小王的服务。"
- ❑ 团队协作反馈数据：团队沟通评分为 4.6 分（满分为 5 分），项目协作效率评分为 4.5 分，团队贡献度高。
- ❑ 团队成员评价："小王在团队中非常活跃，总是愿意主动承担责任。""他的积极态度和专业知识对团队目标的达成贡献很大。"

我们向 AI 输入提示词，示例如下：

你是小王的直接领导，请分析小王上个季度的销售业绩数据、客户满意度调查数据、团队协作反馈数据，提炼出关键优势和需要改进的区域。

AI 会输出一份小王上个季度的绩效分析报告，然后，我们通过 AI 来设计与小王的绩效面谈大纲。

🗨 提示词示例：

你是小王的直属领导，请根据小王上个季度的绩效分析报告，设计与小王的绩效面谈大纲。

我们在面谈过程中可以根据实际状况对面谈大纲中的问题或先后顺序做调整，以确保小王明确了解自己的优势和需要改进的地方，同时制订具体可行的个人发展计划，激发其潜能，促进个人和团队的持续成长与发展。

接下来，我们让 AI 根据绩效面谈大纲生成绩效面谈记录表。

提示词示例：

请根据绩效面谈大纲，生成绩效面谈记录表。

我们可以借助绩效面谈记录表来详细记录面谈过程中的所有关键信息，包括绩效的亮点和需要改进的区域，以及基于面谈结果共同制订的个人发展计划等。这有助于提高绩效管理的透明度，确保双方对面谈内容和后续行动有共同的理解和期待。

借助 AI 的智能分析与引导能力进行绩效面谈可以大大提高面谈的针对性与实效性，促进员工的持续成长与组织的整体发展。

7.3.4　提供改进建议和设定目标

在完成绩效评估并设定了明确的目标后，接下来的关键步骤就是跟踪这些目标的实现情况。有效的目标跟踪不仅能够帮助员工和管理者及时了解工作进展，还能够帮助他们在必要时进行策略调整，确保目标的最终达成。

1. 建立一个清晰的目标跟踪计划

这个计划应该包括目标的具体描述、预期完成时间、关键里程碑以及评估标准等。通过明确这些要素，员工可以为自己设定一个清晰的工作路线图，从而更加有条不紊地推进目标。在制订跟踪计划时，可以让 AI 根据员工的目标设定，生成详细的目标跟踪计划模板，为员工提供便捷、高效的支持。

我们向 AI 输入提示词，让它建立一个清晰的目标跟踪计划。

提示词示例：

某互联网公司销售小王的二季度的目标是销售额提高 20%，主要通过增加云计算服务的客户数量来实现目标。请设计一份清晰的目标跟踪计划表。

通过目标跟踪计划表，我们可以清晰地看到目标进展，并在必要时进行调整，确保目标的成功达成。

2. 要定期进行目标进度的自我评估

这可以通过回顾自己的工作日志、与团队成员的交流以及对照目标跟踪计划来进行。自我评估的目的在于让员工对自己的工作进展有一个清晰的认识，从而及时发现可能存在的问题和挑战。

为了方便员工进行自我评估，可以利用 AI 来提供智能的进度提醒和反馈功能，根据目标跟踪计划自动提醒员工关注关键里程碑的完成情况，并提供实时的进度反馈，帮助员工更好地掌握自己的工作进展。

3. 管理者的定期跟进

管理者需要与员工进行定期的沟通和交流，了解员工的目标进展情况，提供必要的支持和指导。在发现员工存在困难或问题时，管理者应及时介入，与员工共同探讨解决方案，确保目标的顺利达成。通过与员工的紧密合作和有效沟通，管理者可以更好地了解员工的实际需求和工作情况，为员工提供更加精准、更具针对性的指导和支持。

4. 目标完成后进行总结和反思

员工和管理者需要共同回顾目标的实现过程，分析成功经验和不足之处，为今后的工作提供宝贵参考。通过不断地总结、反思和改进，推动个人和组织绩效的持续提升和发展。制定改进建议和设定目标只是绩效评估的起点，有效的目标跟踪则是确保这些目标能够落实并产生实际成果的关键。

AI 在制定绩效改进建议和设定目标过程中可以提供许多帮助，包括提供策略建议、协助问题诊断、提供实时反馈、激发创新思维和管理情绪与压力等。这些均有助于提高组织和个人绩效，促进组织的持续发展和进步。

经过本节的全面解析，我们展示了 AI 在绩效评估和反馈过程中的重要作用。从设计流程到实施绩效面谈，再到制订后续行动计划，AI 是提升整个评估过程的效率和效果的关键工具。它不仅加强了评估的公正性和透明度，还提高了员工的参与度和满意度。

7.4　用 AI 评价绩效考核效果

在绩效考核体系中，评估绩效考核效果至关重要。借助 AI 的智能分析能力，我们可以从设计和执行、绩效数据分析、绩效改进和员工发展等多个维度，全面而深入地评价绩效考核的实际效果。

7.4.1　设计和执行效果评估

绩效考核的设计和执行是确保整个考核过程公正、客观、有效的基石。在这一阶段，我们借助 AI 对绩效考核的设计原则、执行流程以及实际效果进行了全面的评估。

1. 操作步骤

步骤 1：设计层面

AI 可以对企业战略目标、岗位职责以及员工发展需求等多个维度进行分析，帮助我们评估绩效考核体系是否与企业战略相契合，以及能否全面覆盖员工的各项工作表现。同时，AI 还对考核指标的设定进行了智能分析，如判断其是否具体、可衡量、可达成，并与员工进行了充分的沟通和确认，确保了考核指标的合理性和有效性。

步骤 2：执行层面

我们借助 AI 对绩效考核的实际效果进行量化分析。通过对比考核前后的员工绩效表现、工作效率以及团队协作等多个方面的数据，我们可以发现绩效考核体系在激发员工潜力、提升工作质量和推动组织目标实现等方面发挥了积极作用。

绩效考核的设计和执行直接关系到员工的工作动力和企业的整体绩效。借助 AI 我们深入评估了绩效考核体系的设计原则、执行流程及实际效果。通过对具体案例的剖析，我们可以发现一些值得借鉴的成功经验，揭示一些需要改进的问题，为后续的优化调整提供有力的依据。

2. 示范案例

我们通过案例来展示在绩效考核中，如何借助 AI 来设计和执行对绩效效果的评估。

【案例：如何借助 AI 评估绩效效果】

我们向 AI 发出指令，示例如下：

你是绩效专家，请分析此绩效考核表在绩效考核中的不足，给予改进建议。

借助 AI 对考核表的分析，我们可以发现考核表存在的问题并获得改进建议，在对绩效考核表进行优化调整后，可以按照以上示例让 AI 再次分析绩效考核表的不足之处，并根据改进建议继续优化，有效提升绩效考核体系的公正性、客观性和激励性，进而促进员工的积极性，提升企业的整体绩效。

通过对绩效考核效果的深入评估，我们不仅验证了考核体系的合理性和有效性，更挖掘了其在激发员工潜力、推动组织发展等方面的巨大潜力。

7.4.2 绩效数据分析

在绩效考核的过程中，数据分析是确保考核结果客观、公正的关键环节。借助 AI 的智能数据分析能力，我们能深入挖掘数据背后的价值，为绩效考核提供有力的数据支撑。

1. 操作步骤

步骤 1：数据智能分析和处理

例如，AI 可以对员工工作数据进行趋势分析，预测员工未来的工作表现，为管理者提供提前干预和调整的机会。同时，AI 还能对员工的绩效数据进行横向和纵向的比较，帮助管理者全面了解员工在团队中的位置和发展潜力。

步骤 2：数据的可视化呈现

AI 可以将复杂的数据转化为直观的图表和报告，使得管理者能够更加清晰地了解员工的绩效表现和问题所在。这不仅提升了管理者的决策效率，还增强了绩效考核的透明度和公正性。

步骤 3：数据背后问题洞察

AI 可以对团队成员的工作数据进行实时分析和比较，帮助团队负责人及时发现团队协作中的问题和瓶颈。在 AI 的数据支持下，团队负责人能够对团队成员进行更有针对性的调整和优化，提升团队协作的效率和质量。

2. 示范案例

【案例：如何借助 AI 进行绩效数据分析】

案例背景：小李是 A 科技有限公司研发部门的一名软件工程师。为了更好地评估和提升他的工作绩效，公司决定利用 AI 进行绩效数据分析。

步骤 1：数据智能分析和处理

通过 AI 进行数据驱动的绩效分析，为管理者提供决策支持。AI 能够自动收集并分析员工小李的工作数据。

⟟ 提示词示例：

请对小李的绩效数据进行深入分析，识别关键绩效指标和潜在影响因素。

AI 可以提炼出小李的工作趋势，预测未来表现，并指出可能需要改进的领域。

步骤 2：数据的可视化呈现

AI 支持将分析结果转化为易于理解的图表和报告，增强信息的透明度和可访问性。

⟟ 提示词示例：

请将小李的绩效分析结果可视化，制作图表和报告。

AI 能够让管理者迅速把握小李的绩效状况，包括优势和提升空间。

步骤 3：数据背后问题洞察

深入分析数据，发现并解决团队协作中的问题。AI 支持对团队绩效数据进行综合分析，识别协作障碍。

⟟ 提示词示例：

请洞察小李所在团队的协作数据，识别协作中的障碍。

AI 能够揭示团队协作中的问题，如沟通不畅或任务分配不均，为团队负责人提供优化方案。

总而言之，A 科技有限公司通过这 3 个步骤，有效地利用 AI 技术提升了绩效管理的质量和效率。AI 的智能分析能力帮助管理者深入理解了员工的绩效表现，AI 的可视化呈现方式提高了决策的效率，而深入的数据洞察促进了团队协作的优化。这一流程不仅促进了员工的个人发展，也为团队和组织的整体进步奠定了基础。

7.4.3　绩效改进和员工发展

在竞争日益激烈的商业环境中，绩效改进和员工发展已成为企业持续增长的两大支柱。传统的绩效管理和员工发展模式往往受到人为因素、时间资源等多重限制，难以充分发挥出潜力。本小节将深入探讨 AI 在绩效改进和员工发展方面的具体应用与显著效果，并通过多个实际案例加以佐证，旨在为企业提供更全面、更具操作性的指导。

我们通过案例来展示如何借助 AI 分析绩效状况和效果。

【案例：如何借助 AI 分析绩效状况和效果】

首先将团队的基本信息输入 AI：

某软件开发团队负责开发一个新的企业级应用程序。团队由 10 人组成，包括 1 名项目经理（PM）、3 名前端开发人员、4 名后端开发人员和 2 名测试工程师。项目预计历时 6 个月完成。

收集数据如下：

1. 项目进度报告：每两周一次的项目进度会议记录。

2. 代码提交记录：版本控制系统中的提交日志。

3. 问题跟踪系统：记录了问题报告和处理进度的系统。

4. 团队满意度调查：项目开始 3 个月后进行的中期团队满意度调查。

关键数据信息如下：

1. 代码提交频率：后端开发团队，平均每周提交 30 次；前端开发团队，平均每周提交 10 次。

2. 集成测试延迟事件：每次集成测试平均延迟为 2 天。

3. 集成相关问题报告：项目期间共报告了 50 个问题，其中集成相关问题 22 个。

4. 团队满意度调查结果：对跨团队沟通满意度的平均评分为 2.5 分（满分为 5

分）；超过 60% 的团队成员表示对跨团队沟通不满意。

5.接口规范讨论次数：在问题跟踪系统中记录的前后端接口规范讨论次数为 15 次。

6.测试阶段缺陷报告：预期缺陷数为 40 个；实际报告缺陷数为 52 个，超出预期 30%。

7.代码质量：测试工程师反馈的平均代码质量评分为 3 分（满分为 5 分）；需要重复验证的缺陷比例为 45%。

然后我们向 AI 输出提示词，示例如下：

你是绩效专家，请根据以上数据，分析团队绩效状况和效果。

AI 会基于资料输出绩效状况分析详情。

通过深入应用 AI 的分析能力，我们在绩效考核过程中增强了数据分析的深度和广度。同时，AI 的可视化呈现方式也使得管理者能够更加直观地了解员工的绩效表现和问题所在。

1.绩效改进：从模糊到精准

传统的绩效改进方法往往缺乏针对性和持续性，难以满足企业的实际需求。AI 通过深度学习和大数据分析，为绩效改进提供了全新的解决方案。

比如，在制造业中，生产线的工作效率直接影响着企业的生产成本和交货周期。然而，由于生产线上的员工众多，技能水平参差不齐，如何有效提升整体工作效率一直是一个难题。

【案例：如何用 AI 对班组长的绩效进行改进】

某制造企业引入了 AI 系统后，让这一难题得到了有效解决。

1）企业通过 AI 对生产线上每个员工的工作数据，包括工作时长、完成任务数量、错误率等进行了深入的分析，找出了影响工作效率的关键因素。例如，某些员工在特定环节上花费的时间过长，导致整体效率下降；某些员工的错误率较高，需要接受额外的培训和指导。

2）AI 基于这些分析结果，为管理者提供了针对性的改进建议。例如，针对花费时间过长的问题，AI 建议对工作流程进行优化，将某些烦琐的操作简化或自动化；针对错误率较高的问题，AI 则建议加强员工的技能培训，并提供实时的错误提示和纠正功能。

这些建议的实施，使得生产线的工作效率得到了显著提升，企业的生产成本和交货周期也得到了有效控制。

2. 员工发展：从迷茫到清晰

员工发展是企业长期稳健发展的关键。一个优秀的员工不仅需要具备扎实的专业技能，还需要有良好的职业素养和广阔的职业发展空间。然而，许多员工对自己的职业发展感到迷茫，不知道该如何规划自己的职业生涯。AI 通过智能化的职业规划系统，为员工提供了全方位的发展支持。

【案例：如何用 AI 为员工做生涯规划】

以某科技公司的研发人员为例，他们面临着技术更新与迭代快、职业竞争激烈的压力。为了帮助他们更好地规划自己的职业生涯，公司引入了 AI 技术。

1）将员工的生涯信息，包括教育背景、工作经历、技能特长等输入 AI，让它利用这些信息进行深入的分析，找出每个人的优势和不足。

2）基于这些分析结果，让 AI 为每个人推荐合适的职业发展方向和培训课程。我们可以向 AI 输入如下提示词：

你是绩效专家，请深入分析以下两位研发人员的个人信息，找出每个人的优势和不足。并基于这些分析结果，给每个人推荐合适的职业发展方向和培训课程。

AI 会针对员工的基本生涯信息，给出建议。例如，对于某些擅长算法研究的研发人员，AI 推荐他们向机器学习领域深入发展，并提供了相关的培训课程和资源；对于某些缺乏项目管理经验的研发人员，AI 则建议他们参加项目管理培训，并提供了实际的项目案例进行实践。

通过深度学习和大数据分析技术，AI 能够精准分析员工绩效，提供科学的改进建议；通过智能化的职业规划系统，AI 能帮助员工更好地规划职业生涯。这些功能使 AI 成为企业提升员工绩效、促进员工发展的得力助手。借助 AI 的智能分析能力，企业能够更加精准地定位问题，提出改进策略，并持续优化考核体系，从而打造更高效、更公正的绩效考核环境，助力员工与企业共同成长。

本章详细探讨了 AI 在绩效管理各环节的具体应用，揭示了其如何赋能企业、提升绩效管理水平。从考勤管理到绩效考核指标设计，再到实施考核、评估反馈和效果评价，AI 都展现了其独特的优势和价值。它不仅提高了管理效率和准确性，还确保了决策的公平性和透明度，推动了企业管理的智能化转型。通过 AI 赋能，企业可以实现更科学、合理的绩效管理，提升整体管理效能。

第 8 章 *Chapter 8*

AI 赋能薪酬与福利管理

薪酬与福利管理是人力资源管理的核心组成部分，直接关系到员工的满意度、激励效果以及企业的整体竞争力。本章将详细探讨如何利用 AI 在薪酬策略制定、福利方案设计、工资表制作以及薪资预算等方面进行优化与创新，帮助企业构建更加科学、高效、人性化的薪酬与福利管理体系，进而激发员工的潜能，提升企业的整体绩效。

8.1　用 AI 制定薪酬策略

薪资策略的制定是企业吸引和留住人才的关键环节，它涉及了解市场薪酬水平、内部薪资结构以及员工个人价值。在信息化时代，如何高效且准确地进行市场薪酬调查、数据分析，以及建立科学的薪资模型，成为企业面临的重要挑战。本节将探讨如何借助 AI 搭建薪酬结构，设计一个公平合理的薪酬体系。

8.1.1　设计薪酬结构

在企业实践中，薪酬结构通常是指企业总体薪酬中固定薪酬与浮动薪酬的比例结构，比例不同，薪酬设计策略也不同。《薪酬管理——理论、方法、实务》[⊖]一书中提出，宽带薪酬设计作为一种新型的薪酬结构设计方式，是对传统垂直型

薪酬结构的改进或替代，对企业战略目标的实现具有非常重要的作用。这里重点讲的就是如何用 AI 进行宽带薪酬设计。

1. 让 AI 根据信息设计宽带薪酬

在这里要注意提示词中要包含的关键信息：企业关于宽带薪酬设计需要的基本信息，如薪酬等级、档级、测算起点、幅宽、递增系数等；宽带薪酬设计的步骤与对应的公式。

👤 提示词示例：

某设计施工公司要对公司的薪酬结构进行调整，公司本次薪酬调整的基本信息：薪酬等级为 7 等、档级为 9 档，测算起点（即最低一档中位值）为 6000 元，幅宽为 80%，递增系数为 30%。

根据以上公司信息，请按照以下步骤和公式，设计该公司的宽带薪酬，以表格形式输出。

1）明确宽带薪酬的幅宽。即每一薪酬等级的级别宽度，反映了同一薪酬等级的员工因工作价值不同在薪酬方面的差异。在企业里，一般薪酬等级越高幅宽越高，幅宽区间为 50%～150%。

2）确定递增系数。根据心理学研究，工资增加 30% 时员工会产生明显的层级感。因此，薪酬等级的递增系数应在 30% 以上。层级越高，递增系数越大，层级越低，递增系数越小。

3）确认档差。即每一级工资从最小到最大的等比差距，档差 =（等级最大值 − 等级最小值）/（档位数 −1）。再次，确定宽带薪酬的档级。通常每一薪酬等级都会划分为很多档，即档级。档级一般为奇数，如 5 档、7 档、9 档。

输入提示词后，AI 可以很快地根据信息设计出宽带薪酬表。读者可以自行尝试，不同 AI 工具输出的内容会有一定的差异，请根据自己的实际情况使用对应的 AI 工具。

2. 优化迭代：对宽带薪酬表进行优化迭代

通过 AI 我们快速设计出了宽带薪酬表，接下来我们根据市场薪酬调查结果调整幅宽和递增系数，让 AI 对宽带薪酬表进行优化迭代。

👤 提示词示例：

根据市场薪酬调查结构，将薪酬等级第 4 级至第 7 级的幅宽调整为 90%，递增系数在现有系数基础上按 5% 逐级递增。请根据市场薪酬调研数据，对以上宽带薪酬表进行调整。

AI 会根据提示词优化迭代宽带薪酬表。具体输出内容略，经过不断调整，输出结果会更符合企业的实际需求。

3. 复核宽带薪酬表的数据

有时候 AI 对于我们提出的优化提示词，尤其是涉及数据方面的提示词，在理解计算时会有偏差，因此，我们要对 AI 生成的宽带薪酬表中的数据进行复核。如果复核后发现数据有偏差，可以手动调整表格数据，也可以通过提示词让 AI 修改数据。这里要特别注意，我们在提示词中要明确地告诉 AI 数据错在哪里，正确的计算逻辑是什么，否则，AI 回复的可能还是一张有错误数据的宽带薪酬表。

借助 AI 我们可以快速地生成企业宽带薪酬表并针对性地做优化迭代，比传统的通过 Excel 测算要更高效、更准确。

8.1.2　设计薪酬体系

《薪酬体系设计实操全案》[○]一书提到，基于战略的薪酬策略有领先型薪酬策略、市场追随型薪酬策略、拖后型薪酬策略及市场混合型薪酬策略，不同的薪酬策略适用于不同类型的企业或者企业的不同发展阶段。

1. 薪酬策略选择

领先型薪酬策略适用于处于人才扩张期的高速发展的技术型驱动企业，一般高于市场平均水平的 15% 以上，处于薪酬市场 90 分位以上。

市场追随型薪酬策略适用于有一定销售驱动且处于品牌建设期的企业，通常处于市场平均水平，上下浮动不超过 5%。

拖后型薪酬策略适用于品牌驱动型且处于衰退期的企业，一般低于市场平均水平的 15%～20%。

市场混合型薪酬策略是企业用得较多的策略，该策略会结合企业的职位通道序列，对不同序列的员工采用不同的薪酬策略。比如：对核心人才采用领先型薪酬策略，对一般人才采用市场追随型薪酬策略，对普通岗位或基础岗位采用拖后型薪酬策略。

在薪酬体系设计环节，AI 作为辅助工具，可以帮助我们收集并分析薪酬数据、提供薪酬策略的建议。但在实际设计中，我们仍需要依靠人力资源部门薪酬管理人员的专业知识和企业的具体情况进行决策。

这里要注意，借助 AI 做薪酬策略建议，需要明确告诉 AI 它是什么角色、要

○　2021 年 9 月中国铁道出版社有限公司出版的图书，作者是常雪松、张磊。——编辑注

按照什么标准、达成什么样的目标。

2. 示范案例

⊖ 提示词示例：

你是薪酬专家，你要根据以下三种薪酬策略的特点，对杭州某家成立十年，处于快速发展阶段的照明灯光设计施工公司的以下职位设计薪酬策略与薪酬分位值：总经理、运营副总、工程部经理、设计部经理、电气设计总工、主案设计师、助理设计师、综合部主管、高级行政经理、招聘主管、总账会计、出纳、前台。

薪酬策略特点：

领先型薪酬策略适用于处于人才扩张期的高速发展的技术型驱动企业，一般高于市场平均水平的 15% 以上。

市场追随型薪酬策略适用于有一定销售驱动且处于品牌建设期的企业，通常处于市场平均水平，上下浮动不超过 5%。

拖后型薪酬策略适用于品牌驱动型且处于衰退期的企业，一般低于市场平均水平的 15%~20%。

AI 会根据资料设计出薪酬策略和薪酬分值。薪酬福利方案设计是对实操性要求很高的一个人力资源板块，读者可以多多尝试。

8.2 用 AI 设计福利方案

员工福利是企业通过小投入获得大回报的重要薪酬福利项目。作为员工薪酬福利体系的关键组成部分，福利方案的科学设计直接影响着员工的工作满意度和企业的长远发展。AI 凭借其强大的数据处理和智能分析能力，为福利方案的优化提供了全新的视角和方法。

8.2.1 员工需求分析

员工需求分析是设计福利方案的关键环节，AI 能够深入挖掘员工的真实需求，为企业提供全面、细致的需求分析结果。

1. 设计员工需求调查表

⊖ 提示词示例：

你是薪酬福利专家，你要为公司设计新的福利方案，需要收集员工的意见，请设计一份员工需求调查表。

2. 分析需求调查数据

收集完大家的反馈数据后，我们通过 AI 快速分析需求调查数据。

3. 撰写需求调查报告

基于对数据的分析，让 AI 生成需求调查报告初稿。

🔲 提示词示例：

你是薪酬福利专家，公司共有 150 人，本次参加调研的员工有 125 人，有效调查问卷 119 份，请对以下汇总整理的调查问卷数据进行深入分析，并撰写需求调研报告。

以上员工需求调查旨在全面了解员工对于薪酬水平和福利项目等方面的满意度，并且通过开放性问题收集更具体的反馈和建议，为设计公司福利方案提供数据依据。

需要注意的是，如果需要输出 3000 字以上的报告，就需要把提示词按照任务拆分为一个个的小提示词，让 AI 逐步干活，以得到我们想要的员工需求分析调查报告。

8.2.2　福利政策制定

福利政策制定是企业管理中的一项重要任务，它直接关系到员工的满意度、工作积极性。福利政策制定是一个复杂而细致的过程，需要企业全面考虑员工的需求、企业的实际情况以及市场环境等因素。在这个过程中，AI 可以发挥重要的辅助作用，帮助企业制定更加科学、合理的福利政策。

1. 操作步骤

步骤 1：通过对员工需求的分析，为企业提供针对性的福利政策建议

在制定福利政策时，了解员工的需求是至关重要的。AI 可以收集、整理和分析员工的意见和建议，提炼出员工最关心的福利问题。基于这些数据，AI 可以为企业提供一系列符合员工需求的福利政策选项，如弹性工作时间、健康保险、子女教育等，从而确保政策能够满足员工的期望。

步骤 2：帮助企业对福利政策进行成本效益分析

在制定福利政策时，企业需要考虑政策的成本以及可能带来的收益。AI 可以对不同的福利政策选项进行成本估算和效益预测，帮助企业评估各种方案的优劣。通过对比分析，企业可以选择出既符合员工需求又具有较高性价比的福利政策，从而确保政策的可行性和有效性。

步骤 3：协助企业对福利政策进行市场调研和对比分析

在制定福利政策时，了解市场上的通行做法和竞争对手的福利政策是非常重要的。AI 可以通过网络搜索和数据分析等手段，收集市场上的福利政策信息，并对其进行整理和分析。基于这些信息，企业可以了解市场上的福利政策趋势和最佳实践，作为制定福利政策的参考依据。

步骤 4：制订福利政策的实施计划和推广策略

福利政策的成功实施需要企业制订详细的实施计划和推广策略。AI 可以为企业提供实施计划的建议，包括政策的宣传方式、实施步骤和时间表等。同时，AI 还可以帮助企业设计推广策略，如通过内部培训、员工手册、企业网站等方式向员工宣传福利政策，确保员工充分了解并享受到政策带来的福利。

2. 示范案例

接下来，我们将通过具体案例展示如何借助 AI 为企业制定福利政策。

【案例：如何借助 AI 为企业制定福利政策】

首先将企业的基本信息输入 AI：

企业背景信息：

员工基本情况：总员工数为 200 人；过去一年内离职员工数为 40 人；核心技术人员离职比例为 50%（20 人）；员工满意度调查参与率为 80%（160 人参与）。

离职原因分析（基于离职员工的退出面谈）：薪酬不满意占 30%（12 人）；职业发展机会有限占 25%（10 人）；工作压力大占 20%（8 人）；工作与生活平衡差占 15%（6 人）；公司文化不适应占 10%（4 人）。

员工满意度调查结果：

1. 对薪酬的满意度：满意占 30%；一般占 40%；不满意占 30%。

2. 对职业发展机会的满意度：满意占 25%；一般占 35%；不满意占 40%。

3. 对工作压力的评价：合理占 20%；较大占 50%；过大占 30%。

4. 对工作与生活平衡的满意度：满意占 15%；一般占 35%；不满意占 50%。

5. 对公司文化的认同感：强烈占 20%；一般占 40%；弱占 40%。

然后向 AI 输入如下提示词：

你是薪酬福利专家，请你对某互联网公司 2023 年的员工基本数据及员工满意度调查数据进行分析整理，并基于此为该企业重新制定一套福利政策，目标是降低核心员工流失率，提高员工满意度。

AI 会给出一份薪酬福利政策改进建议。输出内容略，具体操作请读者自行尝试。

借助 AI 的智能分析能力，企业可以更加准确地把握员工的需求，制定出既满足员工期望又具有可行性和有效性的福利政策，从而激发员工的工作积极性，提升企业的整体竞争力。

8.2.3　个性化福利建议

要实施个性化福利建议，企业首先需要构建一个全面、多维的员工需求模型。这个模型应该涵盖员工的个人背景、家庭状况、职业发展规划、兴趣爱好等多个方面。

1. 操作步骤

步骤 1：收集信息

通过问卷调查、一对一访谈、大数据分析等手段，企业可以收集到构建这一模型所需的关键信息。在这个过程中，AI 技术尤其是机器学习和自然语言处理技术的应用，能够极大地提高信息收集和处理的效率。

步骤 2：数据分析与挖掘

接下来，企业需要运用先进的算法对这些数据进行分析和挖掘，以识别不同员工群体的共同特征和个体差异。这些分析结果将为企业制定个性化福利政策提供有力依据。例如，对于年轻员工群体，企业可能会发现他们更看重工作灵活性和职业发展机会；而对于有家庭的中年员工，他们可能更关注医疗保险和子女教育支持。

步骤 3：基于分析设计个性化福利方案

基于这些分析结果，企业可以设计具体的个性化福利方案。这些方案应该包括一系列可选的福利项目，如灵活的工作时间、定制的职业发展路径、额外的健康保险、家庭护理服务等。

步骤 4：对方案进行测试，不断优化与调整

每个员工都可以根据自己的需求和偏好，在这些选项中选择最适合自己的福利组合。为了确保方案的有效性和吸引力，企业还可以利用 AI 技术进行 A/B 测试和用户反馈分析，不断优化和调整福利项目。

2. 示范案例

接下来，我们将通过具体案例展示如何借助 AI 设计个性化福利建议方案。

【案例：如何借助 AI 设计个性化福利建议方案】

某互联网公司有员工 100 名。员工构成：研发技术人员（平均年龄 28 岁）、管理层（平均年龄 35 岁）、营销、客服、人力资源、财务团队等。

公司通过问卷调查与一对一访谈的方式收集员工需求并进行分析，结果如下：

❑ 研发技术人员：更倾向于灵活的工作时间、技术培训、健身会员等。

❑ 管理层：更关心家庭健康保险、子女教育支持、退休规划等。

❑ 营销、客服、人力资源、财务团队等：更看重压力管理、团队建设活动、奖金制度等。

该公司需要设计一份详细的个性化福利建议方案。于是，我们向 AI 输入如下提示词：

你是薪酬福利专家，请根据以上公司信息，制定一份详细的个性化福利建议方案。

AI 会输出一份详细的个性化福利建议方案，具体输出略，读者可自行尝试。

个性化福利建议作为一种创新的福利策略，为企业提供了一种更加灵活和人性化的满足员工多样化需求的方式。通过深入了解员工需求、运用 AI 等先进的数据分析技术和设计具有吸引力的福利项目，企业可以打造出一套既符合员工期望又符合企业战略目标的个性化福利方案。

第 9 章 *Chapter 9*

AI 赋能员工管理

本章将深入探讨如何利用 AI 在员工入职、在职、离职以及劳动纠纷处理中发挥作用，为企业建立高效、和谐的员工关系。通过案例演示如何借助 AI 设计并优化员工关系管理流程，提升员工体验，提升员工满意度，提高工作效率。考虑到每个环节内容的生成具有一定的连续性，建议按照提示词的先后顺序，进行尝试和不断实践，以便最后的输出内容符合你所在企业的实际需求。

9.1　用 AI 做员工入职管理

受到首因效应的影响，新员工很容易在刚入职的几个小时或一周内对企业或部门同事形成深刻的印象，这个印象往往会伴随其在企业的整个工作过程。新员工的频繁离职会造成企业招聘成本的大幅度上升，影响企业业务的正常开展，还会对企业的士气造成不良影响。因此，做好入职管理，帮助新员工快速适应企业文化，融入团队，熟悉岗位工作是企业人力资源管理者的重要工作。

9.1.1　设计入职流程及工具包

新员工入职流程主要分为 6 个主要步骤：入职准备、入职报到、入职手续、入职培训、转正评估、入职结束。那如何根据 6 个步骤设计一个有效的入职流程？企业入职工具包里应该包含哪些工具资料呢？

过去遇到这类情况，大部分 HR 从业人员都是到网上下载并简单修改后就直接套用了。现在我们可以借助 AI 快速设计一个有效的入职流程。

1. 编写提示词，获取入职流程及工具包

向 AI 输入提示词：

你是企业人力资源经理，你需要为公司设计入职流程及工具包，以确保新员工能快速融入企业，适应团队，请问公司入职流程及工具包应该包含哪些关键内容。

AI 可以很快地输出根据 6 个步骤设计出的入职流程及工具包中应该包含的关键内容等信息，并会对每一步的关键工作内容都做了说明。

2. 细化提示词，优化入职流程及工具包

☰ 提示词示例：

请按照要求对以上设计出的入职流程及工具包进行优化迭代，修改要求：①公司的新员工从入职到转正，通常为 3 个月，请按照 3 个月时间分解每个步骤的关键工作、需要的时间、责任部门或者责任人、每个步骤的关键交付结果；②新员工入职培训期为 1 周，请详细描述一周培训计划，培训讲师。请将以上优化迭代内容融入入职流程与工具包的内容，形成完整的内容后输出。

对比第一稿，细化后的入职流程及工具包内容更详细、更全面。具体输出内容略，读者可以用 AI 工具自行实践。

我们提供的要求信息越详细，通过 AI 得到的入职流程与工具包的内容就越详细。此处作为示范，我们提供的优化迭代要求相对简单，在实际操作时，可以根据企业的实际情况做出相应调整。

9.1.2 员工手册管理

如何做好员工手册管理？我们可以借助 AI 快速了解企业员工手册管理的主要工作及注意事项。

1. 了解员工手册的内容

向 AI 输入提示词：

你是企业人力资源管理专员，你要为公司制定一份员工手册，需要了解员工手册包含哪些内容。

AI 会很快地回复我们需要的制定员工手册的核心要素，包括公司介绍、雇佣政策、离职政策、薪酬福利、工作时间、休假政策、行为准则等信息，并对每一项工作内容都做了详细说明且列出了工作注意事项。

2. 让 AI 基于上述内容生成员工手册

员工手册包含的内容比较多，而 AI 聊天框每次输入的文字有限，因此在借助 AI 制定员工手册时，我们需要一个内容接一个内容分步生成。

【案例：让 AI 生成员工手册所需的企业介绍】

接下来我们让 AI 根据以下企业信息生成员工手册中的企业介绍部分。

SALER 公司的公司使命：我们致力于通过创新的技术解决方案，为客户提供卓越的价值和服务。

公司的核心价值观和文化特点：

❑ 客户导向：我们将客户需求置于首位，不断努力以满足他们的期望，建立长期合作伙伴关系。

❑ 创新精神：我们鼓励员工提出新想法和创新解决方案，以推动公司的发展和竞争力。

❑ 协作团队：我们倡导协作和团队合作，相信集体的力量，共同追求成功。

❑ 专业精神：我们要求员工在工作中保持专业水准，不断提升技能和知识。

❑ 组织架构：

　　○ 首席执行官：负责公司整体管理和战略决策。

　　○ 技术部门：负责产品研发和技术支持。

　　○ 销售与市场部门：负责销售和市场推广。

　　○ 运营部门：负责公司日常运营和人力资源管理。

　　○ 财务部门：负责财务管理和会计工作。

把以上资料输入 AI，并附上提示词：

请根据以上企业信息，详细编制员工手册的第一部分：公司简介的内容。

AI 会输出一份匹配的公司简介。限于篇幅，这里不再具体展示，请读者自行尝试。

3. 优化迭代：对员工手册内容进行针对性优化

每个公司的员工手册可能会有所不同，我们可以根据公司的具体需求进行调整。

比如，需要在"第一部分　公司简介"中的"公司使命"前增加总经理写给员工的一封信，信的内容就可以借助 AI 完成。

提示词示例：

请在公司简介中的公司使命前加入总经理写给员工的一封信的内容。

借助 AI，我们可以快速地制定符合公司需求的员工手册。具体内容略，读者可自行实践。

9.2　用 AI 做在职员工管理

本节将深入探讨如何运用 AI 来优化在职员工管理，包括员工职业发展和晋升、设计各类员工活动方案，以及制定员工职业生涯规划。

9.2.1　员工职业发展和晋升

如何设计员工职业发展通道？我们可以借助 AI，分以下 3 步来完成。

1. 让 AI 设计公司职业发展通道

提示词示例：

你是企业人力资源经理，请根据以下常见的 4 种职业发展通道为你所在的芯片研发公司设计员工职业发展通道：

1）管理类：适用于企业的各类人员，一般发展路径为助理——专员——主管——经理——总监——副总经理——总经理。

2）业务类：适用于市场销售人员，一般发展路径为销售专员——销售主管——销售经理——区域销售经理——大区销售经理——销售总监——副总经理——总经理。

3）技术类：适用于技术研发工作人员，一般发展路径为技术员——助理工程师——初级工程师——中级工程师——高级工程师——技术总工程师。

4）操作类：适用于一线生产工作的人员，一般发展路径为工人——初级技工——中级技工——高级技工——初级技师——中级技师——高级技师。

AI 可以很快地回复我们需要的管理类、业务类、技术类、操作类职业发展通道。具体输出内容略，读者可自行实践。

2. 让 AI 设计某一类人员的职业发展路径表

我们也可以让 AI 针对某一类人员设计职业发展路径。

提示词示例：

你是一家芯片研发公司的人力资源经理，你要为公司设计一个技术研发类人员的职业发展路径，并以表格形式呈现。

AI 会快速地设计出某类岗位的职业发展路径表，包括级别、职责、发展目标

等信息。具体输出内容略，读者可自行实践

3. 优化迭代：设计出的某类人员的职业发展路径表

我们可以根据自己的需要提出优化迭代要求，要求越详细，通过 AI 得到的职业发展路径表就越详细。

提示词示例：

请在以上职业发展路径表中，增加晋升条件和晋升标准，要求：晋升条件与晋升标准明确，可量化、可衡量，避免模棱两可的描述，请修改表格并输出。

对比第一稿，优化后的技术研发人员职业发展路径表，增加了晋升条件和晋升标准等部分内容，让技术研发人员职业发展路径表更完善。同时，明确、可量化的晋升条件和标准，也确保了职业发展的透明性和公平性。

此处作为示范，我们提供的优化迭代要求相对简单，在实际操作时，可以根据企业的实际情况做相应调整。

现在，打开你的 AI，对你所在公司的员工职业发展路径表做优化迭代吧。

9.2.2 设计各类员工活动方案

如何快速设计员工活动方案？我们可以借助 AI，分以下 3 步来完成。

1. 了解员工活动方案的内容

提示词示例：

你是企业人力资源经理，你要设计一个员工活动方案，请问一个完整的员工活动方案应该包括哪些内容？

AI 可以很快地回复一个完整的员工活动方案，包括活动目的、参加活动人群、预算、时间地点等信息，并对每一项都做了详细说明。

2. 让 AI 基于上述关键内容生成员工活动方案

通过 AI 我们快速了解了员工活动方案包含的关键内容，接下来我们让 AI 根据关键内容生成一份员工活动方案。

提示词示例：

请按照以上内容，设计一个员工活动方案。这个方案是针对提升团队合作和员工士气的活动设计的。

AI 会输出一份基于提升团队合作和员工士气的活动方案。

根据不同的目的和需求，可以调整提示词让 AI 输出不同的方案。

3. 优化迭代：对员工活动方案进行针对性优化

如果 AI 输出的有些内容不是我们想要的，那么我们可以针对方案中需要优化迭代的部分提出要求，让 AI 对方案进行调整。要求描述越详细，通过 AI 得到的员工活动方案就越详细。

❓ 提示词示例：

请对活动方案中的活动类型及预算，做出详细的描述，要求：①活动类型内容细化到时间；②预算要分解出明细。细化后的内容以表格形式呈现并插入员工活动方案，最后输出完整的修改后的员工活动方案。

对比第一稿，优化后的员工活动方案会详细描述活动计划时间、团建活动的具体项目，也会对预算进行详细的分解说明。

此处作为示范，我们提供的优化迭代要求相对简单，在实际操作时，可以根据企业的实际情况做相应调整。

9.2.3　员工职业生涯规划

我们该如何实施员工职业生涯规划呢？我们可以借助 AI，分以下 3 步来完成。

1. 了解实施员工职业生涯规划的步骤

❓ 提示词示例：

你是企业人才发展专家，你要在企业实施员工职业生涯规划，请问企业实施员工职业生涯规划包含哪些步骤？

AI 很快输出了实施员工职业生涯规划的关键步骤，包括企业与员工的需求分析与发展目标设定、员工能力评估、制订职业发展计划、实施跟踪、反馈调整等，并对每个步骤做了简要说明。具体输出内容略，读者可自行尝试。

2. 让 AI 设计员工个人发展计划书模板

通过 AI 我们快速了解了员工职业生涯规划包含的关键步骤，接下来我们可以通过 AI 根据关键步骤设计员工职业生涯规划中的员工个人发展计划书（IDP）。

通过向 AI 输入相应的提示词，我们可以得到一个员工个人发展计划书模板。当然这个模板可以根据不同的组织和个人需求进行调整，以确保它满足特定的发展目标和要求。

❓ 提示词示例：

请提供一个员工个人发展计划书的标准模板。请以表格的形式输出员工个人发展计划书的标准模板。

3. 优化迭代员工个人发展计划书模板

我们可以针对具体项目提出优化迭代要求，要求越详细，通过 AI 得到的员工个人发展计划书模板就越详细。

提示词示例：

请优化迭代以上员工个人发展计划书标准模板，尤其是关于行动计划、支持和资源、跟踪和评估的内容需要更详细，同样，以表格的形式输出优化后的员工个人发展计划书的标准模板。

对比第一稿，优化后的员工个人发展计划书内容更全面、更详细。以上内容请读者根据提示词实践，多轮练习和实践，确保 AI 输出符合你所在企业的实际需求的内容。

此处作为示范，我们提供的优化迭代要求相对简单，在实际操作时，可根据企业的实际情况做相应调整。

9.3　用 AI 进行离职管理

离职管理是人力资源管理工作中一项敏感且关键的任务。本节将探讨如何利用 AI 优化离职管理流程，确保流程的高效和人性化。我们将详细介绍如何利用 AI 设计离职流程及表单、准备和实施离职面谈，以及设计离职员工返聘机制。这些措施不仅能帮助组织收集宝贵反馈，还能维持与前员工的良好关系。

9.3.1　设计离职流程及表单

如何设计一个有效的离职流程？员工常用离职表单包含哪些内容？过去遇到这类情况，我们都是到网上下载并简单修改后就直接套用了。现在我们可以借助 AI 快速设计有效的员工离职流程及表单。

1. 让 AI 生成工具表单模板

向 AI 输入相应的提示词后，AI 可以很快地生成我们需要的工具表单模板。

我们以"离职交接清单"为例，在 AI 中输入提示词：

请提供一份完整的离职交接清单的模板。

AI 会根据提示词生成一份包括工作交接、财务交接、行政办公设备交接、薪资福利结算说明等关键信息，并对每一项内容做了解释说明的离职交接清单表单模板。

2. 优化迭代：对工具表进行针对性优化

我们可以在第一稿的基础上，按照自己的要求对它进行优化迭代。我们向 AI 提出的优化迭代要求越详细，得到的表单就越符合要求。

提示词示例：

请在以上表单的基础上，增加交接人、被交接人、监交人，修改后以表格形式输出。

这次，AI 输出的离职交接清单内容更完整，增加了"交接人、被交接人、监交人"等内容。这些增加的内容旨在提供更详细的责任追溯，确保交接过程中的每个步骤都有明确的责任人，减少信息遗漏，确保工作的顺利进行。

此处作为示范，我们提供的优化迭代要求相对简单，在实际操作时，可以根据企业的实际情况做相应调整。

有效的离职流程管理有助于保持企业的专业性和稳定性。通过 AI，企业可以更高效地管理离职流程，并从中获取有价值的反馈信息，用于企业未来的改进。

9.3.2 离职面谈准备与实施

离职面谈的实施步骤包括哪些、有什么注意事项等这些问题，我们都可以借助 AI 分以下 4 步来完成。

1. 了解不同类型离职人员离职面谈前的准备工作

向 AI 输入相应的提示词后，AI 会很快输出针对不同类型离职人员进行离职面谈前需要做的准备工作以及注意事项，并对每项内容做了简要说明。

提示词示例：

你是公司人力资源经理，面对主动离职人员和被动离职人员，离职面谈前人力资源部门需要提前做好哪些准备、需要哪些资料以及需要注意哪些事项？

通过 AI 我们可以快速地了解不同类型离职人员离职面谈前需要做的准备工作、需要准备的资料以及面谈的注意事项。

2. 让 AI 设计离职面谈实施步骤

接下来我们通过 AI 设计两种类型离职人员的离职面谈实施步骤。

提示词示例：

请根据以上内容，针对主动离职人员和被动离职人员，生成离职面谈实施步骤。

把提示词输入 AI，我们可以很快地得到以上两种不同类型离职人员的离职面谈实施步骤。

3. 让 AI 设计离职面谈记录表

接下来就可以借助 AI 输出离职面谈记录表了。

ℹ️ 提示词示例：

请基于以上内容与离职面谈的目的，设计离职面谈记录表，以表格形式呈现。

4. 优化迭代：对离职面谈记录表进行针对性优化

我们提出的优化迭代要求越详细，通过 AI 得到的离职面谈记录表就越完整。

ℹ️ 提示词示例：

请在这份面谈表中增加面谈问题。

这次，AI 输出的离职面谈记录表中增加了具体的面谈问题，这些问题不仅有助于企业理解员工离职的原因和背景，还能为企业未来的人力资源管理提供重要的反馈和见解。

此处作为示范，我们提供的优化迭代要求相对简单，在实际操作时，可以根据企业的实际情况做相应调整。离职面谈是理解员工离职原因和改善企业管理的重要手段。通过 AI，企业可以更有效地准备和实施离职面谈，获得更宝贵的反馈和改进建议。

9.3.3　离职员工返聘机制设计

如何设计有效的离职员工返聘机制，我们可以借助 AI，分以下 3 步来完成。

1. 了解离职员工返聘机制的核心要素

向 AI 输入相应的提示词后，AI 可以很快地输出离职员工返聘机制的核心要素，包括返聘政策、资格审查、需求分析、离职员工关系管理等关键信息，并对每项做了简要说明。

ℹ️ 提示词示例：

你是企业人力资源专家，公司需要设计一个离职员工返聘机制，请问离职员工返聘机制包含哪些内容及注意事项。

2. 让 AI 基于上述关键内容设计离职员工返聘机制

向 AI 输入相应的提示词后，我们会得到一套框架比较完整的离职员工返聘机制。

提示词示例：

请根据以上内容，为某企业设计一套详细的离职员工返聘机制。

3. 优化迭代：对离职员工返聘机制进行针对性优化

根据企业的要求，可以逐条提出优化迭代要求，我们的要求越详细，AI 的输出结果就越详细。

提示词示例：

请详细描述返聘政策中的返聘条件、程序和标准，要求：特别注重关键任务上的专业性。

AI 会从返聘条件、返聘程序、返聘标准、特别注意事项等方面给出详细的回复。我们可以根据企业的要求，让 AI 对回复的内容不断优化迭代直到获得我们想要的内容。

此处作为示范，我们提供的优化迭代要求相对简单，在实际操作时，可以根据企业的实际情况做相应调整。

有效的离职员工返聘机制有助于企业快速回收人才和经验，减少培训成本。通过 AI 的支持，企业可以更有效地管理返聘流程。

通过本节的深入探讨，我们展示了 AI 在离职管理中的多重作用。从流程的精细设计到面谈的有效实施，再到返聘机制的创新构建，AI 均提供了必要的技术支持，使得离职流程更为高效和顺畅。

AI 赋能企业文化建设

本章将深入探讨如何利用 AI 来赋能企业文化建设，通过构建企业文化体系、传播企业文化以及实践应用，帮助企业打造独特的企业文化，进一步提升企业的竞争力和可持续发展能力。本章的所有输出统一以 ChatGPT 为例，读者可以尝试使用其他 AI 工具。只有提示词的部分，读者可自行尝试，这样可以大幅提升自己的实践能力，提升自己的 AI 工具使用效率。

10.1　用 AI 构建企业文化体系

随着越来越多的企业意识到企业文化的重要性，重视企业文化价值，企业文化建设也成为企业管理的一项重要工作。企业文化体系的构建对于形成组织内部的共同价值观和行动准则至关重要。企业文化体系是企业形成制度文化和物质文化的思想基础，也是企业处理一切问题的指导原则。本节将引导你探索如何巧妙地运用 AI 工具，为企业文化建设提供有力支持。

10.1.1　制定企业愿景

企业愿景是企业文化的核心，它描绘了企业未来发展的蓝图，是企业努力的方向和目标。制定清晰、富有吸引力的企业愿景，对于凝聚团队、激励员工、吸引优秀人才至关重要。本节将探讨如何借助 AI，制定出具有前瞻性和凝聚力的企业愿景。

美国著名管理学家彼得·德鲁克曾提出，企业要思考三个问题：我们的企业是什么？我们的企业将是什么？我们的企业应该是什么？这三个问题是思考企业文化的原点，也构成了企业愿景的核心，即：

❑ 我们要到哪里去？（未来方向）
❑ 未来是什么样的？（未来状态）
❑ 目标是什么？（最终目标）

这三个问题分别对应着企业的现在、未来和理想状态。我们可以借助 AI，以更低的成本、更高的效率完成这项工作。以下是一套完整的流程。

1. 分析现状，明确制定方向

在制定愿景之前，首先要对企业进行全面且深入的了解，包括：

❑ 企业发展历史：回顾过往，总结经验教训。
❑ 文化特点：提炼企业独有的文化基因。
❑ 核心价值观：明确企业的价值导向。

我们可以借助 AI 获取相关信息。

⊟ 提示词示例：

请提供几个制造业行业成功企业的发展历史和文化特点。

AI 会提供大量相关信息，例如知名企业的文化故事、发展历程、成功经验等，帮助你更好地理解企业文化建设。

2. 分析竞争对手，找准市场定位

分析竞争对手的愿景和战略，有助于企业明确自身的优势和劣势，找到差异化竞争的突破口。

⊟ 提示词示例：

请分析［竞争对手公司名称］的企业愿景和核心竞争力。

AI 会提供该公司的愿景陈述、主要产品、市场地位、竞争优劣势等信息，帮助你了解竞争格局。

3. 集思广益，构思愿景

明确了企业现状和行业情况后，就可以进入愿景构思阶段了。AI 可以帮助团队成员开展头脑风暴，激发创意。

⊟ 提示词示例：

基于我们公司（描述公司历史和文化）的优势，提出 5 个潜在的企业愿景方向，并说明理由。

同时，AI 还可以提供不同行业或类似企业的愿景案例，拓展思路。

提示词示例：

提供 3 个科技行业和 2 个制造行业的企业愿景案例，并分析其特点。

4. 模拟讨论，整合优化方向

在收集了足够的信息和创意后，需要组织内部讨论，整合各方意见，最终达成共识。利用 AI 模拟真实的讨论场景，帮助团队更全面地思考问题。

提示词示例：

模拟一个关于企业愿景的讨论场景，包含 5 个不同部门的代表，围绕"公司未来 5 年的发展方向"展开讨论，并让 AI 扮演不同角色参与其中，提出不同的观点和建议。

5. 优化迭代，形成愿景声明

在充分讨论的基础上，可以借助 AI 生成初步的愿景声明。

提示词示例：

关于我们的企业文化和目标：[描述企业文化和目标]，请草拟一份企业愿景声明。

AI 或将提供一个或多个愿景草案。

6. 发布宣贯，引导企业发展

最终的愿景声明需要经过反复修改和优化，确保其准确传达企业未来的愿景。在实践过程中，企业可以将 AI 生成的愿景草案作为起点，然后根据内部反馈不断进行调整和完善。

制定企业愿景是一个需要集思广益、不断打磨的过程。借助 AI，企业可以更高效地完成信息收集、创意生成、方案比对等工作，制定出更清晰、更具吸引力的企业愿景，为企业发展指明方向。

10.1.2　制定企业使命

企业使命是企业存在的根本原因，它阐明了企业的目标和价值观，为企业发展指明了方向。正如著名领导力大师约翰·科特所言："一个强有力的组织必须由使命驱动。"本节将介绍如何借助 AI，制定清晰明确、鼓舞人心的企业使命。

如何制定企业使命？美国著名管理学家彼得·德鲁克认为，为了从战略角度明确企业的使命，应系统地回答下列问题：

- ❑ 我们的事业是什么？
- ❑ 我们的顾客群是谁？
- ❑ 顾客的需要是什么？
- ❑ 我们用什么特殊的能力来满足顾客的需求？
- ❑ 如何看待股东、客户、员工、社会的利益？

以彼得·德鲁克的五个问题为框架，我们可以通过以下 6 个步骤，借助 AI 的力量，制定企业使命。

1. 明确核心价值观

清晰的价值观是制定企业使命的基础。通过与 AI 对话，我们可以更好地明确这些价值观。

提示词示例：

假设一家企业最看重创新和客户满意度，请你扮演企业文化顾问，阐述该企业的核心价值观，并提供三个具体的例子说明如何在企业日常运营中体现这些价值观。

2. 定义企业的事业和目标客户

明确企业的事业领域和目标客户群体对于制定使命至关重要，这可以帮助企业明确业务范围和服务对象。我们可以借助 AI 来快速定义企业的事业和目标客户群体。

提示词示例：

请帮我定义企业的事业和目标客户群体，我们是一家科技企业，专注于开发智能家居产品。

AI 的输出：

事业：利用科技创新，打造智能、舒适、便捷的未来家居生活体验。目标客户：追求生活品质、拥抱智能科技的家庭用户，以及致力于打造智能化社区的房地产开发商。

3. 洞察客户需求

了解客户的需求和期望是制定使命的关键一步。这有助于确保使命满足客户的期望并提供有价值的解决方案。我们可以借助 AI 来确定客户的需求和期望。

提示词示例：

智能家居产品的目标客户群体有哪些需求和期望？

AI 会从多个角度分析客户需求，例如：

- ❑ 提升家居生活的舒适性和便利性。
- ❑ 增强家居安全性，提供安全保障。
- ❑ 简化家居管理，实现智能控制。
- ❑ 节约能源，降低生活成本。
- ❑ 产品稳定可靠，使用体验良好。

4. 突出竞争优势

制定使命时，强调公司的特殊能力和竞争优势是必要的，这可以突出企业在市场上的独特之处。我们可以通过 AI 将企业的特殊能力和竞争优势融入使命陈述。

🔾 提示词示例：

我们企业拥有一支经验丰富的研发团队，产品在节能和安全方面有很大优势，如何突出这些优势？

AI 会提供一些建议，例如："将企业使命定义为：致力于通过持续的科技创新，为客户提供安全、节能、便捷的智能家居解决方案，打造未来美好生活。"

5. 考虑如何平衡股东、客户、员工和社会的利益

制定企业使命时，需要兼顾各方利益，包括股东、客户、员工和社会，确保企业的使命是可持续的和具有社会责任感的。

🔾 提示词示例：

一家智能家居企业致力于为客户提供高质量的产品，同时关注员工的福祉，并支持社会和环境的可持续性。请你从企业社会责任的视角出发，为该企业设计一套可行的方案，以平衡股东、客户、员工和社会之间的利益关系，并说明如何将该方案融入企业使命，以体现企业的社会责任感。

AI 会提供一些建议，例如：

- ❑ 股东：持续创造价值，保持盈利能力。
- ❑ 客户：提供优质产品和服务，提升客户满意度。
- ❑ 员工：创造良好的工作环境，促进员工成长。
- ❑ 社会：遵守商业道德，承担社会责任，推动可持续发展。

6. 形成企业的使命陈述

综合以上信息，借助 AI 形成企业的使命陈述。用一句简明扼要的句子，概括企业的核心目标和价值观。

� 提示词示例：

请帮我整合以上信息，形成企业使命陈述。

💬 AI 的输出：

企业使命：致力于通过持续的科技创新，为客户提供安全、节能、便捷的智能家居解决方案，打造未来美好生活，并以此为股东创造价值，为员工搭建平台，为社会做出贡献。

制定企业使命是企业发展的重要一步。借助 AI，企业可以更清晰地梳理自身优势，明确发展方向，制定出更符合企业发展需要的使命陈述。需要注意的是，企业使命并非一成不变，应定期审视和调整，以适应不断变化的市场环境和企业发展阶段。

10.1.3　制定企业核心价值观

企业的价值观是企业文化的核心，它指引着企业的发展方向，塑造着企业的行为准则。正如美国社会学家菲利浦·塞尔日利克所说，组织的生存，其实就是价值观的维系，以及大家对价值观的认同。清晰明确的价值观能够将所有员工凝聚在一起，成为企业持续发展的内在动力。本节将介绍如何借助 AI，制定公司核心价值观。

1. 企业价值观的四个层次

企业价值观通常包含以下四个层次：

❏ 企业核心价值观：代表企业对自身使命、愿景和目标的认同，是企业的灵魂和行为准则。例如，苹果公司的核心价值观包括"创新""卓越"和"用户体验"。

❏ 企业精神：企业内部的文化氛围和员工的工作态度，例如谷歌倡导的"开放""创新"和"员工自由发挥"。

❏ 企业管理理念：企业对管理和领导方式的理解和承诺，例如亚马逊强调的"顾客至上"和"坚持做正确的事情"。

❏ 企业人才理念：企业对人才的吸引、培养和保留的策略，例如 Facebook 注重招聘具有创造力和技术能力的人才，并提供丰富的培训和发展机会。

2. 示范案例

【案例：利用 AI 制定企业核心价值观】

案例背景：ABC 科技公司，一家创新型科技企业，致力于改善人们的生活。

目标：制定公司核心价值观，指导员工行为和组织文化。

步骤 1：明确公司愿景和使命

使命：推动科技创新，改善人们的生活。

愿景：成为全球科技领域的领导者，为客户提供创新的解决方案。

步骤 2：AI 辅助——了解核心价值观构成要素

提示词示例：

请列举一些常见的企业核心价值观元素。

AI 的输出：

顾客导向：关注顾客需求，提供优质产品和服务。

创新：持续改进，追求卓越，勇于突破。

诚信：正直、诚实、守信，建立信任关系。

团队合作：相互尊重，协同合作，共同达成目标。

社会责任：承担社会责任，回馈社会，促进可持续发展。

步骤 3：AI 辅助——生成初步的核心价值观

将企业愿景、使命和企业信息输入 AI，并给出明确指令。

提示词示例：

我们是一家科技创新公司，致力于改善人们的生活，我们的使命是推动科技创新，愿景是成为全球科技领域的领导者。请为我们公司制定核心价值观，要体现创新、以人为本、追求卓越等理念。

AI 的输出：

创新驱动：我们拥抱创新，鼓励探索，不断突破技术边界，为客户创造价值。

以人为本：我们尊重和关心每一位员工，致力于打造一个包容、平等、充满活力的工作环境，让人才尽展其才。

追求卓越：我们追求卓越，精益求精，不断提升产品和服务质量，超越客户期望。

合作共赢：我们倡导团队合作，鼓励开放沟通，与合作伙伴共同成长，共创美好未来。

步骤 4：人工审核和完善

AI 生成的仅仅是初步建议，企业领导团队需要对这些建议进行认真讨论、审核和完善，确保最终确定的核心价值观与企业愿景和使命一致，能够真实反映企业文化，易于理解和践行。

制定清晰明确的核心价值观，是企业文化建设的关键。借助 AI，企业可以更高效地完成这项工作。但最终的决策和完善，还需要企业领导团队的智慧和判断。

10.2　用 AI 传播企业文化

企业文化传播是企业文化建设的关键环节，它将企业的核心理念和价值观传递给员工和外界，塑造企业形象，增强凝聚力。本节将探讨如何利用 AI 这一强大的工具，以更生动、更有效的方式传播企业文化。

10.2.1　用 AI 讲企业文化故事

故事的力量是无穷的，一个好的故事能够打动人心，引发共鸣。企业文化故事是企业文化传播的有效载体，它将抽象的价值观融入具体的人物和事件中，更易于理解和传播。

1. 用 AI 创作企业文化故事的步骤

利用 AI 创作企业文化故事的步骤如下：

1）梳理企业文化：明确企业的核心价值观、使命和愿景。

2）挖掘真实故事：寻找能够体现企业文化的真实人物和事件。

3）创作故事大纲：构思故事框架，包括开头、发展、高潮和结局。

4）AI 润色：将故事大纲输入 AI，并给出具体指令，让 AI 完成故事的创作。

5）故事内容深化：对 AI 创作的故事内容进行深加工，比如增加细节、强化感情及突出价值观等。

2. 示范案例

【案例：如何利用 AI 创作企业文化故事】

案例背景：某能源科技公司，致力于可再生能源和环保技术研发，其核心价值观是创新、可持续发展和员工成长。

目标：创作一个能够体现公司核心价值观的企业文化故事。

步骤 1：梳理企业文化

核心价值观：创新、可持续发展、员工成长。

步骤 2：挖掘真实故事

人物：项目经理李明。

事件：李明带领团队克服技术难题，成功完成一个重要的可再生能源项目。

步骤 3：创作故事大纲

开头：介绍李明和他的团队，以及他们负责的项目。

发展：项目遇到技术难题，团队成员感到沮丧。

高潮：李明鼓励团队，带领大家集思广益，最终找到解决方案。

结局：项目成功完成，体现了公司"创新"和"团队合作"的价值观。

步骤 4：AI 润色

将以上信息输入 AI，并输入如下提示词：

请帮我写一个企业文化故事，要体现创新和团队合作的价值观。故事的主人公是项目经理李明，他带领团队克服技术难题，成功完成了一个重要的可再生能源项目。

AI 会根据你的提示词，生成一个完整的企业文化故事。

步骤 5：故事内容深化

为了使故事更生动、更感人，可以根据 AI 的初稿进行进一步的润色和修改，例如：

1）添加细节：描述李明如何鼓励团队成员、克服困难的具体行动等。

2）强化情感：展现人物在面对挑战时的内心感受，以及最终取得成功后的喜悦。

3）突出价值观：将企业文化融入故事的细节和人物对话中，使其更加自然、流畅。

通过以上步骤，我们可以利用 AI 高效地创作出打动人心的企业文化故事。企业可以将这些故事应用于多种场景，例如：

❏ 内部培训：将企业文化故事融入新员工培训中，帮助新员工更好地理解和融入企业文化。

❏ 团队建设：在团队建设活动中分享企业文化故事，增强团队凝聚力。

❏ 对外宣传：在企业官网、公众号等平台发布企业文化故事，塑造良好的企业形象。

总而言之，AI 为企业文化传播提供了全新的思路和工具，它强大的文本生成能力可以帮助企业将抽象的价值观转化为具体的故事和案例，从而更有效地传递给员工和外界。相信随着技术的不断发展，AI 将在企业文化建设中发挥越来越重要的作用。

10.2.2　用 AI 创建企业内刊

企业内刊是传递文化、凝聚团队共识、增强员工归属感的有效途径。然而，如何创建一份内容丰富、形式新颖、引人注目的企业内刊，是许多企业面临的挑战。本节将介绍如何借助 AI，轻松创建精彩的企业内刊。

1. 操作步骤

我们要创建一份吸引人的企业内刊，可以分为以下 4 个步骤。

步骤 1：明确内刊的主题和目标

在创建内刊之前，首先要明确企业内刊的主题和目标。

提示词示例：

我想要创建一个企业内刊，请帮助我明确主题和目标。

AI 会引导你思考以下问题：

❑ 你希望通过内刊传递哪些信息？

❑ 你的目标读者是谁？

❑ 你希望读者通过阅读内刊获得什么？

根据你的回答，AI 会帮助你总结出清晰的内刊主题和目标。例如，你的目标可能是：

❑ 加强企业文化建设：传递公司价值观，分享企业文化故事。

❑ 提升员工参与度：分享员工心声，提供员工发展平台。

❑ 促进内部沟通：发布公司新闻，分享部门动态。

步骤 2：收集相关信息和内容素材

确定了内刊的主题和目标后，我们可以从公司新闻、员工访谈、行业趋势、文化活动等方面收集素材。

提示词示例：

我的企业内刊主题是［你的主题］，目标受众是［你的目标受众］，请提供一些内容素材的建议。

AI 会根据你提供的主题和目标受众，生成多种内容素材建议，例如：

❑ 公司新闻：最新战略发布、项目进展、重要活动报道。

❑ 员工故事：优秀员工专访、新员工心路历程、团队合作故事。

❑ 专业知识分享：行业趋势解读、业务技能培训、技术干货分享。

❑ 文化生活：员工生日祝福、兴趣爱好分享、摄影作品展示。

步骤 3：组织和编辑内刊的内容

收集完内容素材后，需要对内容进行组织和排版，设计内刊结构。

提示词示例：

我的企业内刊包含以下内容：［列出你的内容模块］，请帮我设计一个合理的内刊结构。

　　AI 会根据你提供的内容模块，生成一个逻辑清晰、层次分明的内容结构，例如：

- ❏ 封面故事：本期最精彩的内容，吸引读者注意力。
- ❏ 特别策划：围绕特定主题，进行深度报道和分析。
- ❏ 人物专访：邀请企业内部或外部嘉宾进行深度访谈。
- ❏ 部门风采：展示各部门的工作成果和团队风貌。
- ❏ 员工园地：分享员工的兴趣爱好、生活点滴等。

步骤 4：选择合适的形式发布内刊

　　我们可以根据实际情况选择印刷版、电子版、公司网站、微信公众号等合适的形式发布内刊。可以利用 AI 对不同的发布形式进行比较。

🗣 提示词示例：

　　请比较不同内刊发布形式的优缺点。

　　AI 会列举不同发布形式的优缺点，例如：

- ❏ 印刷版：更具仪式感，但成本较高，不利于更新。
- ❏ 电子版：成本低廉，便于传播，但缺乏质感。
- ❏ 微信公众号：方便阅读，互动性强，但内容受限。
- ❏ 企业内部 App：安全性高，便于管理，但需要开发成本。

2. 示范案例

【案例：利用 AI 创建企业内刊大纲】

　　目标：加强企业文化建设，传递公司"以人为本"的价值观。

🗣 提示词示例：

　　我需要一份以"以人为本"为主题的企业内刊大纲，目标是传递公司价值观，增强员工归属感。

💬 AI 的输出：

　　内刊名称：［公司名称］人文之窗

　　本期主题：以人为本，共创未来

　　目标读者：全体员工

　　内刊结构：

　　1. 封面故事：［公司名称］荣获"最佳雇主"奖，深度解读公司"以人为本"的企业文化。

　　2. 特别策划：聚焦员工关怀，介绍公司在员工福利、职业发展、工作环境等方面的举措。

　　3. 人物专访：采访优秀员工代表，分享他们的成长故事和对公司文化的理解。

　　4. 部门风采：展示各部门如何践行"以人为本"的理念，打造和谐团队。

　　5. 员工园地：分享员工的兴趣爱好、旅游见闻、读书笔记等，展现员工风采。

　　企业内刊是企业文化建设的重要阵地。借助 AI，企业可以轻松地创建内容丰富、形式新颖、吸引人的企业内刊，让企业文化深入人心，增强员工的凝聚力和向心力。

10.2.3　用 AI 策划企业文化活动

　　企业文化活动是传递公司价值观、凝聚团队向心力的重要手段。如何策划出富有创意和吸引力的企业文化活动，一直是企业文化建设者面临的挑战。本节将详细介绍如何借助 AI，更好地策划企业文化活动，使之更具吸引力、更有趣，同时传达公司的核心价值观，提高员工的参与度和团队凝聚力。

　　企业文化活动可以包括团建活动、员工座谈会、文化主题日等。要让活动更具吸引力，可以加入团队互动、奖品互动、主题装饰等元素。

1. 操作步骤

　　要策划一场成功的企业文化活动，可以分为以下 4 个步骤。

　　步骤 1：明确活动的主题和目标

　　首先，要明确企业文化活动的主题和目标。

提示词示例：

　　我需要策划一场企业文化活动，请帮助我明确活动的主题和目标。

　　AI 会引导你思考以下问题：

- ❏ 本次活动希望传递哪些企业文化理念？
- ❏ 希望通过活动达成哪些目标？（例如：提升团队凝聚力、促进跨部门沟通、激发员工创新意识等）
- ❏ 目标群体是谁？（例如：全体员工、特定部门、新员工等）

　　根据你的回答，AI 会帮助你总结出清晰的活动主题和目标。

　　步骤 2：设计活动的内容和形式

　　确定了主题和目标后，就可以开始设计活动内容和形式了。

提示词示例：

　　我的企业文化活动的主题是 [你的活动主题]，目标是 [你的活动目标]，请提供一些活动内容和形式的建议。

AI 会根据你提供的主题和目标，生成多种活动内容和形式建议，例如：

❑ 团队建设活动：户外拓展、趣味运动会、城市定向、密室逃脱、剧本杀等。

❑ 文化体验活动：参观博物馆、观看话剧、体验传统文化等。

❑ 公益志愿活动：组织植树、探望老人、义卖捐赠等。

❑ 主题分享会：邀请行业专家、企业领导分享经验等。

步骤 3：组织和执行活动

在组织和执行活动过程中，AI 可以帮助你：

❑ 制订详细计划：包括活动时间、地点、参与人员、预算、物资准备、活动流程等。

❑ 设计活动道具：例如活动海报、横幅、邀请函、奖状等。

❑ 撰写活动通知：清晰地传达活动信息，提高员工参与度。

  提示词示例：

假设一家公司将在公司附近的度假村举办为期一天的线下团建活动，主题是"共创卓越，共享成功"，目标是提升员工凝聚力和团队合作精神，参与人数为 50 人左右。请你为该活动设计一份详细的活动执行方案，包括活动目标、时间安排、活动流程、场地安排、物料准备、人员安排、安全预案等方面。

步骤 4：评估活动的效果和反馈

活动结束后，需要对活动效果进行评估，并收集员工反馈，为下次活动积累经验。

  提示词示例：

请帮我设计一份企业文化活动评估问卷。

AI 会根据你的需求，设计一份包含以下方面的评估问卷：

❑ 活动组织

❑ 活动内容

❑ 活动体验

❑ 活动收获

❑ 意见和建议

2. 示范案例

【案例：利用 AI 快速创建企业文化活动方案】

目标：传达公司"团队合作"和"创新"的核心价值观，提升员工凝聚力和团队合作精神。

👤 提示词示例：

请帮我策划一个以"团队合作"和"创新"为主题的企业文化活动方案。

💬 AI 的输出：

主题：协力创新，共赢未来 - 团队合作与创新主题团建活动

目标：加深员工对"团队合作"和"创新"价值观的理解；增强团队凝聚力，提升团队协作能力；激发员工创新思维，提升员工解决问题的能力。

活动形式：线下团建活动

活动地点：公司附近的度假村

活动计划：

第一天

上午：破冰游戏、团队建设活动（例如：团队拼图、共同挑战）

下午：核心价值观主题分享会、团队合作案例分析

晚上：团队晚餐、篝火晚会

第二天

上午：创新工作坊，分组进行创新项目讨论和方案设计

下午：团队展示创新方案，评选最佳方案并颁奖

晚上：活动总结，分享活动感受

评估：

活动结束后，进行线上满意度调查，收集员工反馈。

组织线下分享会，邀请员工分享活动感受和建议。

企业文化活动是企业文化建设的重要组成部分。借助 AI 强大的功能，企业可以更高效地策划和组织企业文化活动，让活动更具吸引力、更有意义，从而更好地传递企业文化，凝聚团队力量。

10.3　用 AI 进行企业文化的实践应用

企业文化是企业的灵魂，对企业成功至关重要。本节将深入探讨如何利用 AI 实践和强化企业文化。AI 将在企业管理、员工管理、品牌建设及社会责任等多个方面展现其独特价值。通过 AI 的辅助，企业能够更有效地传递核心价值观，提高员工的参与度和忠诚度，并在品牌建设和社会责任履行中展现更高的专业素养。

10.3.1　企业文化在企业管理中的应用

在现代企业管理中，企业文化的作用日益凸显。企业文化不仅仅是停留在表面的价值观或口号，它已经渗透到企业管理的方方面面，包括核心价值观、行为准则、工作氛围以及员工之间的互动。积极健康的企业文化能够激发员工的工作热情，提高工作效率，增强团队凝聚力，进而提升企业绩效、塑造良好的企业形象。本节将探讨如何利用 AI，帮助企业管理者更好地理解、构建和践行企业文化。

1. 操作步骤

步骤 1：了解企业文化的重要性

企业文化是公司的灵魂，它指引着企业的发展方向，塑造着企业的行为模式。明确企业文化的重要性，是企业文化建设的第一步。

提示词示例：

请解释企业文化对企业发展的重要性。

AI 会从多个角度分析企业文化的重要性，例如：

❑ 增强员工凝聚力

❑ 提高团队协作效率

❑ 提升企业竞争力

❑ 塑造良好企业形象

❑ 吸引和留住优秀人才

步骤 2：制定和传播企业文化

明确了企业文化的重要性后，需要制定一份清晰、明确的企业文化宣言，并将其有效地传达给每一位员工。

提示词示例：

请帮我撰写一份企业文化宣言，我的企业文化包含以下几个关键词：[列举关键词，例如，诚信、创新、客户第一、团队合作]。

AI 会根据你提供的关键词，生成一份简洁精练、鼓舞人心的企业文化宣言。

企业文化宣言撰写完成后，需要将其有效地传达到每一位员工。

提示词示例：

请提供一些在企业内部进行企业文化传播的方法。

AI 会提供多种企业文化传播方法，例如：

❑ 编制员工手册：将企业文化融入员工手册，让每位员工都了解企业的价值观和行为准则。

- ❑ 开展培训活动：组织企业文化主题培训，帮助员工深入理解和践行企业文化。
- ❑ 打造文化墙：设计富有企业文化特色的文化墙，营造积极向上的工作氛围。
- ❑ 内部宣传平台：利用公司官网、公众号等平台，宣传企业文化，分享企业文化故事。

步骤 3：员工培训和实践

企业文化需要每一位员工的积极参与和践行才能真正落地生根。

👤 提示词示例：

请提供一些可以帮助员工践行企业文化的培训活动方案。

AI 会提供多种培训活动方案，例如：

- ❑ 案例研讨会：分享企业内部的优秀案例，引导员工将企业文化应用到实际工作中。
- ❑ 角色扮演：通过角色扮演的方式，让员工在模拟场景中学习如何践行企业文化。
- ❑ 团队建设活动：组织团队建设活动，增强团队凝聚力，提升团队协作意识。

步骤 4：监测和改进企业文化

企业文化建设是一个持续迭代的过程，需要不断地监测和改进。

👤 提示词示例：

请设计一份企业文化认同度调查问卷。

AI 会根据你的需求，设计一份包含关键问题的调查问卷，帮助企业了解员工对企业文化的认同程度，并根据反馈不断优化企业文化建设方案。

2. 示范案例

以下案例展示了如何利用 AI 协助企业管理者构建企业文化。

【案例：AI 协助企业管理者构建企业文化】

案例背景：某 IT 公司 CEO 希望打造积极的企业文化，提升员工满意度和团队协作能力。

👤 提示词示例：

我是一家 IT 公司的 CEO，我们的目标是建立积极的企业文化。我希望你能帮助我演示如何在企业管理中应用企业文化，我们的核心价值观包括创新、协作、客户导向和高效执行。

💬 AI 的输出：

当然可以！我们可以从以下几个方面着手：

1. 制定企业文化宣言。明确表达公司的核心价值观和愿景，例如："在［公司名称］，我们致力于通过创新、协作、客户导向和高效执行，成为行业领先的解决方案提供商。"

2. 传播企业文化。将企业文化宣言融入员工手册、培训材料、公司官网等，并定期组织企业文化主题活动，让员工充分了解和认同企业文化。

3. 践行企业文化。鼓励员工在日常工作中践行企业文化，例如：设立创新奖、团队合作奖等，表彰践行企业文化的优秀个人和团队。

4. 评估和改进。定期进行员工满意度调查，收集员工对企业文化的反馈，并根据反馈不断优化企业文化建设方案。

企业文化是企业管理中不可或缺的一部分。AI 作为一种强大的辅助工具，可以帮助企业管理者更好地理解、制定、传播、践行和改进企业文化，打造积极向上、充满活力的企业文化，为企业的长远发展奠定坚实基础。

10.3.2　企业文化在员工管理中的应用

在企业的日常管理中，员工管理是重中之重。一个成功的员工管理体系，能够最大限度地激发员工潜力，提高员工的工作敬业度和忠诚度，从而推动企业的长远发展。企业文化作为企业的灵魂，深刻地影响着员工的行为、态度和工作效率。因此，将企业文化融入员工管理，使其产生潜移默化的效果至关重要。借助 AI 工具，企业可以更有效地传递和践行其文化价值观，增强员工的参与感和归属感。

1. 操作步骤

如何有效地利用 AI 进行员工管理？我们可以参考以下 4 个步骤。

步骤 1：明确价值观，制定行动指南

企业文化的核心价值观是指导员工行为的准则。

👤 提示词示例：

请列举一些常见的积极的企业文化关键词。

AI 会列举出一系列积极的企业文化关键词，例如："以人为本、创新驱动、团队合作、追求卓越、客户至上、诚信正直、社会责任。"

根据 AI 的输出，结合企业自身情况，确定最能代表企业文化的核心价值观。然后，我们可以借助 AI，将这些抽象的价值观转化为具体的行动指南。

提示词示例：

请将"[核心价值观，例如：团队合作]"转化为具体的员工行动指南。

步骤 2：定制化培训，促进理解与认同

企业文化培训是帮助员工了解和融入企业文化的重要途径。利用 AI 设计定制化的员工培训课程，帮助员工更好地理解和践行企业文化。

提示词示例：

我是一家[公司所属行业]公司，我们的核心价值观是[列举2～3个核心价值观]。请帮我设计一个员工培训课程，让员工了解这些价值观，并学习如何在工作中践行。

AI 会根据你的需求，生成一个培训课程框架，包括培训目标、培训内容、培训形式等。

步骤 3：收集反馈，洞察员工心声

为了了解员工对企业文化的理解和感受，企业可以使用 AI 设计调查问卷，收集员工反馈。

提示词示例：

请设计一份企业文化认同度调查问卷。

AI 会根据你的需求，生成一份包含关键问题的调查问卷。

步骤 4：分析结果，优化管理策略

最后，企业需要对收集到的员工反馈进行分析，找出改进点，并根据分析结果优化管理策略，更好地将企业文化融入日常管理实践中。

2. 示范案例

【案例：用 AI 设计企业文化活动方案】

案例背景：假设一家公司希望提升员工的"团队合作"意识和"创新"能力。可以参考以下提示词与 AI 互动。

提示词示例 1：

我是企业人力资源专家，希望提高员工对"团队合作"和"创新"价值观的理解和接受度。请帮我设计一个互动式培训活动方案。

AI 的输出：

活动名称：协力创新，共赢未来 - 团队合作与创新主题团建活动活动目标：

提升员工对"团队合作"和"创新"价值观的理解。

增强团队凝聚力，提升团队协作能力。

激发员工创新思维，提升解决问题的能力。

活动内容：

破冰游戏：通过趣味游戏，打破隔阂，营造轻松愉快的团队氛围。

价值观研讨：分组讨论"团队合作"和"创新"的含义，分享个人理解和工作中的实际案例。

团队挑战赛：设置一系列需要团队协作才能完成的挑战任务，考验团队的沟通、协作和问题解决能力。

创新工作坊：以小组为单位，针对公司面临的实际问题或挑战，进行头脑风暴，并利用设计思维等方法，设计创新解决方案。

经验分享与总结：邀请优秀团队分享成功经验，并对活动进行总结，鼓励员工将学习到的知识和技能应用到实际工作中。

😐 提示词示例 2：

请设计一条鼓励员工"创新"的标语。

💬 AI 的输出：

打破常规，勇于创新！

企业文化是凝聚人心、激发潜力的强大力量。将企业文化融入员工管理，是提升企业管理水平的关键。AI 可以作为企业文化建设和员工管理的得力助手，帮助企业打造积极、高效、充满活力的工作环境，让员工与企业共同成长，共创美好明天。

10.3.3　企业文化在雇主品牌建设中的应用

在竞争日益激烈的商业环境中，企业要想脱颖而出，取得成功，关键在于吸引和留住优秀人才。一个强大的雇主品牌，不仅能提升企业在求职者心中的知名度，更能增强员工的归属感和忠诚度，最终推动企业整体绩效的提升。企业文化作为企业的灵魂和核心竞争力，对打造强大的雇主品牌起着至关重要的作用。本文将探讨如何借助 AI，帮助企业有效地建立和传播其雇主品牌，在人才争夺战中赢得先机。

雇主品牌是企业在人才市场上的"金字招牌"，它代表着企业的价值观、文化和员工体验。通过 AI 工具，企业可以将自身的文化和价值观，转化为生动、有吸引力的雇主品牌传播内容，在目标人才心中留下深刻印象。

1. 操作步骤

利用 AI 进行雇主品牌建设，可以遵循以下 4 个步骤。

步骤 1：理解和明确企业文化及其与雇主品牌的关系

清晰地将企业文化融入雇主品牌，是吸引志同道合的人才的关键。

提示词示例：

假设你是一家软件公司的 HR 负责人，公司以员工成长和技术创新为核心价值观。请你分析如何将这两种价值观融入雇主品牌建设中，吸引更多优秀人才。

步骤 2：使用 AI 创作和优化雇主品牌传播内容

富有吸引力的雇主品牌宣传语和公司简介，能够让求职者快速了解公司文化，提升雇主品牌形象。可以利用 AI 进行雇主品牌内容创作。

提示词示例：

我是一家［公司所属行业］公司，我们的企业文化强调［列举 2～3 个核心文化关键词］。请根据这些关键词，帮我创作以下内容：招聘广告文案、社交媒体宣传文案、公司内部文化墙标语。

AI 会根据你的指令，生成符合企业文化特色的不同类型的内容。

步骤 3：通过 AI 收集和分析候选人及员工反馈

为了确保雇主品牌建设的有效性，我们需要收集目标群体对雇主品牌的反馈。

提示词示例：

请你为一家科技公司设计一份雇主品牌问卷调查，用于收集求职者对公司雇主品牌的看法和建议。问卷应包含但不限于以下五个方面，并针对每个方面至少设计一个问题，问题形式不限：

❑ 信息来源（了解公司雇主品牌的渠道）。

❑ 对公司文化和价值观的印象。

❑ 对公司雇主品牌吸引力的评价。

❑ 对公司招聘流程的体验和建议。

❑ 其他想了解的信息或提出的建议。

AI 会根据你的需求，设计一份包含关键问题的雇主品牌调查问卷。

步骤 4：根据反馈不断优化雇主品牌策略

雇主品牌建设是一个持续迭代的过程，企业需要根据市场环境、人才需求和收集到的反馈，不断调整和优化雇主品牌策略。

2. 示范案例

【案例：用 AI 根据企业内容设计招聘文案】

案例背景：假设一家科技公司希望打造"员工成长"和"技术创新"的雇主品牌形象。

可以参考以下提示词与 AI 互动：

提示词示例 1：

我是一家科技公司，我们的企业文化强调员工成长和技术创新。请帮我写一段招聘广告文案，吸引对技术充满热情的求职者。

AI 的输出：

加入［公司名称］，点燃你的技术热情，开启无限成长！在这里，你将与顶尖的技术团队并肩作战，挑战前沿科技，创造未来！我们提供广阔的发展平台和个性化的培养计划，助力你实现职业梦想！

提示词示例 2：

请帮我设计一条体现"员工成长"的文化墙标语。

AI 的输出：

成长无限，未来可期。

在当今人才竞争激烈的时代，企业文化对雇主品牌建设起着至关重要的作用。借助 AI 强大的内容生成和数据分析能力，企业可以将自身独特的文化价值转化为吸引人才的强大磁场，在优秀人才的争夺大战中脱颖而出，打造卓越的雇主品牌。

10.3.4　企业文化在社会责任中的应用

在当今社会，企业文化和社会责任已成为企业运营中不可或缺的部分。企业文化如同企业的 DNA，决定了企业的价值观和行为准则；社会责任则体现了企业对社会和环境应尽的义务与贡献。将企业文化与社会责任有机结合，不仅能够树立良好的公众形象，提升企业声誉与竞争力，还能助推社会的可持续发展。本节将探讨如何利用 AI 技术，优化企业文化在社会责任中的应用。

企业文化是企业的核心，它所倡导的价值观和行为准则直接影响着企业的社会责任实践。一个注重诚信、责任、创新和可持续发展的企业，必然会在社会责任方面展现出更加积极的态度和行动。

企业文化在社会责任中的应用主要体现在以下几个方面：

1）价值观的体现：企业文化中的核心价值观，如诚信、责任、创新与卓越，潜移默化地影响着企业在社会责任方面的决策与行为。例如，以诚信为核心价值观的企业，更加重视产品质量和服务承诺，积极履行消费者权益保护的责任。

2）员工参与：企业文化能够激发员工参与社会责任活动的热情。当企业文化强调团队合作、奉献精神和社会责任时，员工更愿意投入时间和精力，参与志愿服务、社区公益等活动。

3）可持续经营：企业文化中的长期发展观与可持续发展理念会引导企业在社会责任方面制定长远规划，如减少环境污染、支持公益项目、维护员工权益等，从而实现企业与社会的和谐共生。

1. 操作步骤

如何借助 AI 来推动企业文化与社会责任的深度融合呢？我们可以按照以下步骤进行。

步骤 1：明晰概念，认清重要性

首先，我们需要向 AI 提问，了解企业文化与社会责任的定义和重要性。

提示词示例：

请分别定义"企业文化"和"社会责任"，并阐述它们对企业的重要性。

AI 会详细解释这两个概念，并阐述其在企业管理、员工激励、公众形象、可持续发展等方面的重要性。

步骤 2：明确目标，制订行动计划

在理解了基本概念后，我们需要明确企业文化与社会责任的具体目标，并制订行动计划。

提示词示例：

我是一家［公司所属行业］公司，我希望我的企业文化能体现［列出你希望体现的价值观，例如：团队协作、创新、可持续发展、社会公益］。请帮我制订一份行动计划，将这些价值观融入企业文化建设和社会责任实践中。

AI 会根据你的需求，制定一份包含企业文化目标、社会责任目标和具体行动计划的方案。

步骤 3：应用 AI，优化实践方案

明确目标后，我们可以利用 AI 优化企业文化与社会责任的具体实践方案。下面是一些可供参考的提示词：

提示词 1："请提供一些将［价值观，例如：团队协作、创新］融入企业文化的具体方法。"

提示词 2："请帮我制订一份详细的企业可持续发展计划。"

提示词 3："我是一家［公司所属行业］公司，请提供一些我们可以实践的社会责任项目方案。"

2. 示范案例

【案例：用 AI 设计公益活动方案】

案例背景：假设一家制造业公司希望利用自身的技术和资源，改善当地社区的教育水平。

可以向 AI 提问，提示词示例：

我是一家制造业公司，希望利用自身的技术和资源，改善当地社区的教育水平，请提供一些可行的公益项目方案。

AI 会提供一系列可行的建议，例如：

与当地学校建立合作关系，提供学习资源和技术支持。

推动数字化教育，为学生提供在线学习机会。

组织教育培训和工作坊，提升教师和学生的技能水平。

设立奖学金计划，资助优秀学生。

鼓励员工参与志愿者活动，为社区提供教育支持。

企业文化和社会责任的融合是企业实现可持续发展的重要途径。AI 可以作为企业的得力助手，帮助企业更好地理解、制定目标，优化实践，并将社会责任理念融入企业文化，最终实现企业与社会的和谐共赢。

本节详细探讨了企业文化在企业管理、员工管理、雇主品牌建设和社会责任中的应用，并重点阐述了如何用 AI 工具，赋能企业文化建设，推动企业践行社会责任。

AI 可以帮助企业：

❏ 深入理解自身文化，挖掘文化内核，提炼文化精髓。

❏ 制定清晰的文化目标，并将其融入企业管理的各个环节。

❏ 设计多元化的员工活动，打造积极向上的企业文化氛围。

❏ 将社会责任融入企业发展战略，制定切实可行的社会责任方案。

❏ 优化企业文化传播方式，提升雇主品牌形象，增强企业吸引力。

相信随着 AI 技术的不断发展，AI 将在未来的企业发展中发挥更加重要的作用，助力企业打造卓越文化，实现商业成功与社会价值的和谐统一。

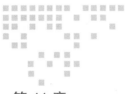

Chapter 11 第 11 章

大模型在企业中的部署与实践

本章主要探讨大模型在企业中的部署与实践,包括小微企业和大中型企业。本章将详细分析轻量化大模型的选择、云服务的利用以及定制化开发等方面,为小微企业提供快速部署大模型的策略。针对大中型企业,本章将强调建立高性能计算环境、保障数据安全以及实现系统集成与协同的重要性,同时,以ChatGPT 的应用举例,展示大模型在推动企业数字化转型和业务升级中的关键作用。

11.1 大模型在小微企业中的快速部署

本节主要探讨大模型在小微企业中的快速部署策略。针对小微企业资源有限的特点,本节将介绍 3 种常用的大模型部署方案,帮助小微企业降低部署成本并提高效率。

11.1.1 部署方案

1. 常用的部署方案

(1)轻量化大模型的选择
小微企业通常受限于计算资源和预算,选择轻量化大模型是更合适的选择。

提示词示例:
请推荐一些适用于小微企业的轻量化大模型,并说明它们的优缺点。

AI 会列举一些轻量化的开源或商用大模型，并分析它们的优缺点，例如模型大小、计算资源需求、性能表现等，帮助小微企业做出选择。

（2）云服务的利用

云服务提供商为企业提供了便捷、灵活、可扩展的大模型服务，可以帮助小微企业快速获得大模型能力，而不需要投入大量资金和人力进行基础设施建设和模型训练。

🧑‍💻 提示词示例：

请介绍一些提供大模型云服务的平台，并比较它们的优缺点。

AI 会列举一些主流的云服务平台，并比较它们提供的服务、价格、性能等方面的差异，帮助小微企业选择合适的云服务平台。

（3）定制化开发

针对特定行业或业务场景，小微企业可以与专业的 AI 服务商合作，进行大模型的定制化开发，以满足个性化的业务需求。

🧑‍💻 提示词示例：

我是一家［公司所属行业］的小微企业，希望利用大模型［描述你的业务需求］，请提供一些定制化开发的建议。

AI 会根据你的行业和业务需求，提供定制化开发的建议，例如选择合适的模型架构、数据预处理方法、模型训练技巧等。

2. 示范案例

【案例：小微企业借助 AI 实现大模型应用方案】

以下案例展示了小微企业如何利用以上 3 种方案，实现大模型的快速部署和应用。

案例一：某小型制造企业选择轻量化开源大模型，构建了产品缺陷检测系统，提高了产品质量，降低了生产成本。

案例二：某小型电商公司利用云服务部署智能客服系统，大幅提升了客户服务效率和客户满意度。

案例三：某小型金融科技公司与 AI 服务商合作，定制开发了风控模型，有效地识别和防范了金融风险。

大模型的应用，可以帮助小微企业提升效率、降低成本、增强竞争力。通过选择合适的部署方案，小微企业可以快速、低成本地应用大模型，实现智能化转型升级。

11.1.2 案例分析：某小型企业的 ChatGPT 驱动 HR 转型成功之路

本节将通过一个实际案例，展示某小型企业如何利用 ChatGPT 成功实现 HR 转型，提升效率，降低成本。

某小型企业是一家处于快速发展阶段的初创公司，由于人力资源有限，难以应对日益增长的员工咨询、招聘、培训等需求，导致 HR 工作效率低下，人工成本高昂。

为了解决这些问题，该企业决定引入基于 ChatGPT 的大模型技术，对人力资源管理进行智能化升级。

1. 选择轻量化模型，定制化开发

考虑到自身资源有限，企业选择了参数量较小、推理速度更快的轻量化 ChatGPT 模型。为了更好地满足自身的业务需求，企业对 ChatGPT 模型进行了定制化开发，添加了企业内部知识库和常见问题解答，并设置了自动回复功能。

2. 利用云服务，高效训练与调优

企业利用云服务平台提供的计算资源和海量语料库，对 ChatGPT 模型进行训练和调优，使其能够准确地理解员工意图，并提供精准、有用的回答。

3. 系统集成，实现功能扩展

企业将 ChatGPT 模型与现有的 HR 管理系统进行集成，通过 API 实现数据互通，扩展了员工自助查询、自动回复常见问题、辅助招聘流程等智能化功能。

4. 数据分析，辅助决策

企业利用 ChatGPT 模型进行数据分析，生成各类报表和分析结果，例如员工满意度分析、招聘渠道效果分析等，为 HR 部门的决策提供数据支持。

通过引入 ChatGPT 驱动的智能化 HR 管理方案，该企业取得了显著成效：
- 提升效率：支持员工自助查询功能，减少了 HR 人员的工作量，提高了 HR 工作效率。
- 降低成本：自动化处理常见问题，降低了人工成本。
- 优化体验：快速响应、精准解答，提升了员工满意度。
- 数据驱动：提供数据分析结果，为 HR 决策提供了有力支持。

该案例表明，即使是资源有限的小微企业，也可以利用 ChatGPT 等大模型技术，实现 HR 管理的智能化转型，提升效率，降低成本，增强竞争力。

11.2 大模型在大中型企业中的大规模部署

本节主要探讨大模型在大中型企业中的大规模部署策略。针对大中型企业复杂的业务场景和庞大的数据规模,本节将重点介绍建立高性能计算环境、保障数据安全以及实现系统集成与协同等关键方案。这些策略将帮助大中型企业充分发挥大模型的优势,提升业务效率和决策水平,推动数字化转型和升级。

11.2.1 部署方案

大中型企业通常拥有复杂的业务流程和海量数据,因此它对数据处理和智能决策提出了更高的要求。大规模部署大模型,可以帮助企业有效地应对这些挑战,提升核心竞争力。然而,大规模部署大模型是一个系统工程,可以参考以下几个部署方案。

1. 具体的部署方案与注意事项

(1)建立高性能计算环境

大模型的训练和推理需要强大的算力支持。大中型企业需要根据自身需求,建立高性能计算环境,包括高性能的处理器、大容量的内存和存储、高速的网络连接等。

▢= 提示词示例:

我是一家[公司所属行业]的大型企业,需要部署大模型进行[描述你的业务需求],请提供一些构建高性能计算环境的建议。

ChatGPT 会根据你的行业和业务需求,提供构建高性能计算环境的建议,包括:

- ❏ 硬件选择:推荐合适的处理器、内存、存储、网络设备等。
- ❏ 架构设计:提供高可用、高扩展的集群架构设计方案。
- ❏ 资源调度:推荐高效的资源调度和管理工具。
- ❏ 云服务:介绍主流的云计算平台及其高性能计算解决方案。

(2)保障数据安全

大中型企业拥有海量的敏感数据,因此保障数据安全至关重要。在部署大模型的过程中,需要采取严格的安全措施,确保数据不被泄露和滥用。

▢= 提示词示例:

请提供一些在大模型部署过程中保障数据安全的建议。

ChatGPT 会提供以下保障数据安全方面的建议:

- ❑ 数据加密：对敏感数据进行加密存储和传输。
- ❑ 访问控制：严格控制用户对数据的访问权限。
- ❑ 安全审计：记录数据访问和操作日志，便于追溯和审计。
- ❑ 隐私保护：采用差分隐私、联邦学习等技术，保护用户隐私。

（3）实现系统集成与协同

大模型的部署只有与企业现有的 IT 系统进行集成，才能发挥最大价值。企业需要制定合理的集成方案，确保大模型与其他系统之间的数据互通和业务协同。

🧑‍💼 提示词示例：

请提供一些将大模型与企业现有 IT 系统进行集成的建议。

ChatGPT 会提供以下系统集成方面的建议：

- ❑ 制定集成方案：明确集成目标、范围、方式和步骤。
- ❑ 统一接口标准：使用标准化的 API，实现系统互联互通。
- ❑ 数据格式转换：进行数据格式转换，确保不同系统之间的数据兼容性。
- ❑ 流程优化再造：根据大模型的应用，优化和再造现有业务流程。

2. 示范案例

【案例：大型零售企业如何部署销售预测大模型】

以下案例展示了某大型零售企业如何应用上述方案，成功部署销售预测大模型。

挑战：

- ❑ 难以有效分析海量销售数据。
- ❑ 难以准确预测未来销售趋势。

解决方案：

1）构建高性能计算环境：该企业采用混合云架构，利用云平台强大的计算资源进行模型训练和推理，同时利用本地数据中心存储和处理敏感数据。

2）保障数据安全：企业对敏感数据进行加密存储，并设置严格的访问控制策略，确保只有授权人员才能访问数据。

3）系统集成与协同：企业将销售预测大模型与现有的 ERP、CRM、库存管理等系统进行集成，实现数据共享和业务协同，提高了整体运营效率。

成果：

- ❑ 实现了对销售趋势的精准预测，提高了库存周转率，降低了库存成本。
- ❑ 优化了销售策略，提高了销售额和市场竞争力。

通过建立高性能计算环境、保障数据安全、实现系统集成与协同，企业可以克服大规模部署大模型的挑战，充分释放大模型的潜力，驱动业务增长和创新。

11.2.2　案例分析：某大型企业数字化转型下的 ChatGPT 应用之道

随着数字化转型浪潮席卷全球，大型企业纷纷开始探索如何利用先进技术，例如 ChatGPT，来推动业务创新和发展。本节将以一个大型企业的实际案例，展示 ChatGPT 如何助力企业实现业务流程优化、数据资源整合以及技术架构升级。

1. 企业背景与挑战

某大型企业是国内行业的领军者，它的业务涵盖多个领域，拥有庞大的客户群体和复杂的市场环境。在数字化转型过程中，该企业面临以下挑战：

- ❑ 业务流程烦琐、低效：部分业务流程仍然依赖人工操作，效率低下且容易出错。
- ❑ 数据资源分散难、利用：海量数据分散在各个部门和系统中，难以整合利用。
- ❑ 技术架构陈旧、不适用：原有的技术架构难以满足日益增长的业务需求。

2. ChatGPT 应用策略与实践

为了应对这些挑战，该企业制定了一套基于 ChatGPT 的数字化转型方案。

（1）业务流程优化

企业利用 ChatGPT 强大的自然语言处理能力，对现有业务流程进行梳理和分析，识别出可以自动化和智能化的环节。

提示词示例：

我是一家［公司所属行业］公司，请列举一些可以用 ChatGPT 进行流程优化的业务场景。

根据 ChatGPT 的输出以及企业自身情况，选择合适的业务场景进行流程优化，例如：

- ❑ 智能客服：利用 ChatGPT 构建智能客服系统，自动回答客户问题，处理投诉和建议。
- ❑ 合同审核：利用 ChatGPT 自动审核合同条款，识别潜在风险。
- ❑ 财务报表分析：利用 ChatGPT 自动提取财务数据，生成报表和分析报告。

（2）数据资源整合

企业利用 ChatGPT 的数据分析和挖掘能力，整合分散的数据资源，挖掘数据价值。

提示词示例：

请提供一些利用 ChatGPT 进行数据整合和分析的建议。

ChatGPT 会提供以下建议：

❑ 数据清洗和标准化：利用 ChatGPT 对不同来源的数据进行清洗和标准化处理。

❑ 数据关联分析：利用 ChatGPT 识别不同数据源之间的关联关系，构建知识图谱。

❑ 预测分析：利用 ChatGPT 构建预测模型，预测未来趋势，辅助决策。

（3）技术架构升级

为了满足 ChatGPT 大规模应用对算力的需求，企业对技术架构进行了全面升级。

❑ 硬件扩容升级：增加高性能服务器、存储设备和网络带宽。

❑ 软件架构优化：采用微服务架构、容器化等技术，提高系统的可扩展性和弹性。

❑ 安全体系建设：加强数据加密、访问控制、安全审计等安全措施建设。

3. 效果评估与未来展望

通过应用 ChatGPT，该企业在数字化转型方面取得了显著成效：

❑ 业务流程效率提升：自动化处理部分业务流程，提高了效率，降低了错误率。

❑ 数据驱动决策：整合后的数据为企业决策提供了更全面、更准确的数据支持。

❑ 技术架构更加稳健：升级后的技术架构能够更好地支撑业务发展。

未来，该企业计划将 ChatGPT 应用到更多业务场景，例如：

❑ 智能营销：利用 ChatGPT 进行个性化推荐、精准广告投放等。

❑ 风险管理：利用 ChatGPT 识别潜在风险、预警风险事件。

该案例表明，ChatGPT 可以作为推动大型企业数字化转型的强大引擎。通过合理的应用策略和实践，ChatGPT 可以帮助企业优化业务流程、整合数据资源、升级技术架构，从而提升效率、降低成本、增强竞争力。

本章详细探讨了大模型在企业中的部署策略，并根据企业规模差异，提出了针对性的解决方案。对于资源有限的小微企业，本章建议选择轻量化大模型、利用云服务等低成本、高效率的部署方式。对于拥有复杂业务场景和数据规模的大中型企业，本章则着重介绍了构建高性能计算环境、保障数据安全以及实现系统集成与协同等关键举措。通过学习本章内容，不同规模的企业都能找到适合自身情况的大模型部署方案，从而充分发挥大模型的优势，推动业务的高效运行和创新发展，在 AIGC 时代持续保持领先地位。

人力资源应用 AI 的风险与预防措施

本章将主要探讨人力资源应用 AI 技术会面临的各类风险与相应的预防措施。国内目前与 AI 相关的直接法规主要是《生成式人工智能服务管理暂行办法》，它对数据和算法的合法合规使用提出了具体的要求，主要包括以下几个方面：

❏ 合法来源的数据和基础模型：提供者在使用数据和基础模型时，必须确保它们的来源是合法的，并且不得侵害他人依法享有的知识产权。

❏ 保护个人信息：在使用个人信息进行算法训练时，应当取得个人同意或者符合法律、行政法规规定的其他使用情形，并采取有效措施以提高训练数据的质量，增强数据的真实性、准确性、客观性、多样性。

❏ 防止歧视：在算法设计、训练数据选择、模型生成和优化、提供服务等过程中，应采取有效措施以防止产生民族、信仰、国别、地域、性别、年龄、职业、健康等歧视。

❏ 尊重知识产权和商业道德：在提供服务的过程中，应尊重知识产权、商业道德，保守商业秘密，不得利用算法、数据、平台等优势来实施垄断和不正当竞争行为。

❏ 数据标注规则：在生成式人工智能技术研发过程中进行数据标注的，提供者应制定符合本办法要求的清晰、具体、可操作的标注规则，并开展数据标注质量评估，抽样核验标注内容的准确性。

❏ 服务提供者的责任：提供者应当依法承担网络信息内容生产者责任，履

行网络信息安全义务，并对使用者的输入信息和使用记录依法履行保护
义务。

❑ 监督检查和法律责任：规定了安全评估、算法备案、投诉举报等制度，
并明确了违反规定的法律责任。

我们在人力资源管理中应用 AI 技术时需要结合《中华人民共和国网络安全
法》《中华人民共和国数据安全法》《中华人民共和国个人信息保护法》《中华人民
共和国科学技术进步法》等相关法律法规，同时可以结合国内外应用 AI 的不同
案例，及时发现风险，及时应对，以获得更好的应用效果。下面就具体的风险与
预防措施展开介绍。

12.1 数据安全风险

在人力资源管理的实践中，AI 在数据收集、处理和输出阶段的安全风险管理
是确保整个 AI 系统可靠运行的基石。这一阶段涉及对员工敏感信息的收集、分
析和使用，这些数据的安全性直接关系到员工的隐私、企业的声誉以及合规。以
下是对这些风险的详细分析及相应的预防措施。

12.1.1 AI 在数据收集阶段的安全风险

在人力资源管理中，AI 在数据收集阶段的安全风险主要包括非授权访问、数
据泄露和不当数据共享。这些风险可能导致员工个人信息的泄露，损害员工隐
私，甚至影响企业的法律地位和市场信誉。

1.风险分析

（1）非授权访问

内部员工或外部黑客可能通过内部渠道或技术手段获取敏感数据。例如，
内部员工可能利用其对系统的了解，绕过安全措施，非法访问其他员工的个人
信息。

（2）数据泄露

数据在传输或存储过程中可能会因为安全措施不足而被非法获取。例如，黑
客可能通过 SQL 注入攻击获取数据库中的员工信息。

（3）不当数据共享

数据可能在未经适当审查的情况下被共享给第三方，这可能违反了数据保护
法规。例如，企业在与外部合作伙伴共享数据时，可能未充分评估合作伙伴的数

据保护能力，导致数据泄露。

2. 风险预防措施

（1）数据访问控制

实施基于角色的访问控制（RBAC）策略，确保只有经过身份验证和授权的员工才能访问敏感数据。这包括使用多因素认证（MFA）和定期审查访问权限。

（2）数据加密

对于存储和传输的数据，采用强加密算法（如 AES-256 位）进行加密，防止数据在传输过程中被截获。同时，也应对存储在服务器上的数据进行加密，以防止物理或虚拟入侵。

（3）数据保护政策

制定详细的数据保护政策，明确数据的收集、使用、存储和销毁流程。这些政策应符合《中华人民共和国个人信息保护法》等相关法律法规的要求，并定期进行审查和更新。

【案例：使用 AI 收集数据，需避免数据泄露】

某大型跨国公司使用 AI 来收集员工绩效数据。公司实施了严格的数据访问控制，只有人力资源部门的特定人员能够访问这些数据。同时，所有数据在传输时都经过加密处理，确保了数据的安全性。此外，公司还定期对数据保护政策进行审查，确保其符合最新的法律法规要求。在一次安全审计中，公司发现了一个潜在的安全漏洞，并迅速地采取措施对漏洞进行了修复，避免了可能的数据泄露。

12.1.2　AI 在数据处理阶段的安全风险

数据处理阶段是 AI 在人力资源管理中应用的核心环节，涉及数据分析和模式识别。这一阶段的风险主要体现在数据解读的准确性和算法的公正性两方面。

1. 风险分析

（1）数据误解

AI 基于不完整或有偏差的数据集进行分析，可能导致错误的决策建议。例如，如果训练数据集中缺乏多样性，AI 可能会对某些群体产生偏见。

（2）算法偏见

如果算法设计存在偏见，可能会在招聘和员工评估中产生不公平的结果。例如，算法可能错误地认为年轻员工比年长员工更有创新能力。

2. 风险预防措施

（1）算法审查与调整

定期对 AI 的算法进行审查，确保其基于公平和无偏见的数据集进行训练。在发现偏差时，及时调整算法参数，增加数据集的多样性和代表性。

（2）透明度与公正性

提高决策过程的透明度，让员工了解 AI 如何进行数据分析，并允许员工对评估结果提出异议。这可以通过提供可解释性 AI（Explainable AI）来实现，帮助员工理解决策背后的逻辑。

【案例：使用 AI 时需要保持算法数据的多样性和包容性】

某科技公司在招聘过程中使用 AI 来辅助筛选简历。公司发现，由于算法训练数据集中存在性别偏见，导致女性候选人的通过率较低。在意识到这一问题后，公司对算法进行了调整，并增加了多样性和包容性的数据集，以减少偏见。此外，公司还引入了人工复核机制，以确保所有候选人都得到公平的评估。

12.1.3 AI 在数据输出阶段的安全风险

数据输出阶段是 AI 向人力资源部门提供决策支持的最后环节。这一阶段的风险主要涉及信息的准确性和相关性。

1. 风险分析

（1）信息准确性

AI 生成的报告或建议可能包含错误信息，导致基于错误数据的错误决策。例如，AI 可能错误地将某个员工的绩效评估为低，影响其晋升。

（2）误导性决策

不准确的数据输出可能导致人力资源部门做出不利于员工或公司利益的决策。例如，错误的绩效评估可能导致优秀员工的流失。

（3）数据滥用

即使数据输出是准确的，也可能被不当使用。例如，员工的个人数据可能被用于非工作用途，侵犯了员工的隐私权。

2. 风险预防措施

（1）质量控制流程

实施严格的质量控制流程，对 AI 的输出进行人工审核。例如，设立专门的团队来验证 AI 生成的报告，并与实际数据进行对比。

（2）错误报告与纠正机制

建立错误报告系统，鼓励员工报告 AI 的错误，并迅速采取措施进行纠正。例如，设立一个专门的邮箱或在线平台，让员工可以匿名报告问题。

（3）数据使用政策

明确数据的使用目的和范围，确保所有数据的使用都符合法律法规和道德标准。例如，明确规定员工数据只能用于人力资源管理，不得用于营销或销售。

【案例：AI 使用中应及时调整和更新数据】

某金融服务公司使用 AI 来分析员工绩效数据。公司建立了一个由人力资源专家组成的审核团队，对 AI 的输出进行定期检查。在一次审计中，团队发现 AI 在分析数据时忽略了一个关键的业务指标，导致绩效评估结果不准确。公司立即对 AI 进行了调整，并更新了数据输入，以确保未来的输出更加准确。此外，公司还对受影响的员工进行了个别沟通，解释了评估结果的变化，并采取了相应的补救措施。

12.2　知识产权风险

在数字化内容创作领域，版权问题一直是企业和个人创作者关注的焦点。随着 AI 技术的不断应用，版权风险的管理变得更加复杂。这些风险主要涉及内容的原创性、合法引用以及版权法律差异等方面。

12.2.1　AI 的版权风险

版权风险是 AI 在内容创作中可能遇到的主要问题之一。版权法保护原创作品的创作者，确保他们对其作品拥有独占性的权利。在 AI 生成内容的背景下，这些风险尤为突出，因为 AI 可能会在不知情的情况下复制或模仿受版权保护的材料。

1. 风险分析

（1）原创性争议

AI 在生成内容时，可能会基于其训练数据集中的文本生成新的内容。如果这些内容与现有作品过于相似，可能会引发原创性争议。例如，AI 生成的诗歌可能与某位诗人的作品风格相似，导致版权纠纷。

（2）引用错误

在生成报告或文章时，AI 可能无法准确地识别和标注引用来源，尤其是在处理大量数据和复杂信息时。这可能导致未经授权的使用，引发版权纠纷。例如，

AI 在生成一篇关于历史事件的分析文章时，可能错误地将他人的研究成果作为自己的内容发布。

（3）版权法律差异

不同国家和地区的版权法律存在差异，企业在使用 AI 时，需要确保遵守所有适用的版权法律和国际协议。例如，美国和欧盟的版权法在某些方面存在差异，企业在跨国运营时需要特别注意。

2. 风险预防措施

（1）内容原创性检查

在 AI 生成内容后，应对内容进行原创性检查，确保内容的独特性和创新性。可以利用专业的版权检测工具，如 Turnitin 或 Copyscape，来帮助识别潜在的版权问题。此外，企业应建立内部审核流程，对 AI 生成的内容进行人工复核。

（2）正确引用

对于引用的内容，应确保遵循适当的引用规范，如 APA、MLA 或 Chicago 样式。在 AI 的输出中明确标注引用来源。同时，应教育员工和内容创作者了解和遵守这些引用规范，确保在引用时注明作者、出版年份和出版物等信息。

（3）版权教育

对员工进行版权法律的教育和培训，提高他们对版权问题的认识，确保他们了解在何种情况下需要获取授权，以及如何合法地使用受版权保护的材料。此外，应定期更新培训内容，以适应版权法律的变化。

【案例：使用 AI 内容时应正确引用和标注】

某新闻机构使用 AI 来辅助撰写新闻报道。在发布前，编辑团队对 AI 生成的内容进行了详细的原创性检查，并与现有的新闻报道进行了对比。同时，团队也对引用的数据和信息进行了检查，确保了正确的引用和标注。这不仅避免了潜在的版权纠纷，也提高了报道的质量和可信度。

12.2.2　AI 的著作权风险

AI 生成的内容可能涉及著作权归属问题，尤其是在内容被用于商业目的时。企业需要确保对这些内容的使用有明确的指导原则和政策，以避免侵犯他人的著作权。

1. 风险分析

（1）著作权归属

AI 生成的内容可能涉及多个参与方，包括 AI 开发者、数据提供者和内容

使用者。在没有明确协议的情况下，著作权归属可能存在争议。例如，如果 AI
基于用户输入的数据生成内容，那么用户可能认为自己对生成的内容拥有部分
权利。

（2）合法使用

在使用 AI 生成的内容时，需要确保对这些内容的使用符合法律规定，避免
未经授权的使用。这包括在社交媒体、广告、出版物等渠道的使用。例如，未经
授权使用 AI 生成的图像可能侵犯他人的摄影作品版权。

（3）授权获取

对于需要特定授权的内容，企业应及时与版权所有者联系，获取必要的使用
许可。这可能涉及支付版权费用或签订授权协议。例如，使用 AI 生成的音乐作
品可能需要获得音乐版权的授权。

2. 风险预防措施

（1）明确著作权政策

制定明确的著作权政策，明确 AI 生成内容的版权归属和使用规则。例如，
Open AI 在其使用条款中明确指出，用户对 AI 生成的内容拥有使用权，但需遵守
特定的使用限制。

（2）合法授权流程

对于需要授权的内容，建立一个合法的授权流程。确保所有使用的内容都经
过版权所有者的同意，并有书面协议作为证据。这包括与版权所有者进行沟通，
明确使用范围和期限。例如，在使用 AI 生成的图像时，应确保已获得图像原作
者的授权。

（3）版权监控

定期监控 AI 生成内容的使用情况，确保没有未经授权的使用。对于发现的
侵权行为，及时采取法律行动。这可能包括与版权所有者协商解决，或在必要时
寻求法律帮助。例如，如果发现第三方在未经授权的情况下使用 AI 生成的内容，
企业应采取法律行动以维护自身权益。

【案例：AI 内容著作权的合法使用】

某软件开发公司使用 ChatGPT 生成用户手册。在项目开始前，公司与
OpenAI 签订了明确的著作权协议，确保了对生成内容的合法使用。同时，公司
还建立了一个内部审核流程，确保所有手册内容在发布前都经过版权审查。这不
仅避免了潜在的版权纠纷，也提高了产品的市场竞争力。

12.2.3　AI 的专利风险

除了版权风险，AI 在技术创新和应用中还可能涉及专利风险。专利权保护的是发明创造，包括产品、方法或工艺的新颖性、创造性和实用性。在 AI 领域，专利风险可能涉及专利侵权、专利布局、专利诉讼等方面。

1. 风险分析

（1）专利侵权

如果 AI 使用了未经授权的专利技术，可能会侵犯他人的专利权。例如，如果 AI 的某个数据处理算法与已授权的专利技术相似，可能会引发侵权诉讼。

（2）专利布局

在 AI 领域，专利布局对于保护技术创新至关重要。企业需要确保其 AI 技术有足够的专利保护，以防止竞争对手的模仿和侵权。

（3）专利诉讼

在 AI 技术快速发展的背景下，专利诉讼可能会成为企业间竞争的一种手段。企业可能会因为专利纠纷而面临高额的诉讼费用和市场损失。

2. 风险预防措施

（1）专利审查

在开发和使用 AI 相关技术时，要进行专利审查，确保不侵犯他人的专利权。可以利用专利数据库进行检索，分析相关领域的专利布局。

（2）专利申请

对于企业的创新技术，应及时申请专利保护。这不仅能够保护自身的技术成果，还能够在市场竞争中获得优势。

（3）专利策略

制定专利策略，包括专利申请、维护和许可。企业应根据自身的技术路线和市场定位，合理规划专利布局，以最大化专利的价值。

【案例：AI 内容的专利保护】

某 AI 初创公司在开发 AI 的图像识别功能时，进行了全面的专利审查，确保其技术不侵犯他人的专利。同时，公司还申请了一系列专利，保护其独特的图像处理算法。这使得公司在激烈的市场竞争中占据了有利地位，吸引了投资者的关注。

12.2.4　AI 的商标风险

商标风险涉及 AI 技术在品牌识别和市场推广中的应用。商标是企业识别和区分其商品或服务的重要标志。商标风险可能包括误用商标、商标侵权和商标稀释等。

1. 风险分析

（1）误用商标

AI 在生成内容时，可能会无意中使用与他人商标相似的词汇或标志，导致消费者混淆，误认为 AI 生成的内容与某个品牌有关联。

（2）商标侵权

如果 AI 在生成内容时使用了他人的注册商标，可能会构成商标侵权。例如，AI 在生成广告文案时，可能使用了竞争对手的商标。

（3）商标稀释

在某些情况下，AI 生成的内容可能会削弱商标的独特性和识别力，导致商标稀释。例如，如果 AI 频繁生成包含某个商标的内容，可能会降低该商标的市场影响力。

2. 风险预防措施

（1）商标审查

在使用 AI 生成与品牌相关的内容时，要进行商标审查，确保不使用或模仿任何已注册的商标。企业应建立一个商标数据库，该数据库包含所有已知的注册商标信息，并在生成内容前进行交叉检查。此外，可以利用专业的商标监测服务，如 BrandBastion 或 Markify，来实时监控和识别潜在的商标侵权行为。

（2）合规培训

对于负责内容创作的员工，提供商标法律和合规性的培训，确保他们了解商标的重要性，以及如何避免在内容创作中使用可能引起侵权的商标。培训应包括商标的基本法律知识、商标的识别方法以及如何处理潜在的商标问题。

（3）内容审核流程

在 AI 生成的内容发布前，实施严格的内容审核流程。这包括人工审核团队对 AI 生成的内容进行审查，确保没有使用不当的商标。审核团队应具备商标法律知识，能够识别和处理商标相关问题。

（4）法律咨询

在开展涉及商标使用的重大项目或活动时，咨询专业的知识产权律师。律师可以提供专业的法律意见，帮助企业规避商标风险，确保内容的合法性。

【案例：AI 生成内容的商标保护】

某时尚品牌公司计划使用 AI 为其社交媒体平台生成内容。在内容创作前，公司进行了全面的商标审查，确保使用的所有词汇和图像都没有侵犯其他品牌的商标权。同时，公司还对内容创作团队进行了商标法律培训，增强了他们对商标保护的意识。在内容发布前，所有内容都经过了法律团队的审核，确保了品牌的合规性和内容的原创性。

在这个 AI 技术迅猛发展的时代，知识产权风险管理对于企业来说至关重要，尤其是利用 AI 技术生成内容时。企业需要通过原创性检查、正确引用、版权教育、明确著作权政策、合法授权流程、版权监控以及专利审查和申请等措施，来降低版权和专利风险。这不仅有助于保护企业的创新成果，还有助于维护良好的市场秩序，促进 AI 技术的健康发展。

同时，商标风险也不容忽视，企业应通过商标审查、合规培训、内容审核流程和法律咨询等手段，确保品牌推广和内容创作中的商标使用合法合规。随着 AI 技术的不断进步，企业应持续关注知识产权法律的变化，灵活调整风险管理策略，以应对未来的挑战，确保在尊重知识产权的基础上，充分利用 AI 的潜力，推动企业的创新和发展。

12.3 其他风险

在人力资源管理领域，AI 技术的应用带来了前所未有的便利，同时也带来了一系列新的风险。这些风险不仅涉及技术层面，还包括职业道德和商业伦理等层面。以下是对这些风险的详细分析及相应的预防措施。

12.3.1 AI 的职业道德风险

职业道德风险主要涉及 AI 技术在人力资源管理中的应用可能导致的道德和伦理问题。这些问题可能包括过分依赖技术决策、忽视人类员工的情感和直觉等。

1. 风险分析

（1）技术决策依赖

在人力资源管理中，过分依赖 AI 技术进行决策可能会导致忽视员工的个性化需求和情感因素。例如，AI 可能无法准确地评估员工的潜力和动机，从而影响员工晋升和培训决策。

（2）情感和直觉忽视

人力资源管理不仅仅是数据分析，还涉及对员工情感的理解和直觉判断。但是，AI 可能无法完全替代人类在这些方面的敏感性和洞察力。

2. 风险预防措施

（1）人机协作

在人力资源管理中，应强调人机协作，确保 AI 技术辅助决策而非完全替代人类。例如，AI 可以提供数据分析和趋势预测，但最终的决策应由经验丰富的人力资源专家结合实际情况做出。

（2）情感智能培训

对人力资源部门的员工进行情感智能培训，提高他们理解和管理员工情感的能力。这有助于在 AI 辅助决策的基础上，更好地考虑员工的个人情况。

【案例：AI 初步评估，HR 专家做决策】

某大型科技公司使用 AI 来辅助招聘过程。公司意识到，尽管 AI 能够快速地筛选简历并提供初步评估，但最终的面试和录用决策仍需由人力资源专家做出。这些专家在面试过程中，能够更深入地了解候选人的个性和潜力，从而做出更全面的人力资源决策。

12.3.2　AI 的商业伦理风险

商业伦理风险涉及在使用 AI 时对员工的隐私侵犯、透明度不足等方面。这些风险可能导致公众信任危机，甚至法律纠纷。

1. 风险分析

（1）隐私侵犯

在处理员工和用户数据时，如果缺乏适当的隐私保护措施，可能会导致敏感信息泄露。例如，员工的个人健康信息或用户的消费习惯可能被不当使用。

（2）透明度不足

如果公司在使用 AI 时缺乏透明度，员工和用户可能不了解他们的数据如何被收集、处理和使用，这可能导致信任危机。

2. 风险预防措施

（1）隐私保护政策

制定并公开隐私保护政策，明确说明数据收集、处理和使用的规则。确保所有数据处理活动都符合《中华人民共和国个人信息保护法》等相关法律法规的要求。

（2）透明度提升

提高数据处理活动的透明度，定期向员工和用户报告数据的使用情况。例如，通过内部通信或用户协议，解释 AI 如何帮助提高工作效率和服务质量。

【案例：AI 使用中的数据安全保护】

某健康科技初创公司使用 AI 来分析用户健康数据。公司在用户注册时明确告知了数据的使用目的，并提供了数据管理的详细说明。同时，公司还建立了严格的数据安全措施，确保用户信息的安全。这不仅增强了用户对公司的信任，也避免了潜在的法律风险。

12.3.3　AI 的法律合规风险

除了职业道德和商业伦理风险，AI 在人力资源管理中的应用还可能涉及法律合规风险，包括但不限于劳动法、反歧视法和数据保护法等。

1. 风险分析

（1）劳动法

使用 AI 进行员工评估和决策时可能涉及劳动法问题，如解雇、晋升和工资调整等。如果 AI 的决策与劳动法的规定相冲突，可能导致法律纠纷。

（2）反歧视法

AI 在处理员工数据时，如果算法存在偏见，可能违反反歧视法。例如，AI 可能基于性别、种族或年龄等敏感特征做出不公平的决策。

（3）数据保护法

在处理员工和用户数据时，企业必须遵守数据保护法，如《通用数据保护条例》(GDPR) 和《中华人民共和国个人信息保护法》。任何违反这些法规的行为都可能导致重罚。

2. 风险预防措施

（1）法律合规审查

在使用 AI 之前，进行法律合规审查，确保所有数据处理活动符合相关法律法规的要求。可以聘请法律顾问进行审查，确保 AI 系统的合法性。

（2）算法公平性

对 AI 的算法进行公平性测试，确保其不会基于敏感特征做出歧视性决策。

可以采用公平性评估工具，如 AI Fairness 360，来检测和纠正算法偏见。

【案例：AI 使用中的合规措施】

某跨国公司在全球化运营中使用 AI 进行员工绩效评估。公司在部署 AI 系统前，进行了全面的法律合规审查，确保其符合各国的劳动管理法律法规和数据保护法律法规。同时，公司还对 AI 算法进行了公平性测试，确保评估结果不受歧视性偏见的影响。

12.3.4　AI 的社会责任风险

社会责任风险涉及企业在使用 AI 时对社会的影响和责任。这包括可持续发展、社会公平和社会影响等。

1. 风险分析

（1）可持续发展

AI 技术发展的目标应与可持续发展的目标相一致，避免对环境和社会造成负面影响。例如，AI 系统的能源消耗和碳足迹应受到关注。

（2）社会公平

AI 在人力资源管理中的应用可能加剧社会的不平等，特别是在就业机会和收入分配方面。AI 可能导致某些群体被边缘化。

（3）社会影响

AI 技术可能对社会价值观和行为模式产生深远影响。例如，AI 在招聘过程中可能会强化现有的性别和年龄偏见。

2. 风险预防措施

（1）可持续发展战略

制定可持续发展战略，确保 AI 技术的研发和应用符合环保和社会责任标准。例如，优化 AI 算法以降低能源消耗，减少碳排放。

（2）公平性原则

在 AI 系统的设计和应用中，坚持公平性原则，确保所有群体都能从中受益。例如，通过多样化的数据集和算法，减少对特定群体的偏见。

（3）社会影响评估

对 AI 技术的社会影响进行评估，及时调整策略以减少负面影响。例如，定期进行社会影响评估，了解 AI 技术对不同社会群体的影响，并采取相应措施。

【案例：AI 使用的社会责任问题】

某全球零售商使用 AI 进行供应链管理。公司在实施 AI 系统时，特别关注其对环境的影响，采用了绿色能源和可持续材料。同时，公司还确保了 AI 系统在招聘和晋升过程中公平地对待所有员工，避免因技术应用而加剧社会的不平等。

在将 AI 技术融入人力资源管理的过程中，企业需综合考量可能涉及的种种风险，并实施周全的风险预防策略。这不仅包括加强人机协同，促进情感智能的理解与培养，而且涉及隐私保护政策与透明度的增强，以确保在保护员工和用户权益的同时，使得 AI 技术的运用达到优化人力资源管理的目的。

随着 AI 技术的持续进化，企业应保持警觉并与时俱进，审慎监管技术实践，确保符合职业道德与商业伦理的更新趋势。此外，企业在追求创新的道路上也应致力于履行广泛的社会责任，通过制定及执行可持续发展战略、推崇公平性原则以及进行社会影响评估，确保技术进步不仅有助于推动企业向前发展，而且有利于社会的健康发展。AI 技术的发展应与推动社会更加公平、包容及可持续的理念同行，企业应探索和实践能体现其社会责任的新路途，共同构建一个互利共赢的未来。

总而言之，尽管 AI 应用带来了显著的便利与效率提升，但其风险不容忽视。为确保 AI 技术的健康、可持续发展，我们必须严格遵守《生成式人工智能服务管理暂行办法》等相关法律法规，包括确保数据和算法的合法合规使用，保护个人信息和知识产权，防止歧视行为，尊重商业道德，并明确服务提供者的责任。此外，还需结合其他相关法律法规，全面审视和应对 AI 应用中的各类风险，特别是在数据安全、算法透明度和系统公正性方面。通过系统化的风险管理和法律合规措施，促进 AI 技术在人力资源管理等领域的安全、有效应用，在提升效率的同时，保护个体和社会的利益。